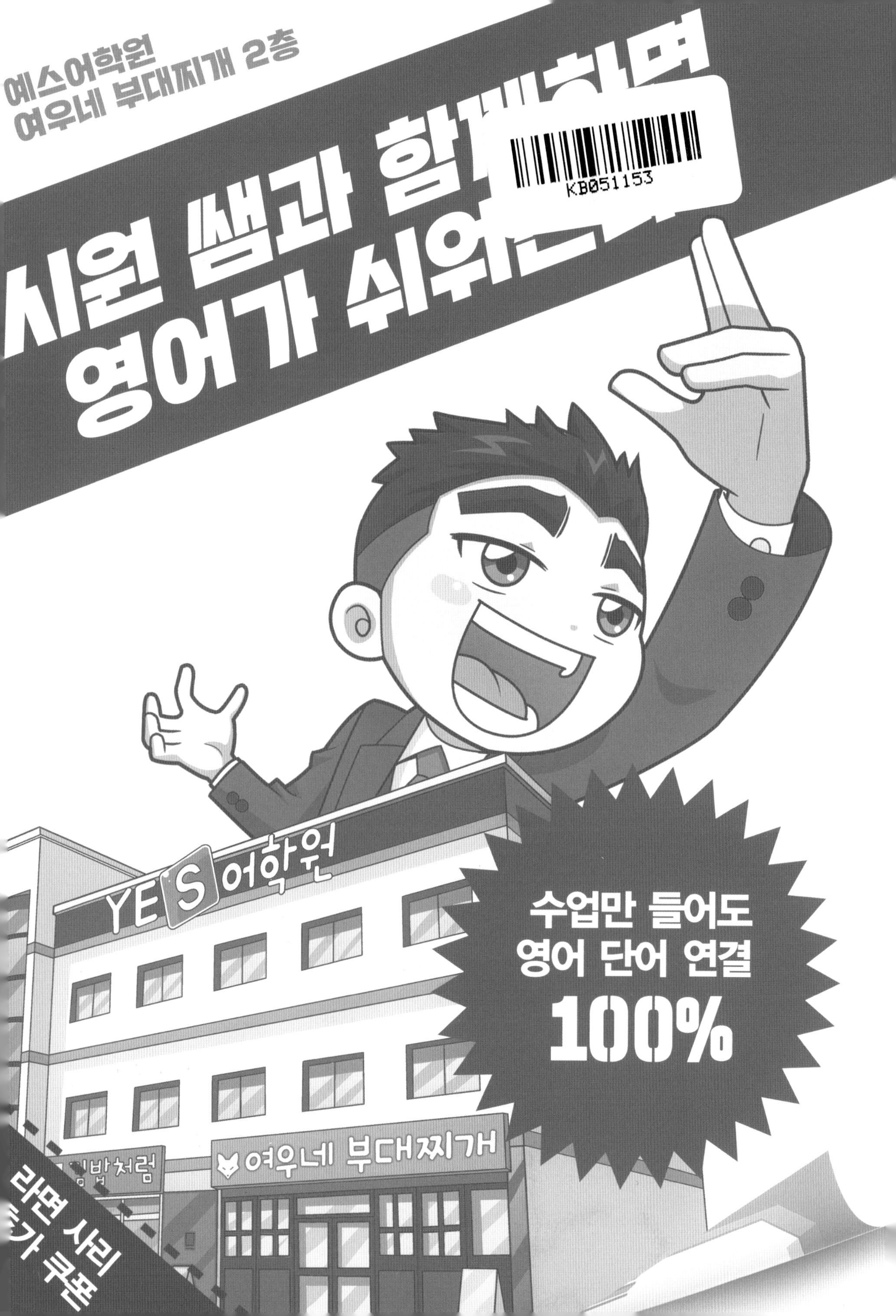
예스어학원
여우네 부대찌개 2층
시원 쌤과 함
영어가 쉬워
YES 어학원
수업만 들어도
영어 단어 연결
100%
밥처럼
여우네 부대찌개
라면 사리
가 쿠폰

예스잉글리시 신입 단원 모집

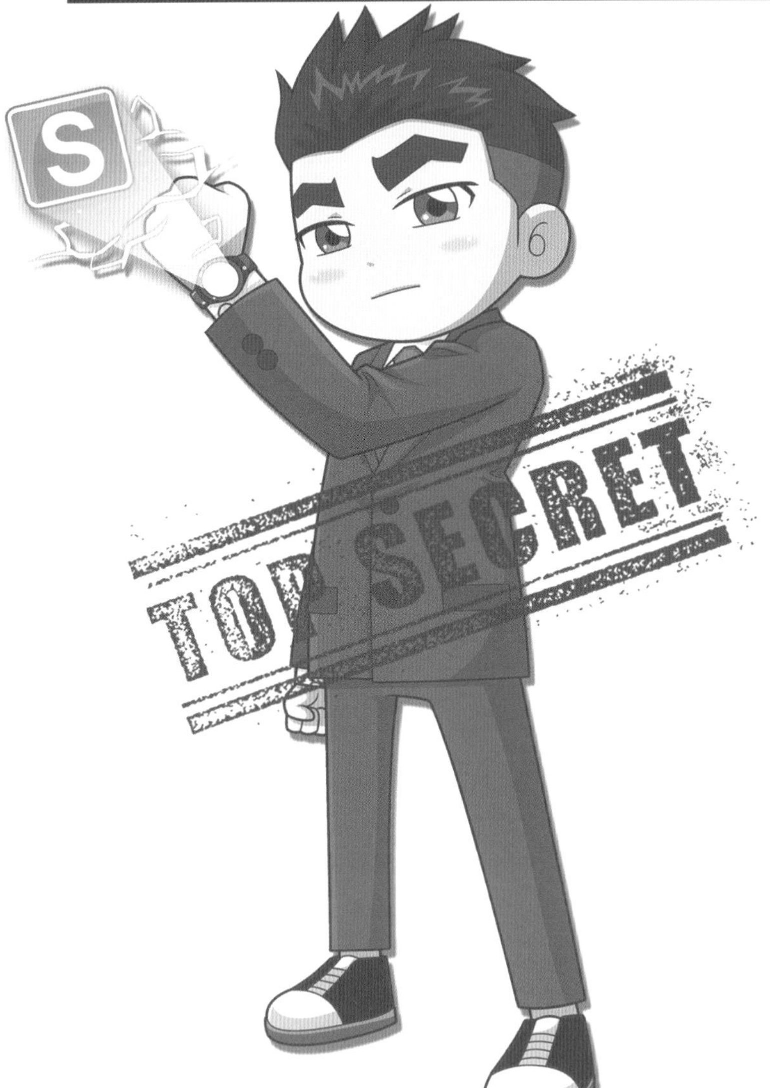
S
TOP SECRET

코드 네임 : 에스원 요원과
영어 유니버스를 구하라!

English Adventure

이시원의 영어 대모험

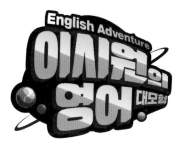

일러두기

이 책의 만화에 나오는 영어 문장 중 일부는 이야기의 자연스러운 이해를 위해 의역했습니다.
그 외의 영어 문장은 학습적인 이해를 돕기 위해 직역했습니다.

이시원의 영어 대모험 ⑫
미래형

기획 시원스쿨 | **글** 박시연 | **그림** 이태영

1판 1쇄 인쇄 | 2021년 11월 8일
1판 1쇄 발행 | 2021년 11월 17일

펴낸이 | 김영곤
마천사업본부 이사 | 은지영
신화팀장 | 김지은 **기획개발** | 윤지윤 고아라 서은영
아동마케팅영업본부장 | 변유경 **아동마케팅1팀** | 김영남 문윤정 이규림 고아라
아동마케팅2팀 | 이해림 최예슬 황혜선
아동영업팀 | 이도경 오다은 김소연 **특판영업팀** | 한충희
디자인 | 리처드파커 이미지웍스 **윤문** | 이선지

펴낸곳 | (주)북이십일 아울북
등록번호 | 제406-2003-061호
등록일자 | 2000년 5월 6일
주소 | 경기도 파주시 회동길 201(문발동) (우 10881)
전화 | 031-955-2155(기획개발), 031-955-2100(마케팅·영업·독자문의)
브랜드 사업 문의 | license21@book21.co.kr
팩시밀리 | 031-955-2177
홈페이지 | www.book21.com

ISBN 978-89-509-8503-5
ISBN 978-89-509-8491-5(세트)

* 잘못 만들어진 책은 **구입하신 서점**에서 교환해 드립니다.
* 가격은 책 뒤표지에 있습니다.
⚠ 주의 1. 책 모서리가 날카로워 다칠 수 있으니 사람을 향해 던지거나 떨어뜨리지 마십시오.
　　　 2. 보관 시 직사광선이나 습기 찬 곳을 피해 주십시오.

KC
• **제조자명** : (주)북이십일
• **주소 및 전화번호** : 경기도 파주시 회동길 201(문발동) / 031-955-2100
• **제조연월** : 2021.11.17
• **제조국명** : 대한민국
• **사용연령** : 3세 이상 어린이 제품

만 화 로 시 작 하 는 이 시 원 표 초 등 영 어

English Adventure

이시원의 영어 대모험

12

미래형

기획 **시원스쿨**
글 **박시연**
그림 **이태영**

아울북 ✕ ⑤ 시원스쿨닷컴

작가의 말

안녕하세요? 시원스쿨 대표 강사 이시원 선생님이에요. 여러분은 영어를 좋아하나요? 아니면 영어가 어렵고 두려운가요? 혹시 영어만 생각하면 속이 울렁거리고 머리가 아프진 않나요? 만약 그렇다면 지금부터 선생님이 영어와 친해지는 방법을 가르쳐 줄게요.

하나, 지금까지 배운 방식과 지식을 모두 지워요!

보기만 해도 스트레스를 받고, 나를 힘들게 만드는 영어는 이제 잊어버려요. 선생님과 함께 새로운 마음으로 영어를 다시 시작해 봐요.

둘, 하나를 배우더라도 정확하게 습득해 나가요!

눈으로만 배우고 지나가는 영어는 급할 때 절대로 입에서 나오지 않아요. 하나를 배우더라도 완벽하게 습득해야 어디서든 자신 있게 영어로 말할 수 있어요.

셋, 생활 속에서 자주 쓰이는 표현을 배워요!

우리 생활에서 쓸 일이 별로 없는 단어를 오래 기억할 수 있을까요? 자주 사용하는 단어 위주로 영어를 배워야 쓰기도 쉽고 잊어버리지도 않겠죠? 자연스럽게 영어가 튀어나올 수 있도록 여러 번 말하고, 써 보면서 잊지 않게 하는 것이 중요해요.

이 세 가지만 지키면 어느새 영어가 정말 쉽고, 재밌게 느껴질 거예요. 그리고 이 세 가지를 충족시키는 힘이 바로 이 책에 숨어 있어요. 여러분이 〈이시원의 영어 대모험〉을 읽는 것만으로도 최소한 영어 한 문장을 습득할 수 있어요.

단어와 단어를 연결하는 방법도 자연스럽게 익히게 될 거예요. 게다가 영어에 관련된 흥미로운 이야기들을 알게 되면 영어가 좀 더 친숙하고 재미있게 다가올 거라 믿어요!

자, 그럼 만화 속 '시원 쌤'과 신나는 영어 훈련을 하면서 모두 함께 영어의 세계로 떠나 볼까요?

시원스쿨 기초영어 대표 강사 **이시원**

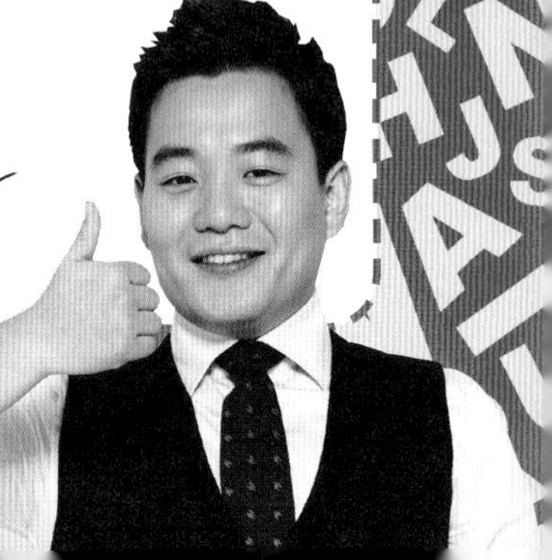

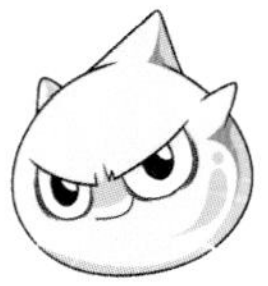

영어와 친해지는 영어학습만화

영어는 이 자리에 오기까지 수많은 경쟁과 위험을 물리쳤답니다. 영어에는 다른 언어와 부딪치고 합쳐지며 발전해 나간 강력한 힘이 숨겨져 있어요. 섬나라인 영국 땅에서 시작된 이 언어가 어느 나라에서든 통하는 세계 공용어가 되기까지는 마치 멋진 히어로의 성장 과정처럼 드라마틱하고 매력적인 모험담이 있었답니다. 이 모험담을 듣게 되는 것만으로도 우리 어린이들은 영어를 좀 더 좋아하게 될지도 몰라요.

영어는 이렇듯 강력하고 매력적인 언어지만 친해지기는 쉽지 않아요. 우리 어린이들에게 영어는 어렵고 힘든 시험 문제를 연상시키지요. 영어를 잘하면 장점이 많다는 것은 알지만 영어를 공부하는 과정은 어렵고 힘들어요. 이 책에서 시원 쌤은 우리 어린이 주인공들과 영어 유니버스라는 새로운 세계로 신나는 모험을 떠난답니다.

여러분도 엄청난 비밀을 지닌 시원 쌤과 미지의 영어 유니버스로 모험을 떠나 보지 않을래요? 영어 유니버스의 어디에선가 영어를 좋아하게 된 자신의 모습을 발견하게 될지도 몰라요.

글 작가 **박시연**

영어의 세계에 빠져드는 만화

영어 공부를 시작하는 어린이들은 모두 자기만의 목표를 가지고 있을 거예요. 영어를 잘해서 선생님께 칭찬받는 모습부터 외국 친구들과 자유롭게 영어로 소통하는 모습, 세계적인 유명인이 되어서 영어로 멋지게 인터뷰하는 꿈까지도요.

이 책에서는 어린이들이 공감할 수 있도록 영어를 배우며 느끼는 기분, 상상한 모습들을 귀엽고 발랄한 만화로 표현했어요. 이 책을 손에 든 어린이들은 만화 속 인물들에게 무한히 공감하며 이야기에 빠져들 수 있을 거예요. 마치 내가 시원 쌤과 함께 멋진 모험을 떠나는 것 같은 기분을 느낄 수 있도록요.

보는 재미와 읽는 재미를 함께 느낄 수 있는 만화를 통해 영어의 재미도 발견하기를 바라요!

그림 작가 **이태영**

차례

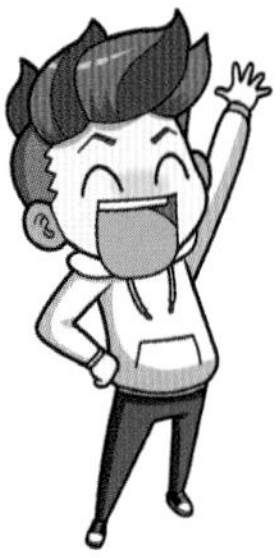

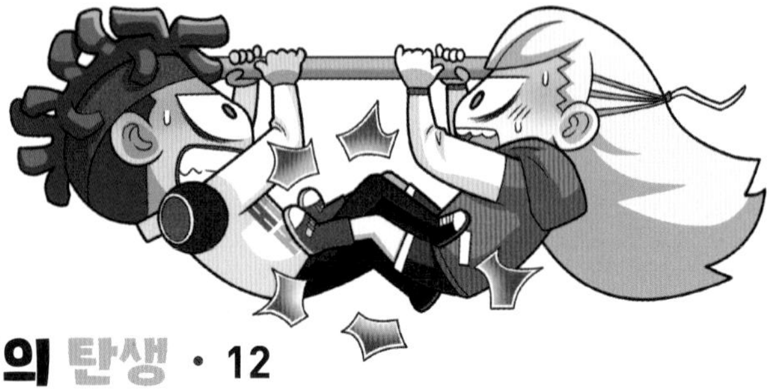

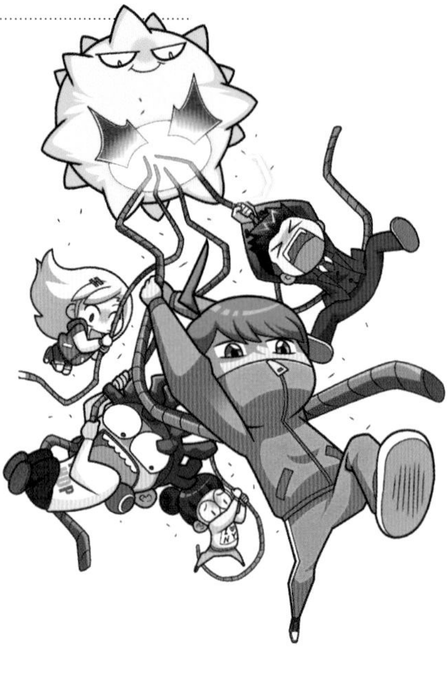

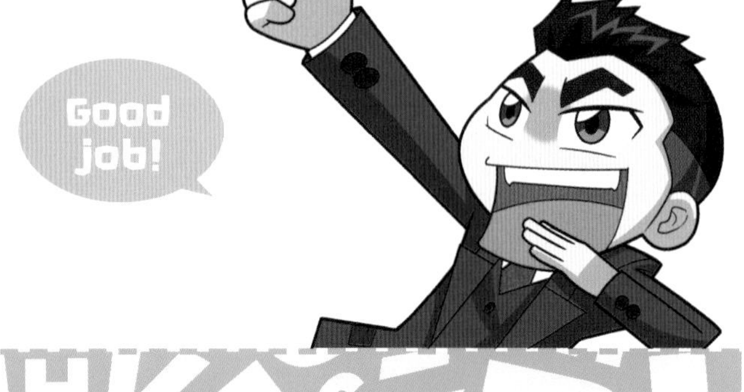
Good job!

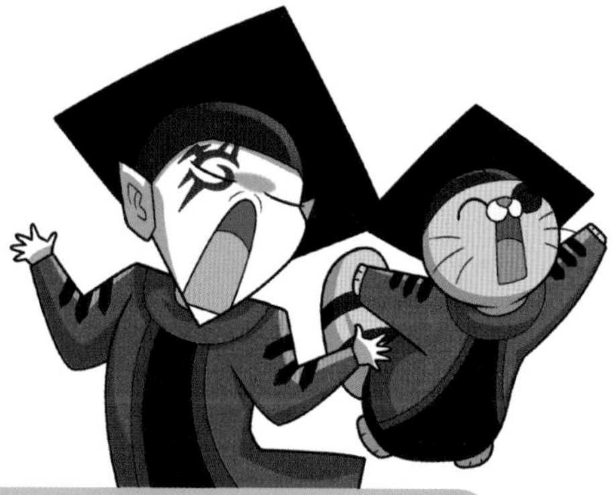

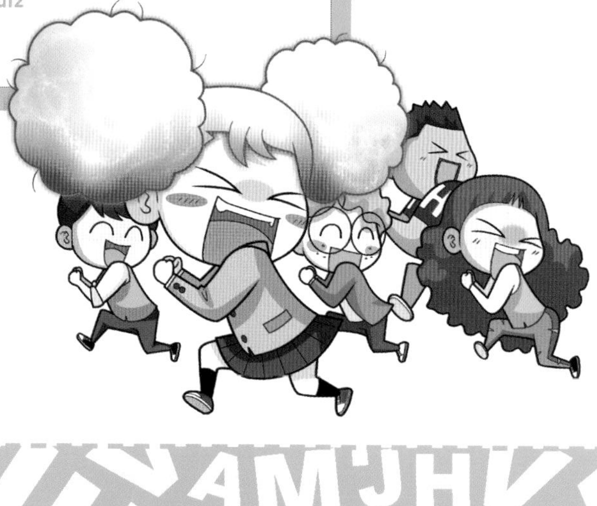

등장인물

영어를 싫어하는 자,
모두 나에게로 오라!
굿 잡!

시원 쌤

비밀 요원명   에스원(S1)
직업   영어 선생님
좋아하는 것   영어, 늦잠, 힙합
싫어하는 것   노잉글리시단
취미   영어 강의하기
특기   운동, 옛날이야기 하기
성격   귀차니스트 같지만 완벽주의자
좌우명   영어는 내 인생!

부대찌개 먹으러
우리 가게에 와용,
오케이?

폭스

비밀 요원명   에프원(F1)
직업   여우네 부대찌개 사장님

영어가 싫다고?!
내가 더더더 싫어지게
만들어 주마!

트릭커

직업   한두 개가 아님
좋아하는 것   영어 싫어하는 아이들
싫어하는 것   영어, 예스잉글리시단
취미   속임수 쓰기
특기   이간질하기, 변장하기
성격   우기기 대마왕
좌우명   영어 없는 세상을 위하여!

냥냥라이드에 태워 줄 테니
쭈루 하나만 줄래냥~!

빅캣

좋아하는 것   쭈루, 고양이 어묵 꼬치
싫어하는 것   예스잉글리시단

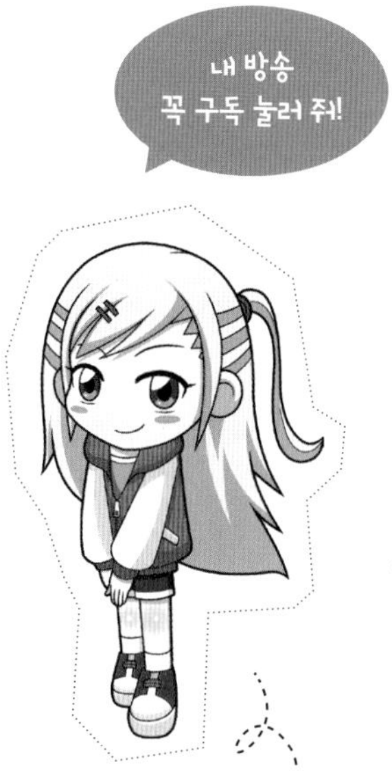
내 방송
꼭 구독 눌러 줘!

루시

좋아하는 것 너튜브 방송
싫어하는 것 운동
좌우명 일단 찍고 보자!

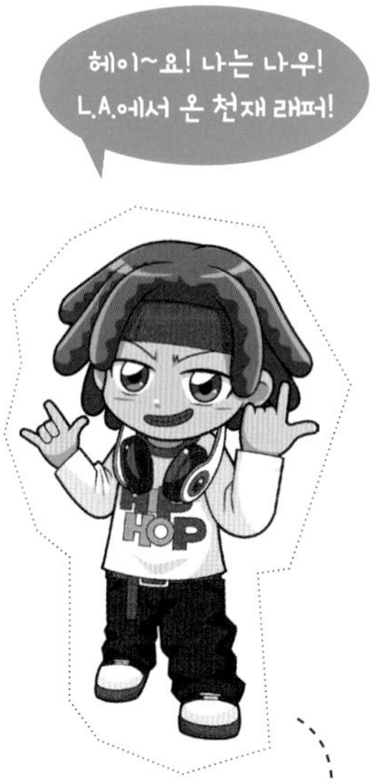
헤이~요! 나는 나우!
L.A.에서 온 천재 래퍼!

나우

좋아하는 것 랩, 힙합, 동물
싫어하는 것 영어로 말하기,
혼자 놀기
좌우명 인생은 오로지 힙합!

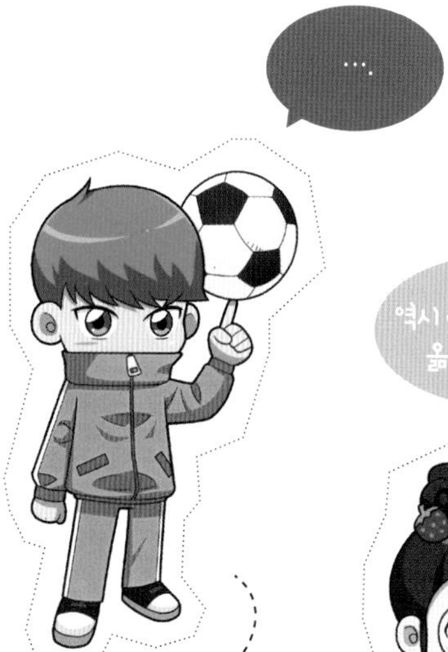
….

후

좋아하는 것 축구
싫어하는 것 말하기
좌우명 침묵은 금이다!

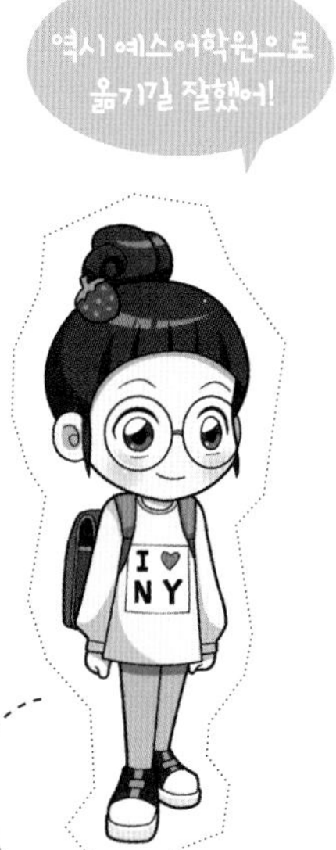
역시 예스어학원으로
옮기길 잘했어!

리아

좋아하는 것 시원 쌤 응원하기
싫어하는 것 빅캣 타임
좌우명 최선을 다하자!

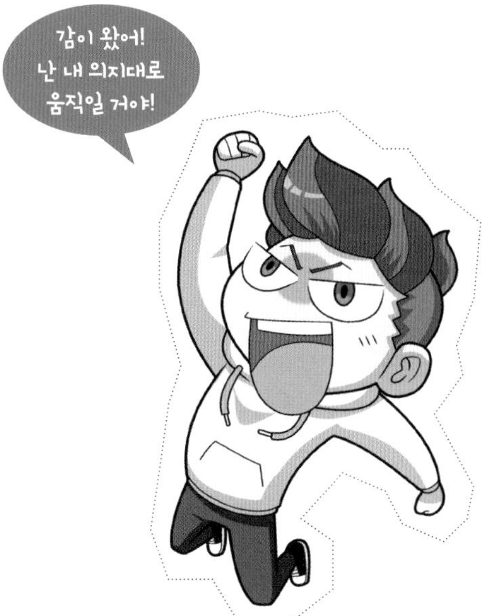
감이 왔어!
난 내 의지대로
움직일 거야!

로건

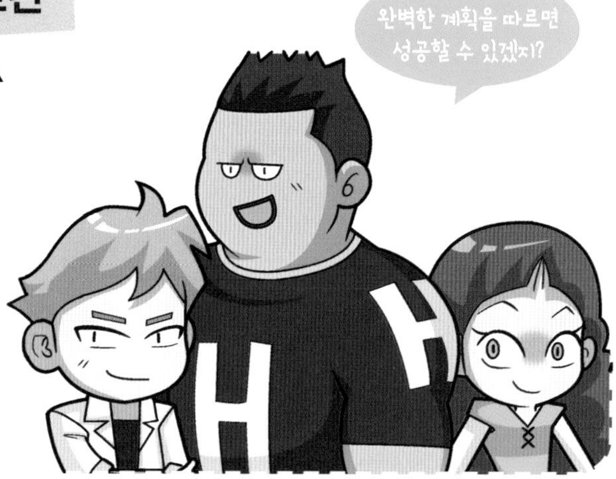
완벽한 계획을 따르면
성공할 수 있겠지?

Chapter 1

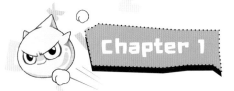

수상한 요정의 탄생

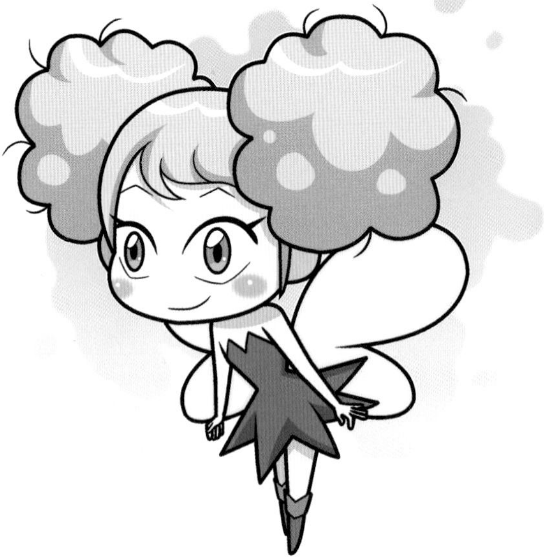

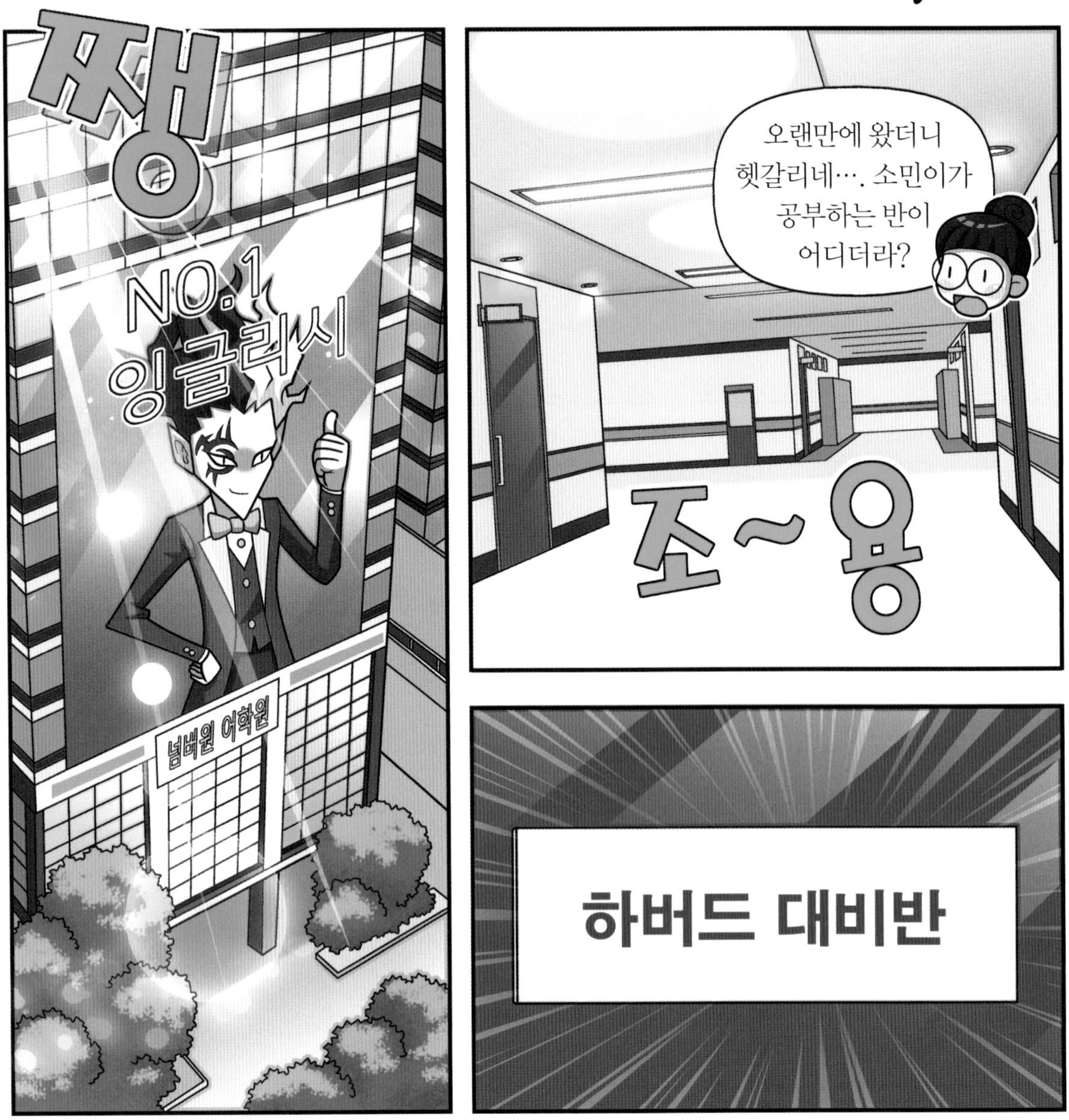

쨍
NO.1 잉글리시
넘버원 어학원
오랜만에 왔더니 헷갈리네…. 소민이가 공부하는 반이 어디더라?
조~용
하버드 대비반

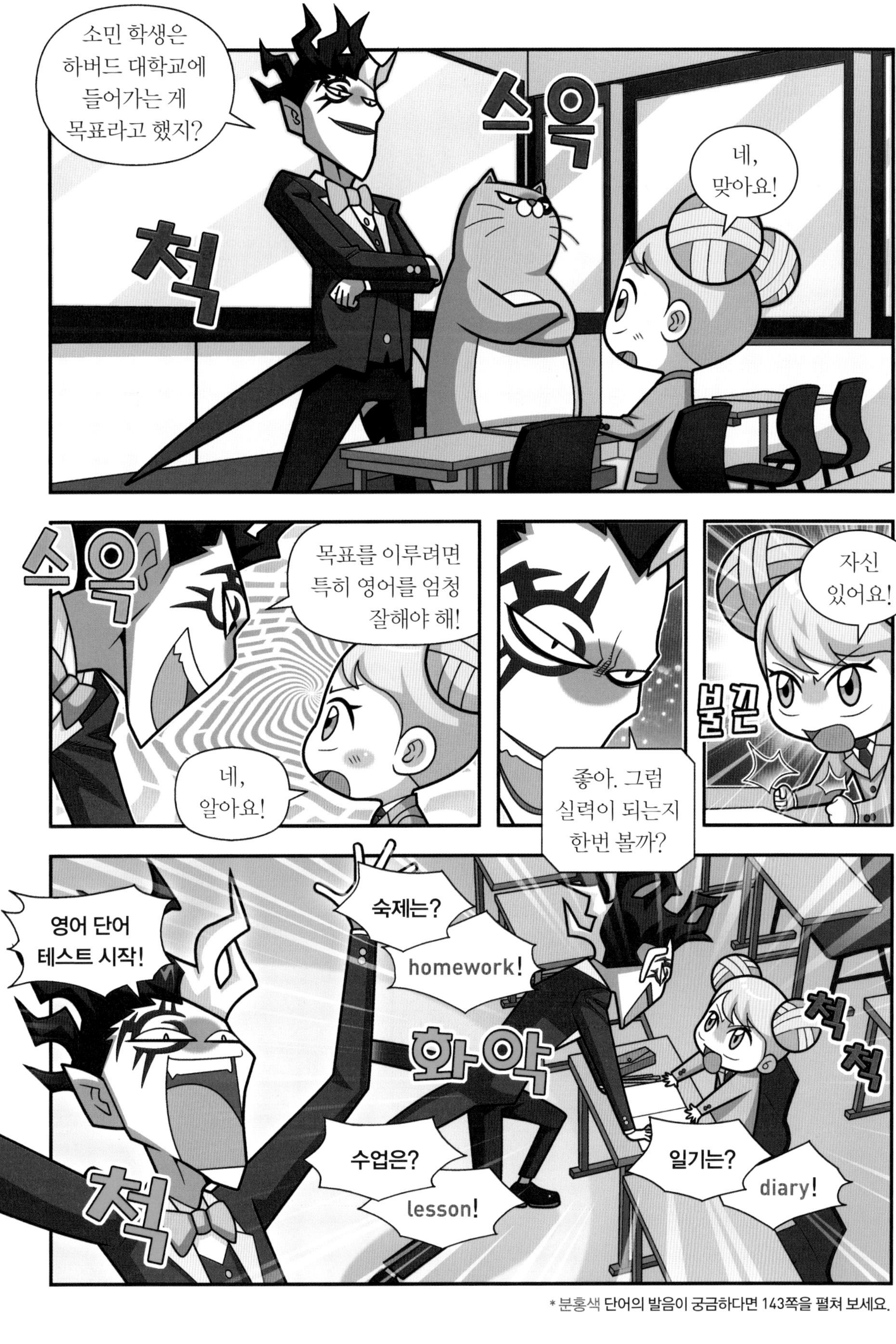
소민 학생은 하버드 대학교에 들어가는 게 목표라고 했지?
스윽
척
네, 맞아요!
스윽
목표를 이루려면 특히 영어를 엄청 잘해야 해!
네, 알아요!
좋아. 그럼 실력이 되는지 한번 볼까?
자신 있어요!
불끈
영어 단어 테스트 시작!
숙제는?
homework!
화악
척척
수업은?
lesson!
일기는?
diary!
척

* 분홍색 단어의 발음이 궁금하다면 143쪽을 펼쳐 보세요.

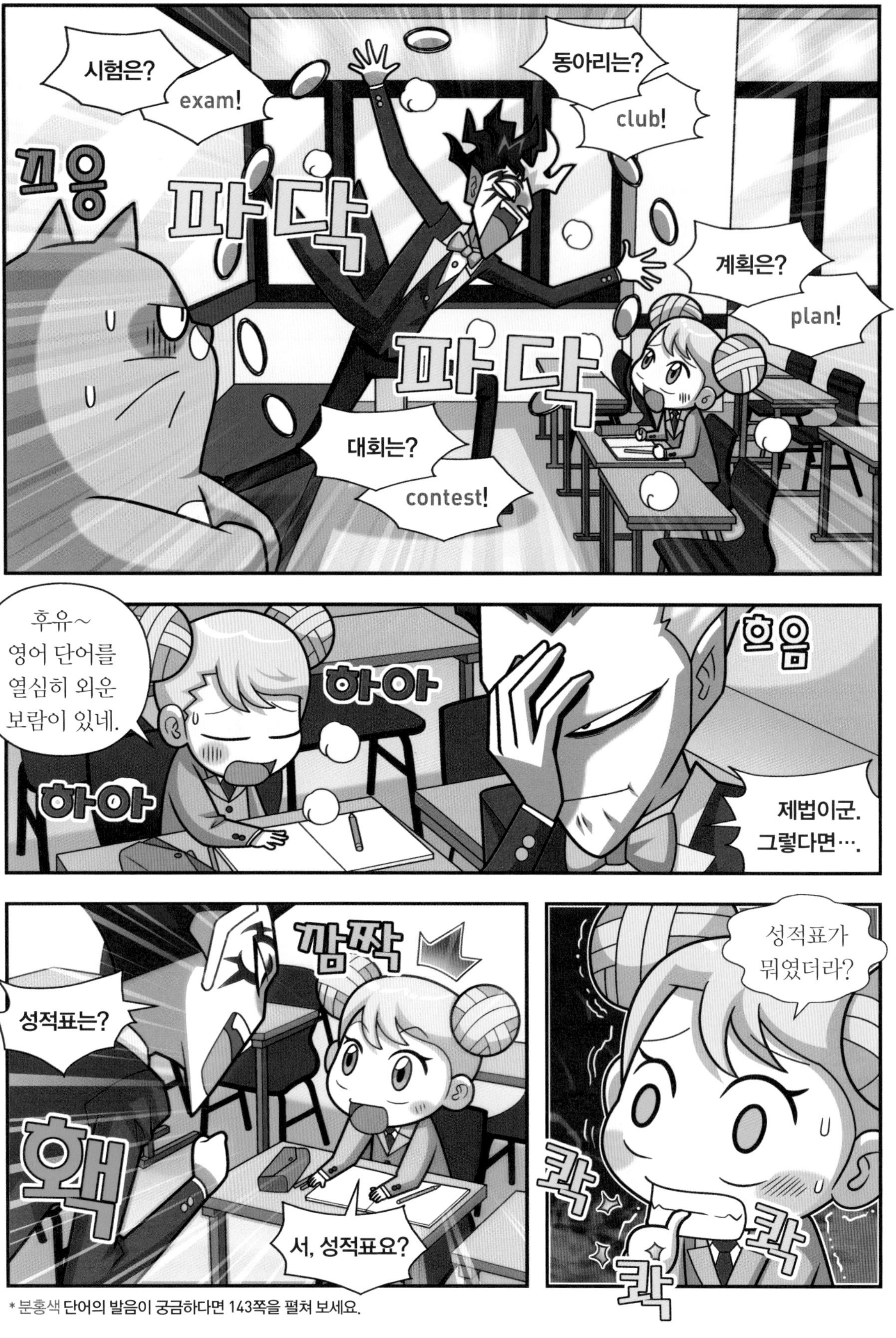
시험은?
exam!
동아리는?
club!
끄응
파닥
계획은?
plan!
파닥
대회는?
contest!
후유~ 영어 단어를 열심히 외운 보람이 있네.
하아
하아
흐음
제법이군. 그렇다면….
깜짝
성적표는?
홱
서, 성적표요?
성적표가 뭐였더라?
콱
콱
콱

* 분홍색 단어의 발음이 궁금하다면 143쪽을 펼쳐 보세요.

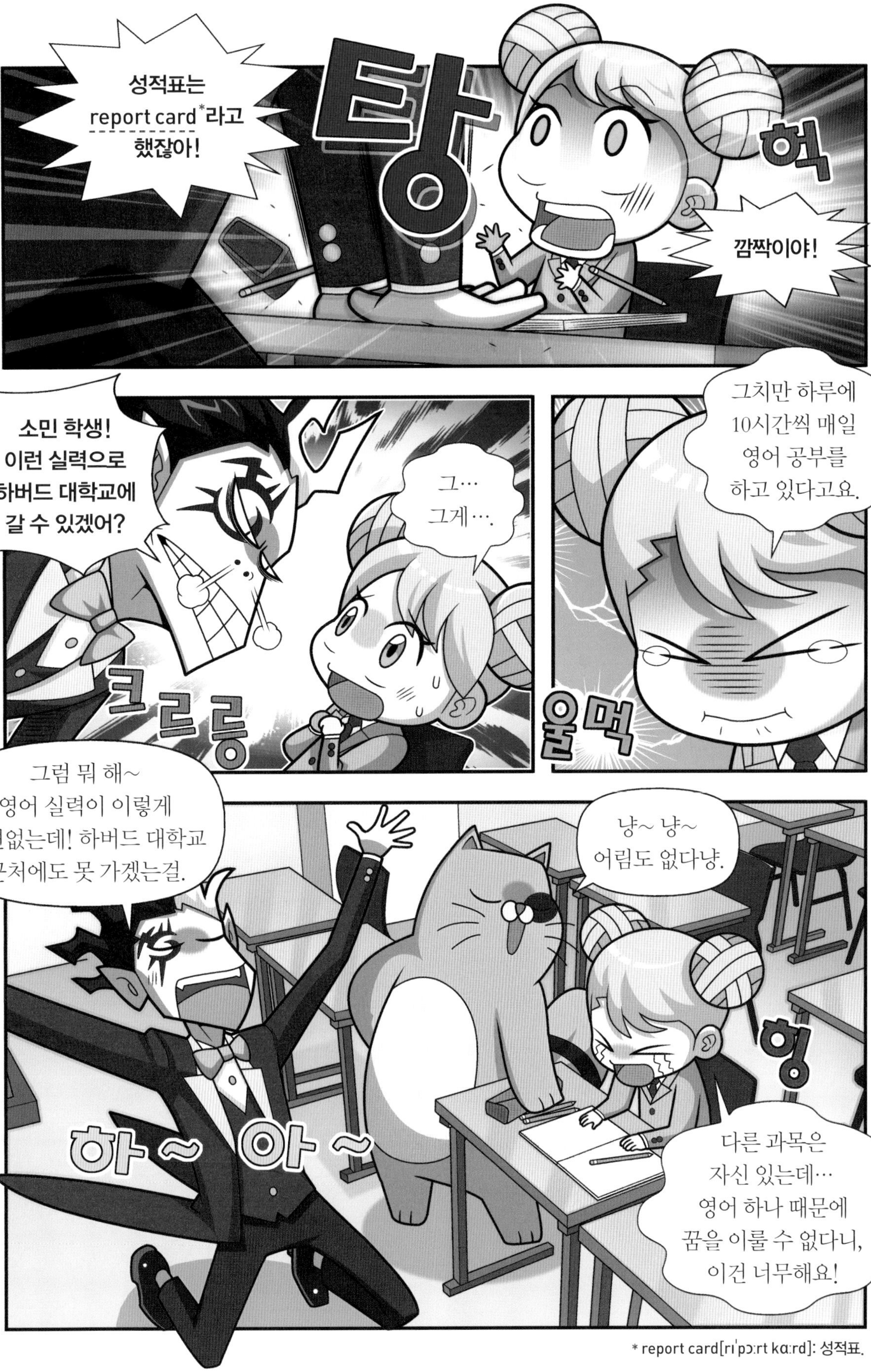
성적표는
report card*라고
했잖아!
탕
헉
깜짝이야!
소민 학생!
이런 실력으로
하버드 대학교에
갈 수 있겠어?
그…
그게….
크르릉
그치만 하루에
10시간씩 매일
영어 공부를
하고 있다고요.
울먹
그럼 뭐 해~
영어 실력이 이렇게
형편없는데! 하버드 대학교
근처에도 못 가겠는걸.
냥~ 냥~
어림도 없다냥.
힝
하~ 아~
다른 과목은
자신 있는데…
영어 하나 때문에
꿈을 이룰 수 없다니,
이건 너무해요!

* report card[rɪˈpɔːrt kɑːrd]: 성적표.

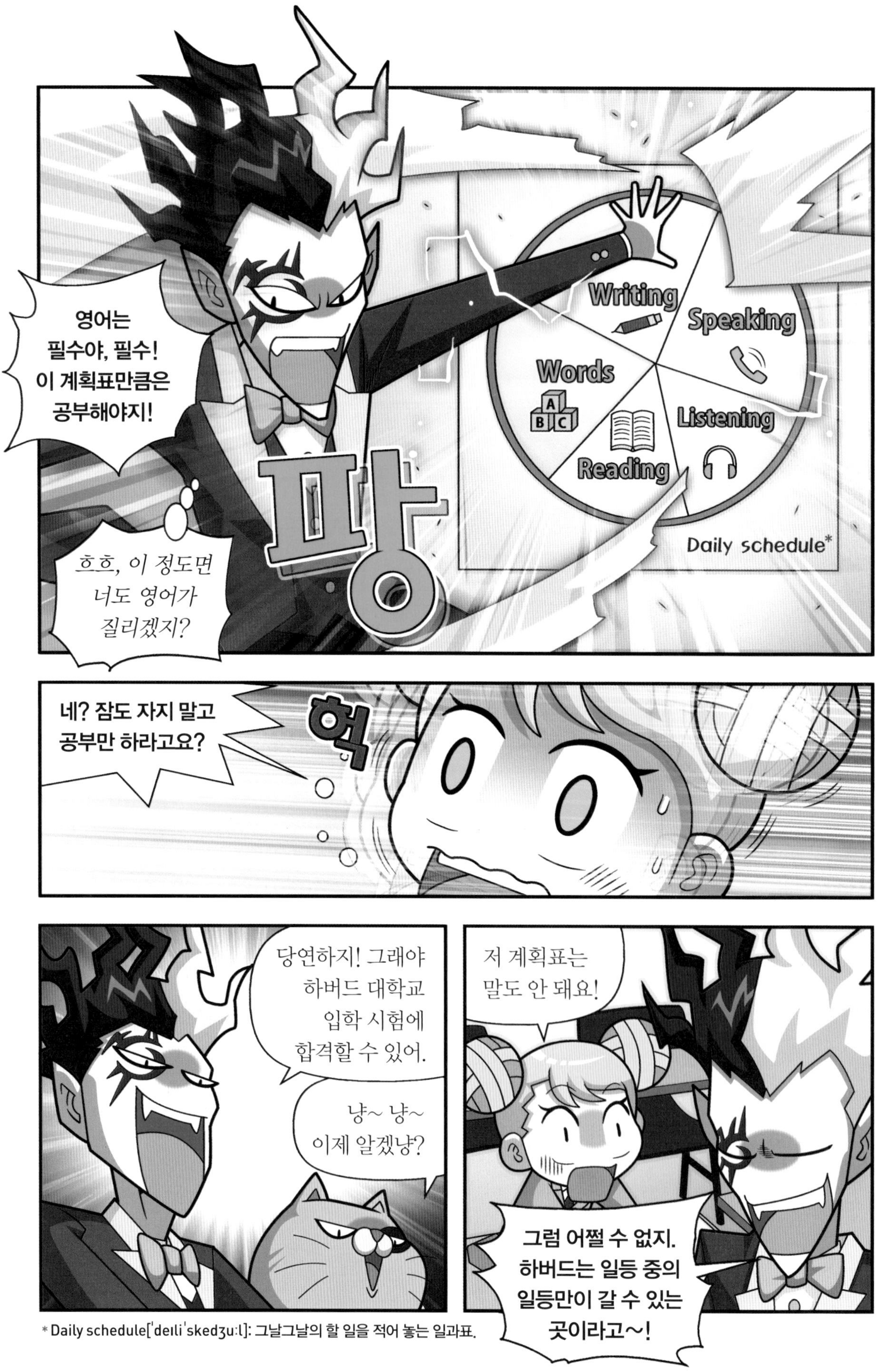
영어는 필수야, 필수! 이 계획표만큼은 공부해야지!
Writing
Speaking
Words
Listening
Reading
Daily schedule*
팡
흐흐, 이 정도면 너도 영어가 질리겠지?
네? 잠도 자지 말고 공부만 하라고요?
헉
당연하지! 그래야 하버드 대학교 입학 시험에 합격할 수 있어.
냥~ 냥~ 이제 알겠냥?
저 계획표는 말도 안 돼요!
그럼 어쩔 수 없지. 하버드는 일등 중의 일등만이 갈 수 있는 곳이라고~!

* Daily schedule[ˈdeɪliˈskedʒuːl]: 그날그날의 할 일을 적어 놓는 일과표.

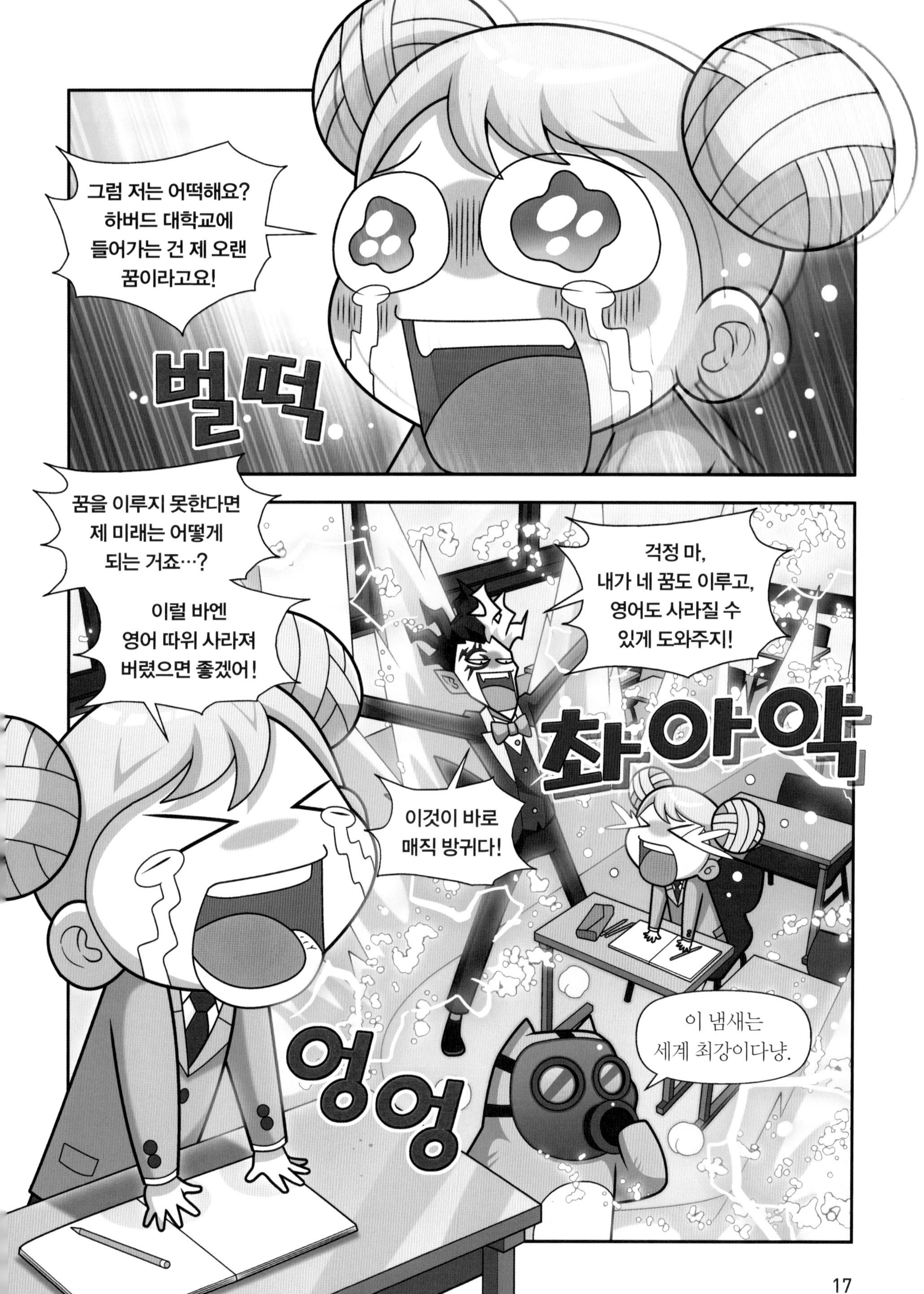
그럼 저는 어떡해요? 하버드 대학교에 들어가는 건 제 오랜 꿈이라고요!
벌떡
꿈을 이루지 못한다면 제 미래는 어떻게 되는 거죠…?
이럴 바엔 영어 따위 사라져 버렸으면 좋겠어!
걱정 마, 내가 네 꿈도 이루고, 영어도 사라질 수 있게 도와주지!
촤아악
이것이 바로 매직 방귀다!
이 냄새는 세계 최강이다냥.
엉엉

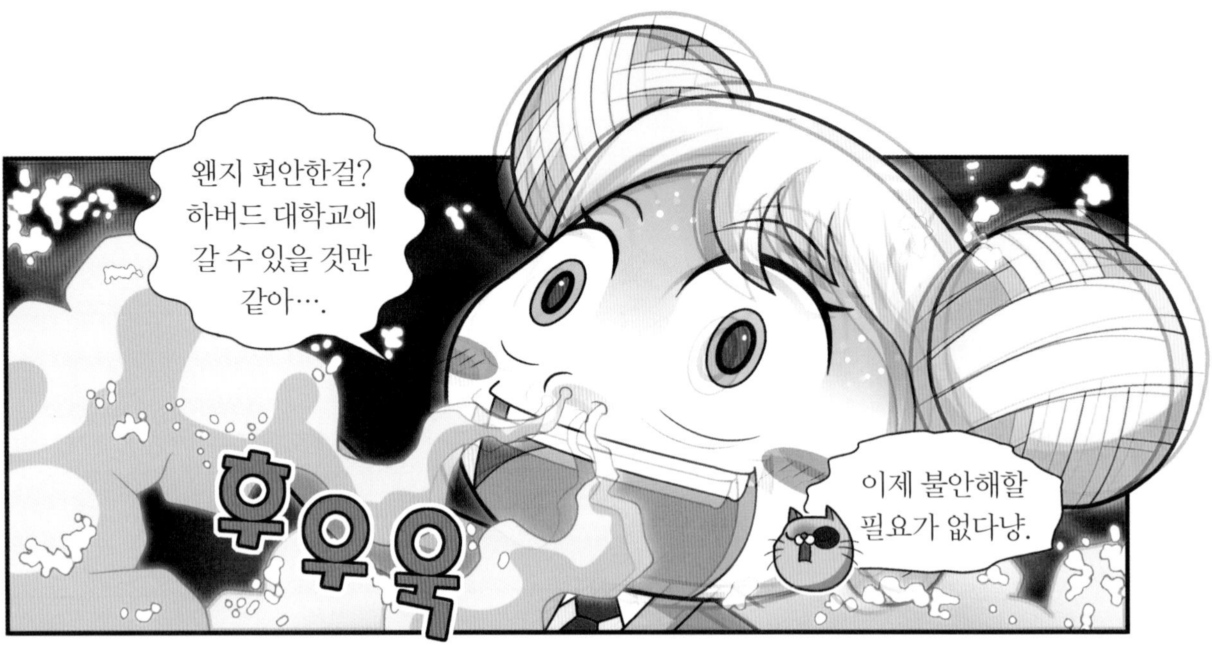
왠지 편안한걸? 하버드 대학교에 갈 수 있을 것만 같아….
후우욱
이제 불안해할 필요가 없다냥.

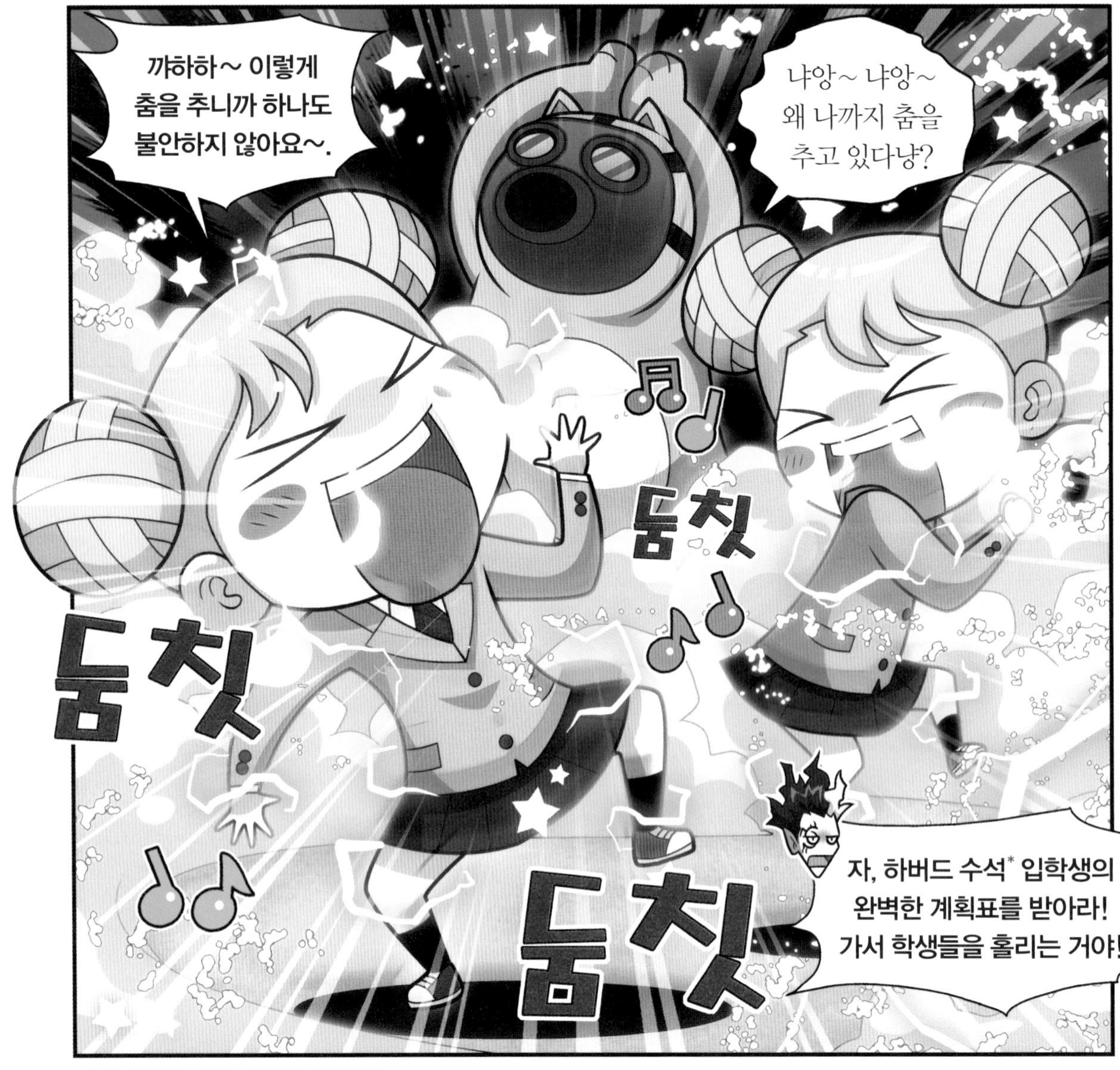
꺄하하~ 이렇게 춤을 추니까 하나도 불안하지 않아요~.
냐앙~ 냐앙~ 왜 나까지 춤을 추고 있다냥?
둠칫
둠칫
둠칫
자, 하버드 수석* 입학생의 완벽한 계획표를 받아라! 가서 학생들을 홀리는 거야!

* 수석: 등급이나 직위 따위에서 맨 윗자리.

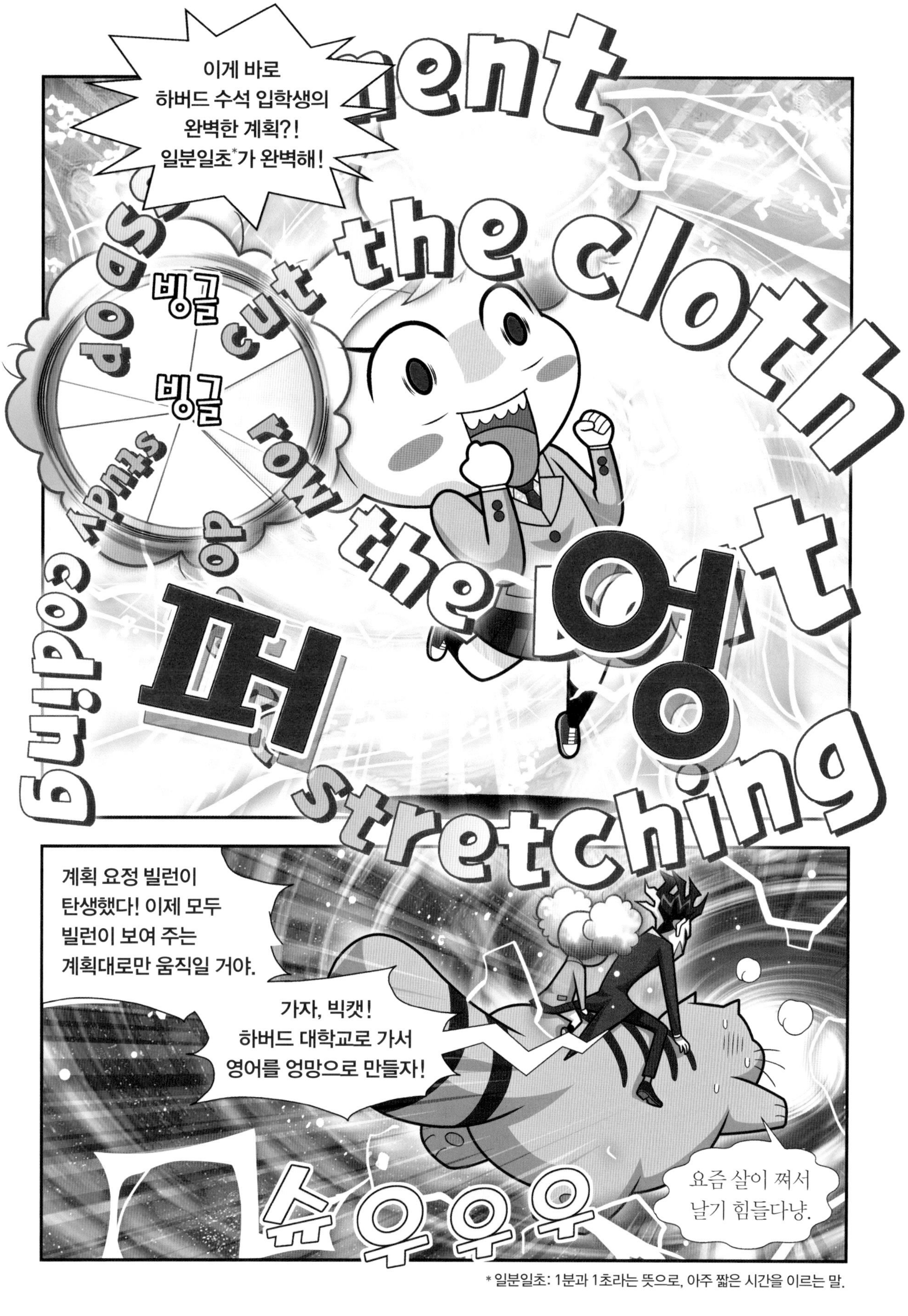
이게 바로
하버드 수석 입학생의
완벽한 계획?!
일분일초*가 완벽해!
빙글
빙글
cut the cloth
row the
coding
stretching
퍼
엉
계획 요정 빌런이
탄생했다! 이제 모두
빌런이 보여 주는
계획대로만 움직일 거야.
가자, 빅캣!
하버드 대학교로 가서
영어를 엉망으로 만들자!
슈우우우
요즘 살이 쪄서
날기 힘들다냥.

* 일분일초: 1분과 1초라는 뜻으로, 아주 짧은 시간을 이르는 말.

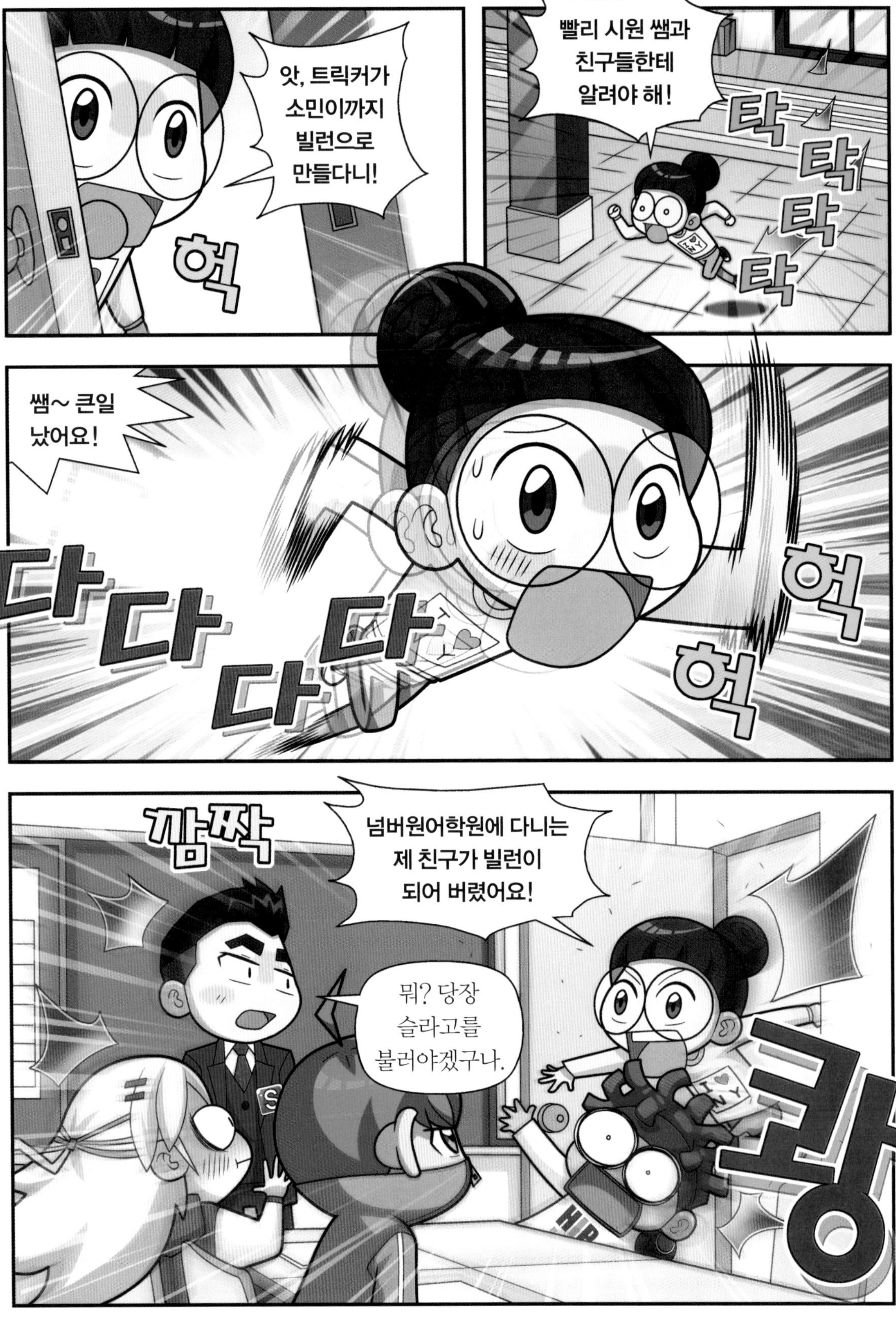

앗, 트릭커가
소민이까지
빌런으로
만들다니!
헉
빨리 시원 쌤과
친구들한테
알려야 해!
탁 탁 탁 탁
쌤~ 큰일
났어요!
다다다다
헉헉
깜짝
넘버원어학원에 다니는
제 친구가 빌런이
되어 버렸어요!
뭐? 당장
슬라고를
불러야겠구나.
쾅

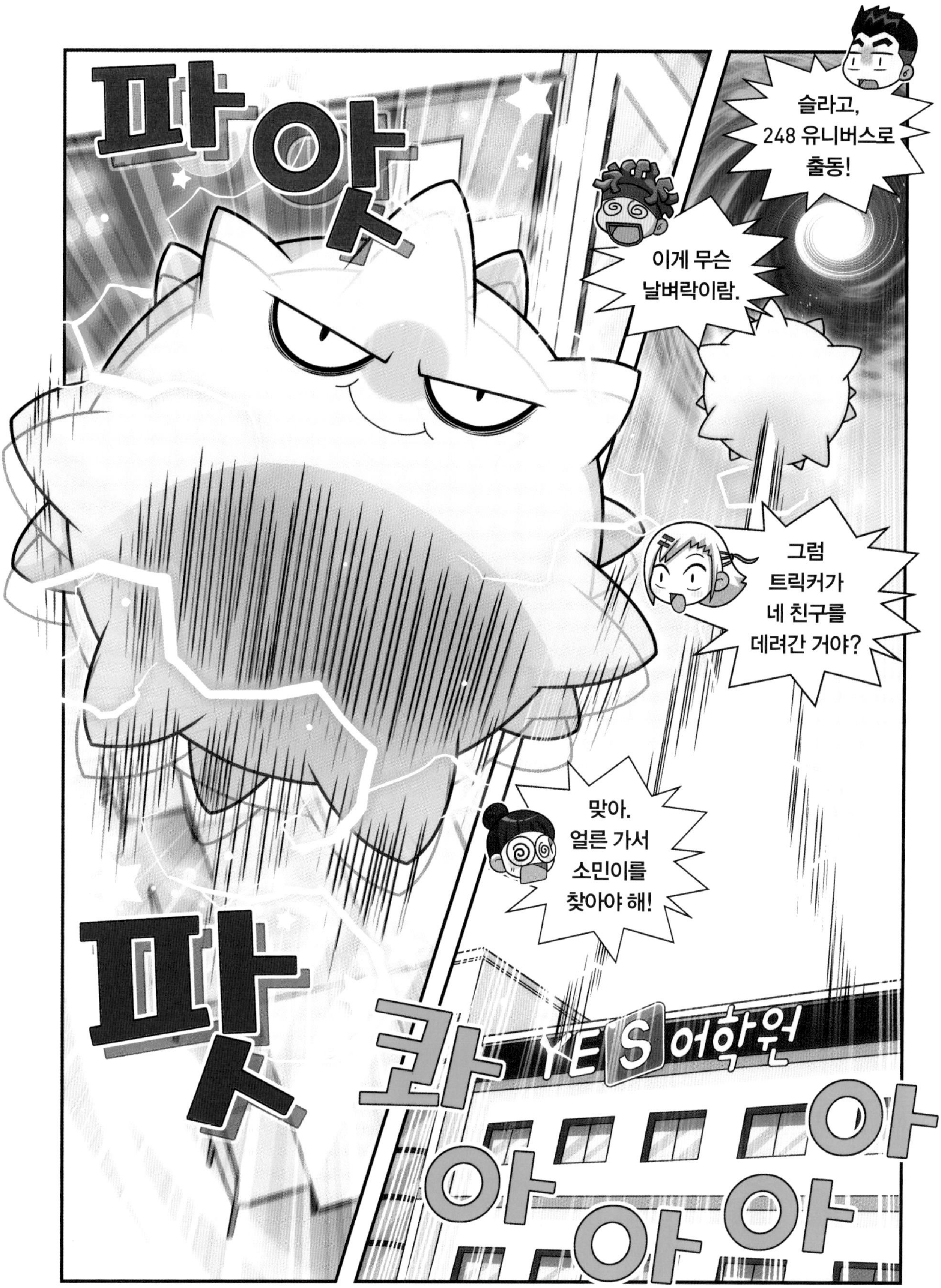
파앗
슬라고, 248 유니버스로 출동!
이게 무슨 날벼락이람.
그럼 트릭커가 네 친구를 데려간 거야?
맞아. 얼른 가서 소민이를 찾아야 해!
파앗
YES 어학원
콰아아아아

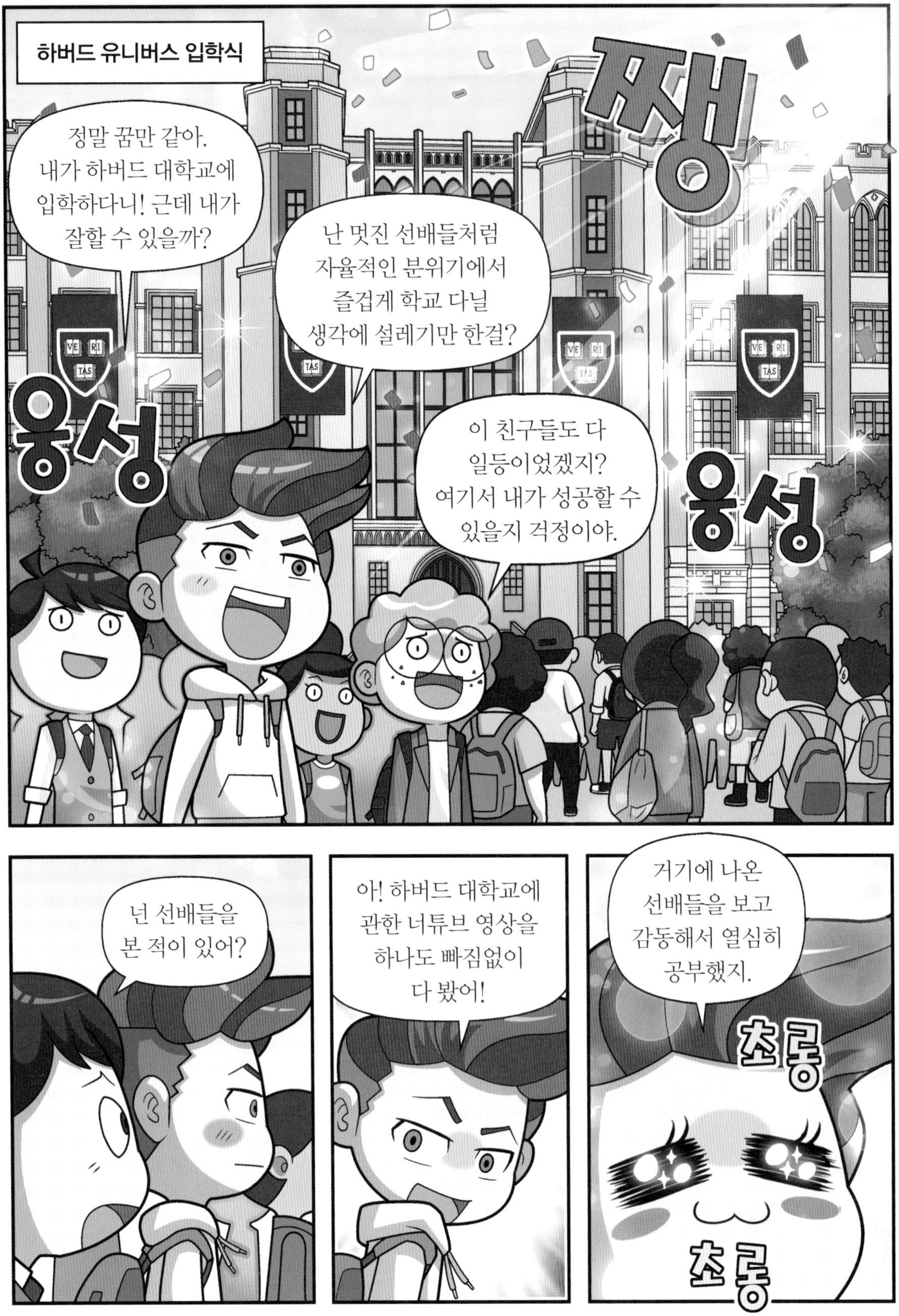

하버드 유니버스 입학식
쨍
정말 꿈만 같아. 내가 하버드 대학교에 입학하다니! 근데 내가 잘할 수 있을까?
난 멋진 선배들처럼 자율적인 분위기에서 즐겁게 학교 다닐 생각에 설레기만 한걸?
웅성
이 친구들도 다 일등이었겠지? 여기서 내가 성공할 수 있을지 걱정이야.
웅성
넌 선배들을 본 적이 있어?
아! 하버드 대학교에 관한 너튜브 영상을 하나도 빠짐없이 다 봤어!
거기에 나온 선배들을 보고 감동해서 열심히 공부했지.
초롱
초롱

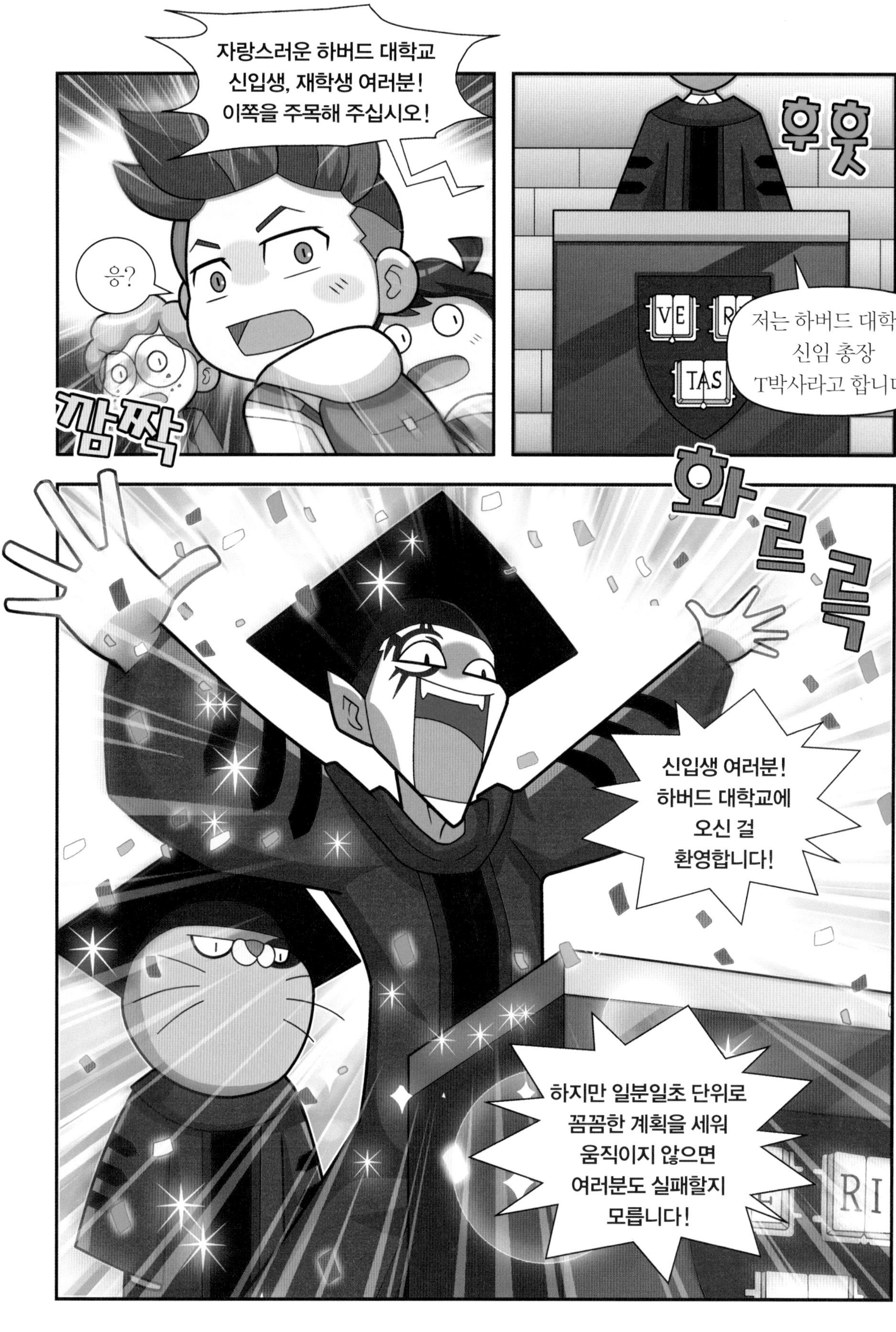
자랑스러운 하버드 대학교 신입생, 재학생 여러분! 이쪽을 주목해 주십시오!
응?
깜짝
후훗
저는 하버드 대학교 신임 총장 T박사라고 합니다.
화르륵
신입생 여러분! 하버드 대학교에 오신 걸 환영합니다!
하지만 일분일초 단위로 꼼꼼한 계획을 세워 움직이지 않으면 여러분도 실패할지 모릅니다!

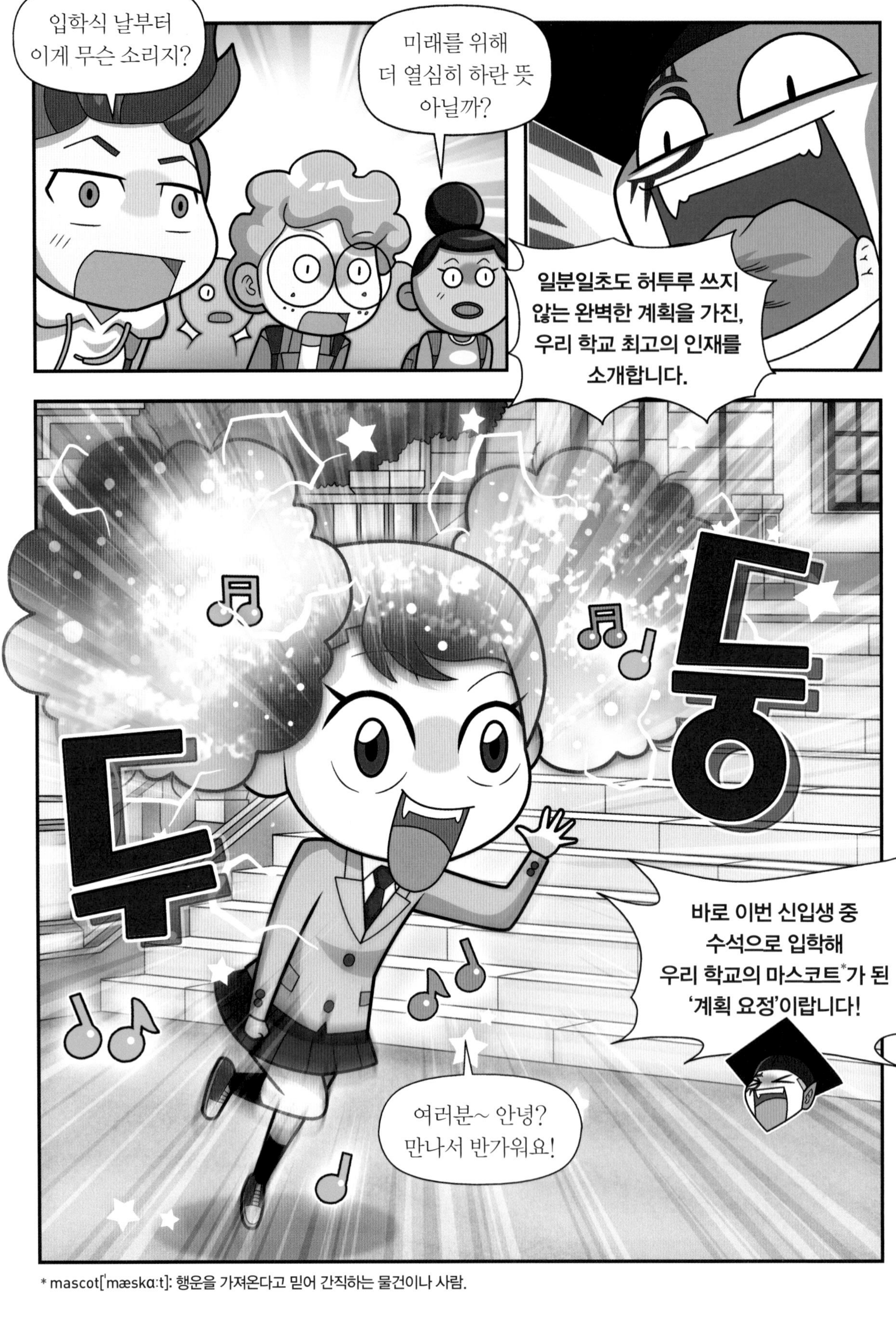
입학식 날부터 이게 무슨 소리지?
미래를 위해 더 열심히 하란 뜻 아닐까?
일분일초도 허투루 쓰지 않는 완벽한 계획을 가진, 우리 학교 최고의 인재를 소개합니다.
두
둥
바로 이번 신입생 중 수석으로 입학해 우리 학교의 마스코트*가 된 '계획 요정'이랍니다!
여러분~ 안녕? 만나서 반가워요!

* mascot['mæskɑːt]: 행운을 가져온다고 믿어 간직하는 물건이나 사람.

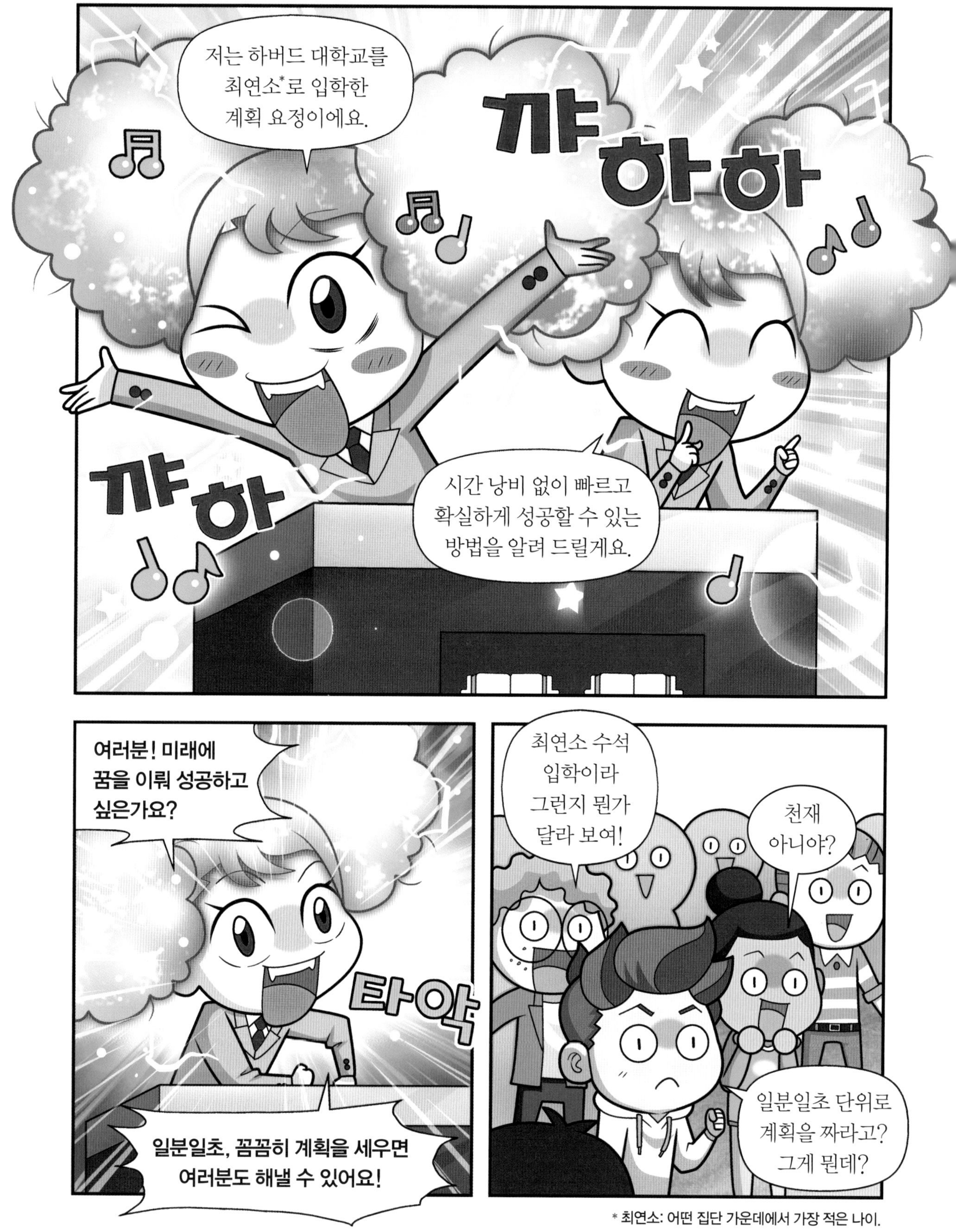
저는 하버드 대학교를 최연소*로 입학한 계획 요정이에요.
까하하
까하
시간 낭비 없이 빠르고 확실하게 성공할 수 있는 방법을 알려 드릴게요.
여러분! 미래에 꿈을 이뤄 성공하고 싶은가요?
타악
일분일초, 꼼꼼히 계획을 세우면 여러분도 해낼 수 있어요!
최연소 수석 입학이라 그런지 뭔가 달라 보여!
천재 아니야?
일분일초 단위로 계획을 짜라고? 그게 뭔데?

* 최연소: 어떤 집단 가운데에서 가장 적은 나이.

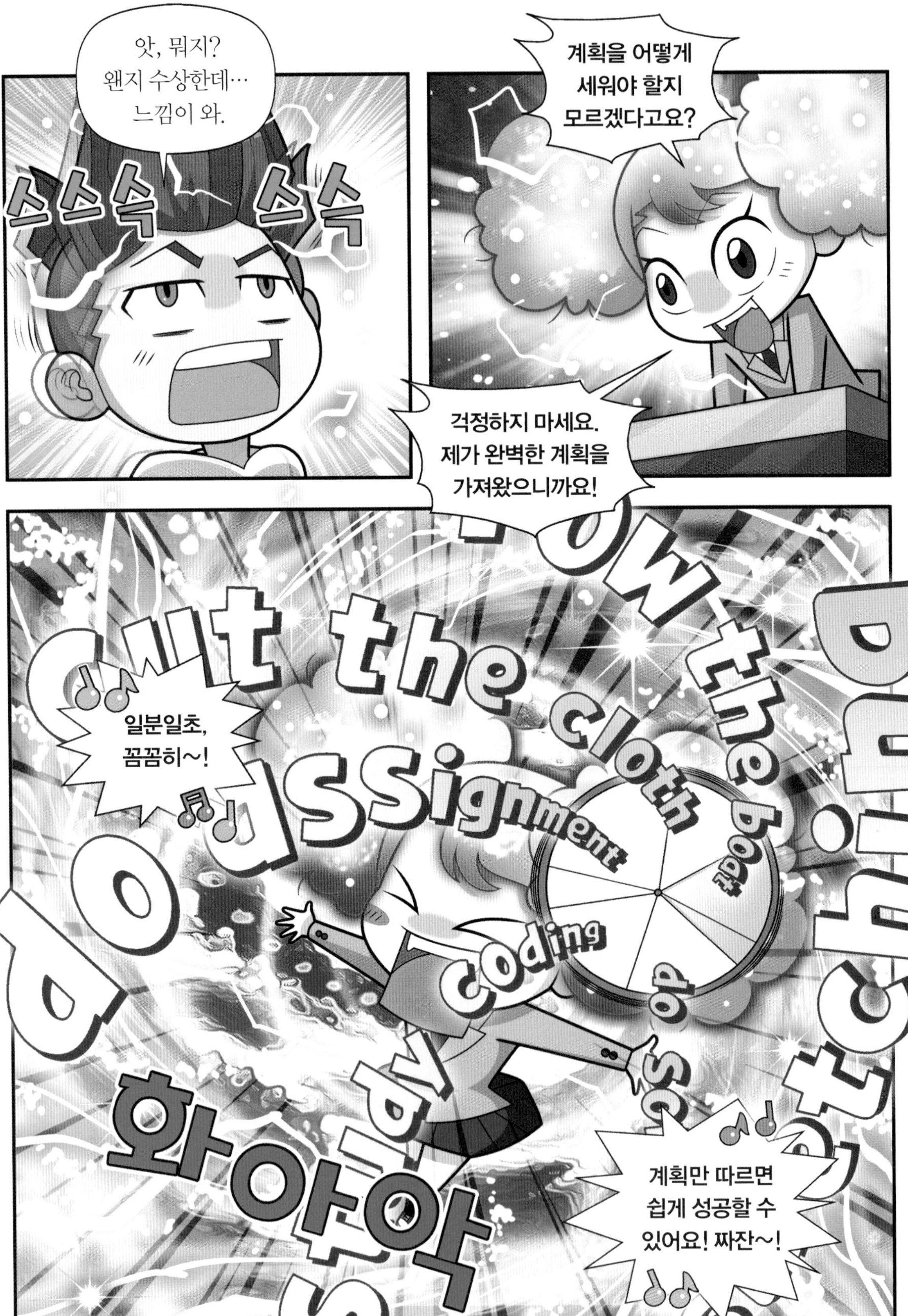
앗, 뭐지?
왠지 수상한데…
느낌이 와.
스스슥 스슥
계획을 어떻게
세워야 할지
모르겠다고요?
걱정하지 마세요.
제가 완벽한 계획을
가져왔으니까요!
일분일초,
꼼꼼히~!
coding
화아악
계획만 따르면
쉽게 성공할 수
있어요! 짜잔~!

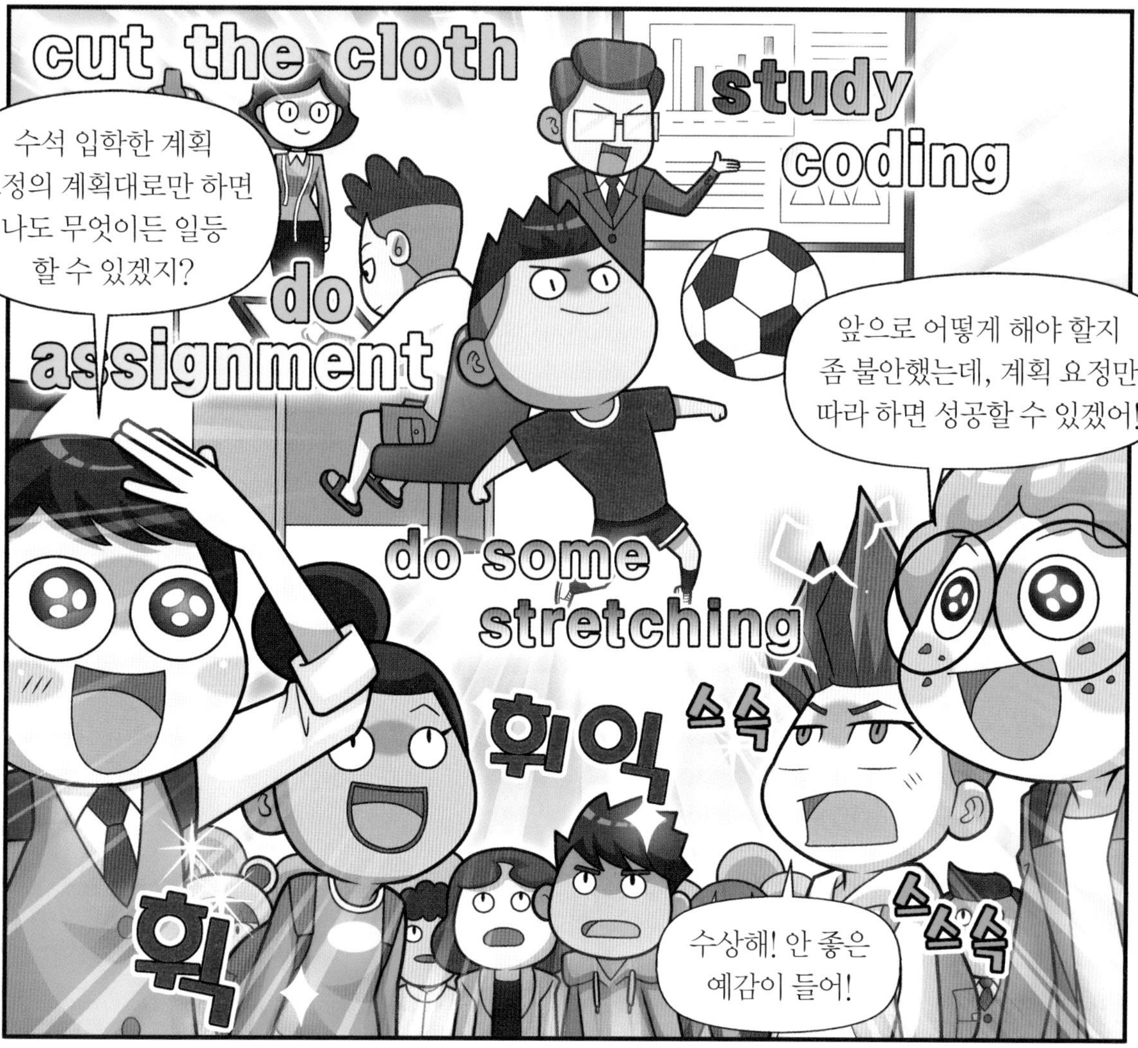
cut the cloth
study coding
수석 입학한 계획 요정의 계획대로만 하면 나도 무엇이든 일등 할 수 있겠지?
do assignment
앞으로 어떻게 해야 할지 좀 불안했는데, 계획 요정만 따라 하면 성공할 수 있겠어!
do some stretching
휘익
스슥
휙
스스슥
수상해! 안 좋은 예감이 들어!
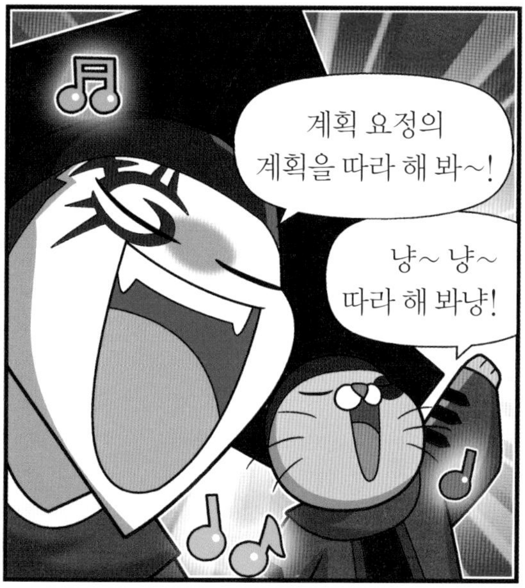
계획 요정의 계획을 따라 해 봐~!
냥~ 냥~ 따라 해 봐냥!
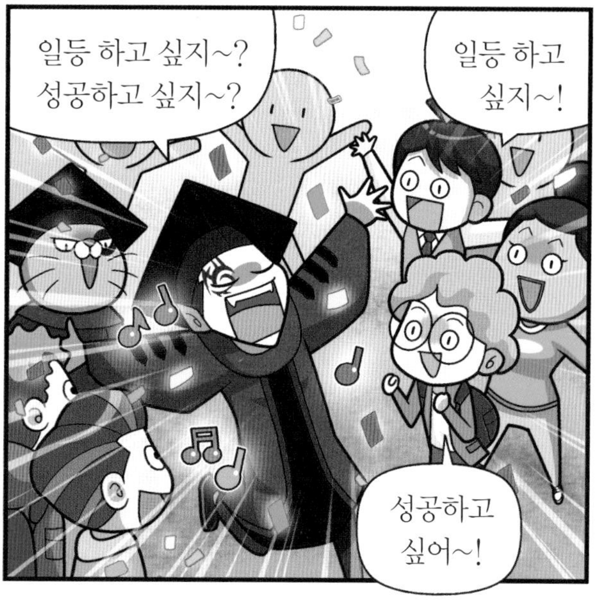
일등 하고 싶지~? 성공하고 싶지~?
일등 하고 싶지~!
성공하고 싶어~!

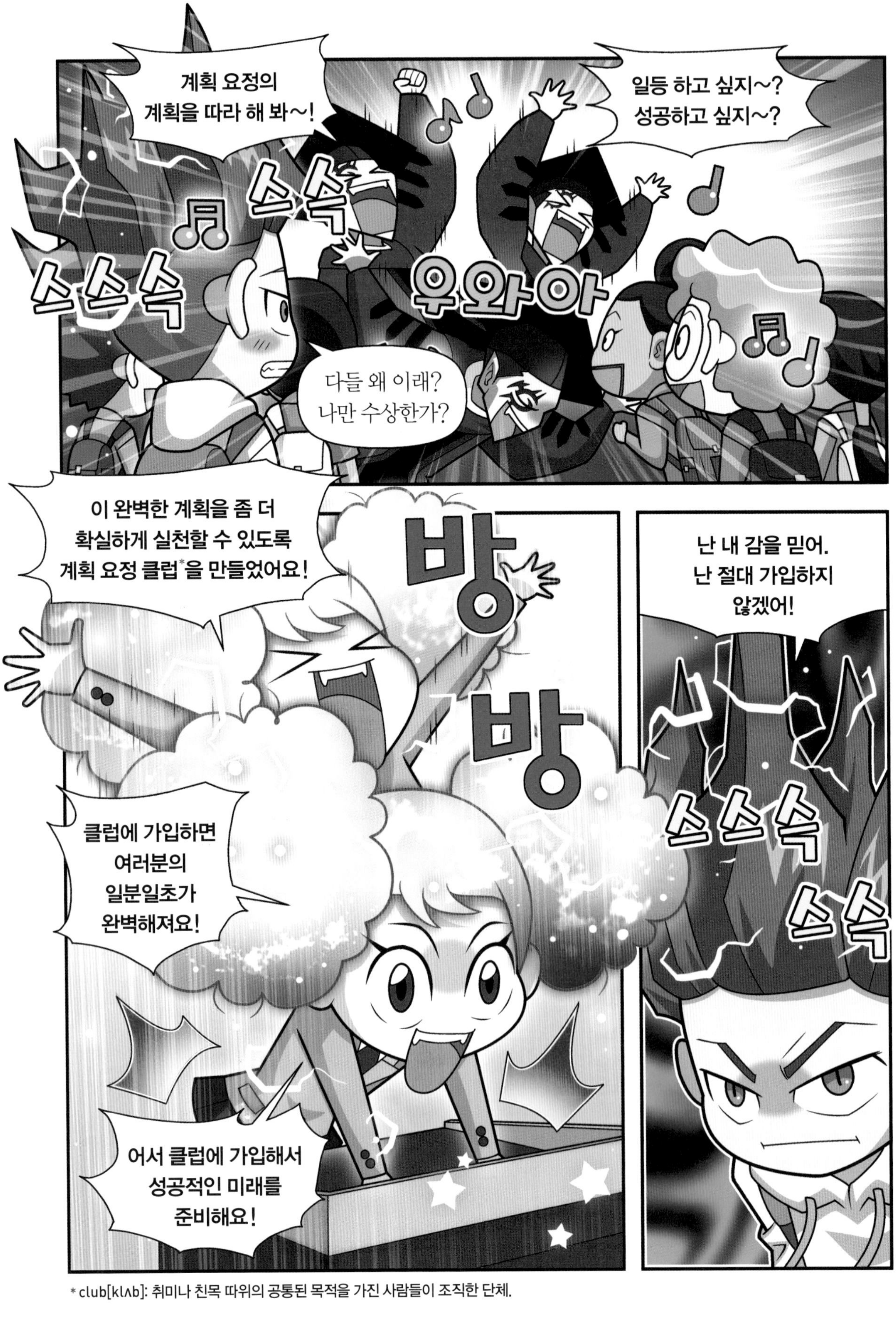
계획 요정의
계획을 따라 해 봐~!
일등 하고 싶지~?
성공하고 싶지~?
스스슥
스슥
우와아
다들 왜 이래?
나만 수상한가?
이 완벽한 계획을 좀 더
확실하게 실천할 수 있도록
계획 요정 클럽*을 만들었어요!
방
방
클럽에 가입하면
여러분의
일분일초가
완벽해져요!
어서 클럽에 가입해서
성공적인 미래를
준비해요!
난 내 감을 믿어.
난 절대 가입하지
않겠어!
스스슥
스슥

* club[klʌb]: 취미나 친목 따위의 공통된 목적을 가진 사람들이 조직한 단체.

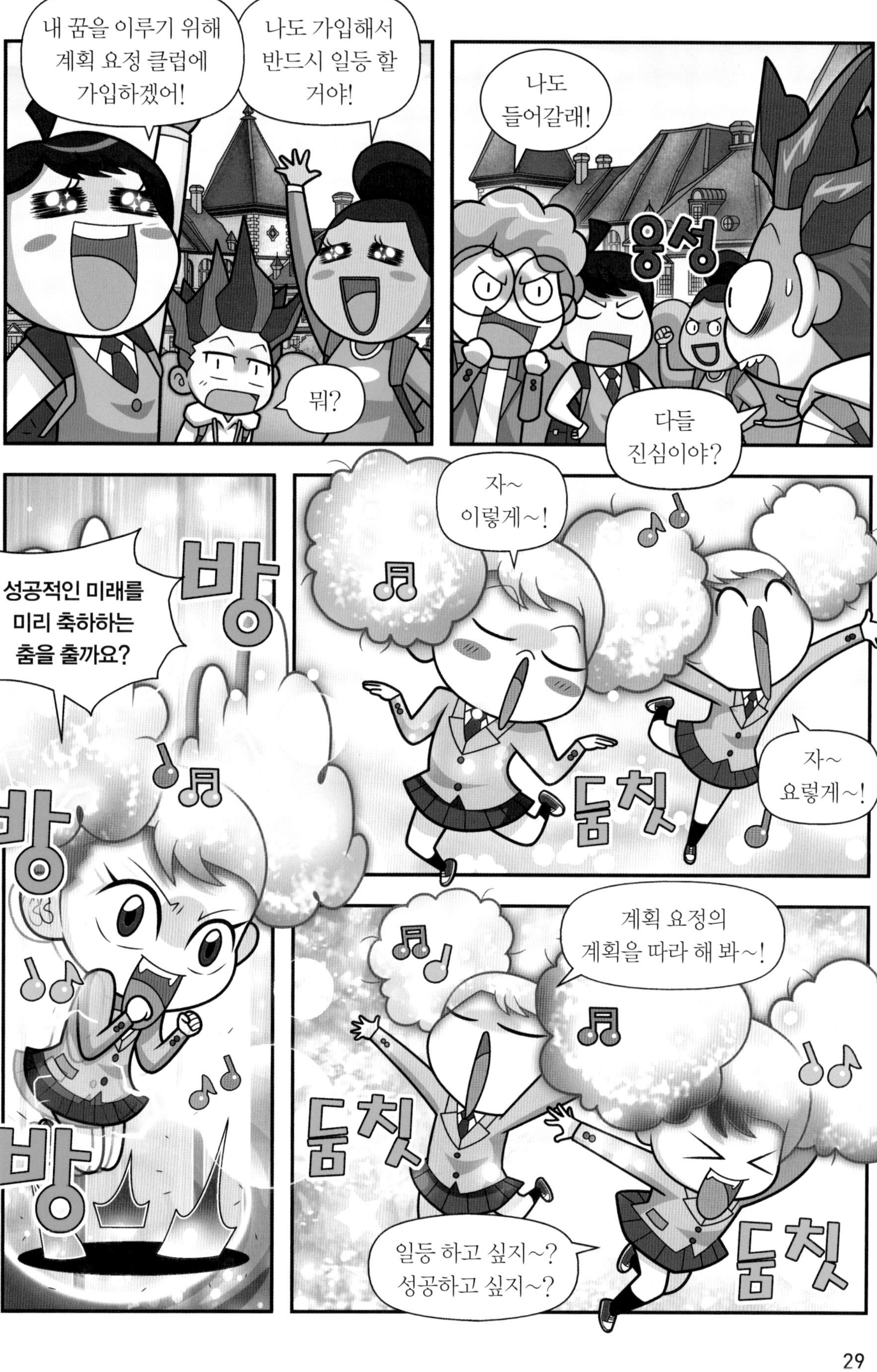
내 꿈을 이루기 위해 계획 요정 클럽에 가입하겠어!
나도 가입해서 반드시 일등 할 거야!
뭐?
나도 들어갈래!
웅성
다들 진심이야?
성공적인 미래를 미리 축하하는 춤을 출까요?
방
방
방
자~ 이렇게~!
둠칫
자~ 요렇게~!
계획 요정의 계획을 따라 해 봐~!
둠칫
일등 하고 싶지~? 성공하고 싶지~?
둠칫

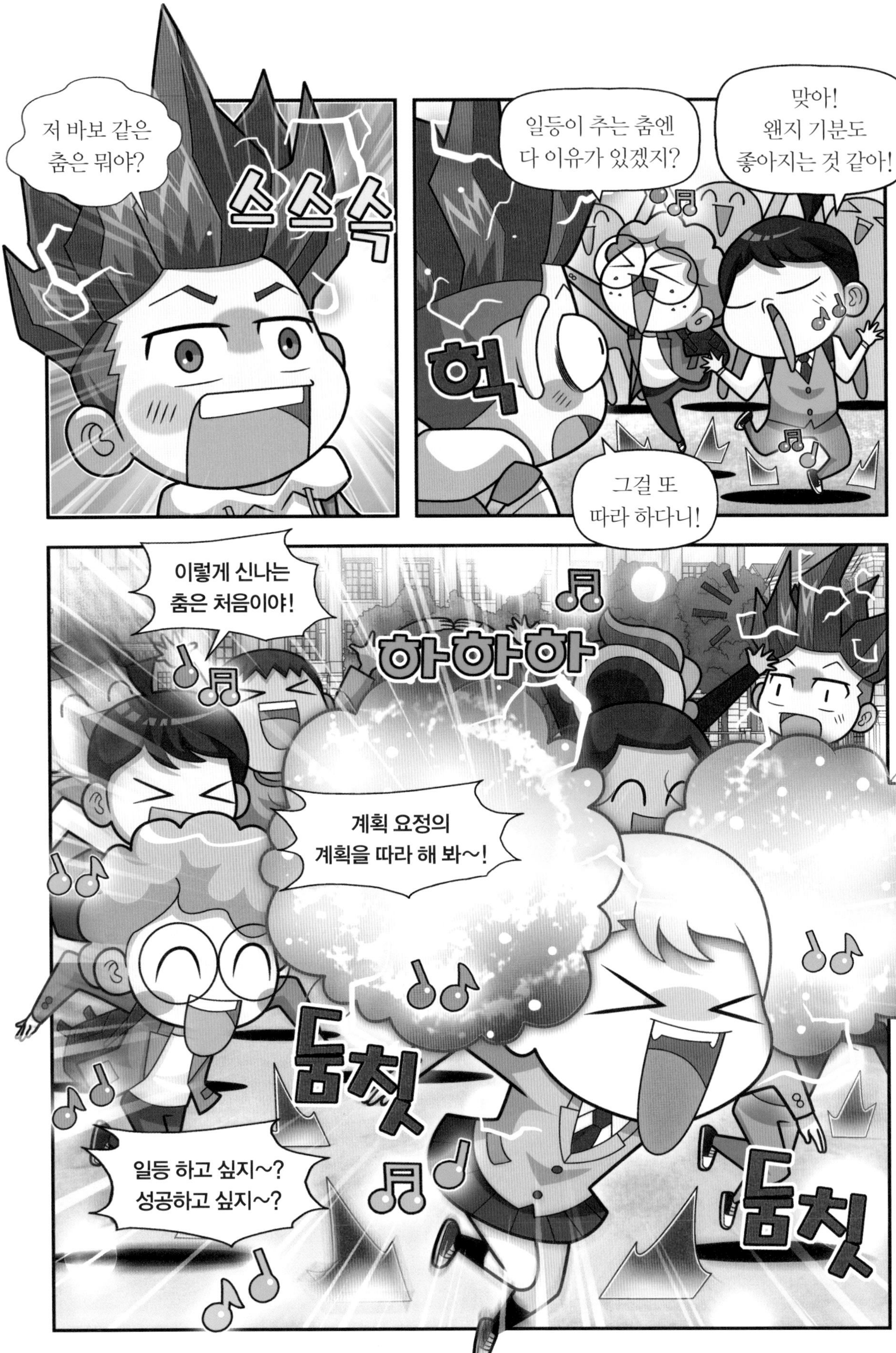

저 바보 같은 춤은 뭐야?
스스슥
일등이 추는 춤엔 다 이유가 있겠지?
맞아! 왠지 기분도 좋아지는 것 같아!
헉
그걸 또 따라 하다니!
이렇게 신나는 춤은 처음이야!
하하하
계획 요정의 계획을 따라 해 봐~!
둠칫
일등 하고 싶지~? 성공하고 싶지~?
둠칫

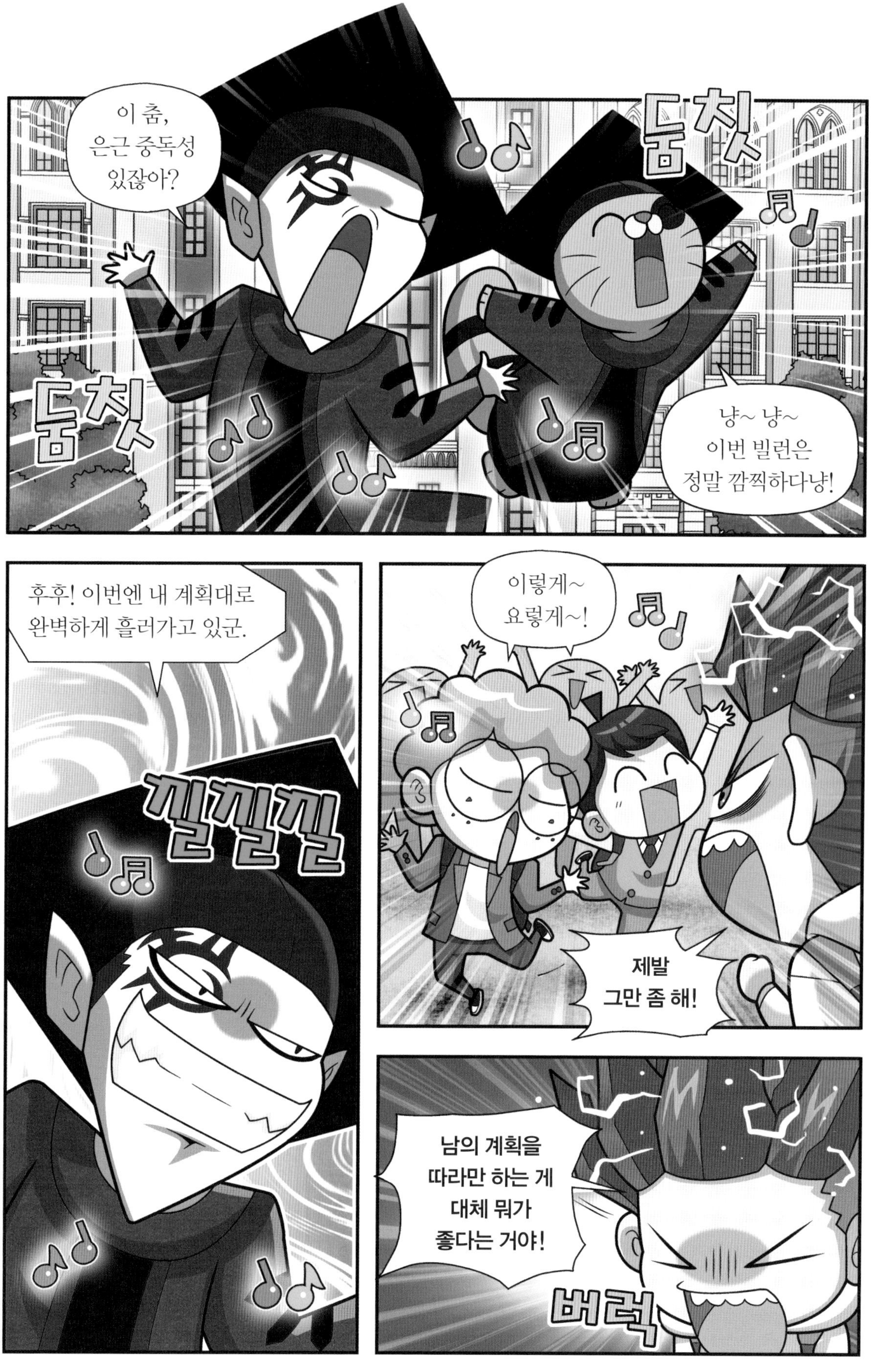
이 춤,
은근 중독성
있잖아?
둠칫
둠칫
냥~ 냥~
이번 빌런은
정말 깜찍하다냥!
후후! 이번엔 내 계획대로
완벽하게 흘러가고 있군.
낄낄낄
이렇게~
요렇게~!
제발
그만 좀 해!
남의 계획을
따라만 하는 게
대체 뭐가
좋다는 거야!
버럭

Chapter 2

계획 요정 클럽 VS 로건 클럽

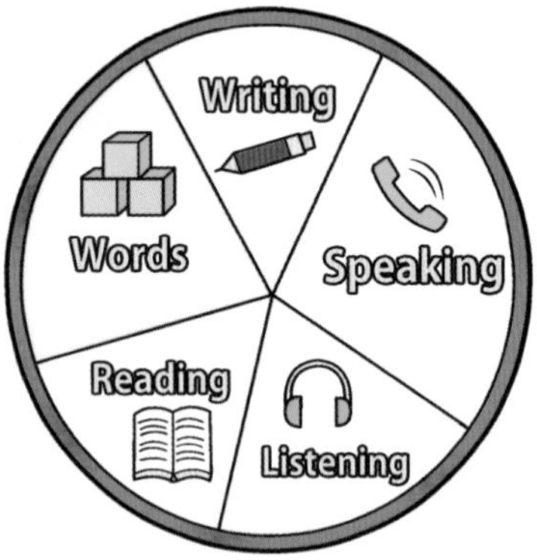
Writing
Speaking
Listening
Reading
Words

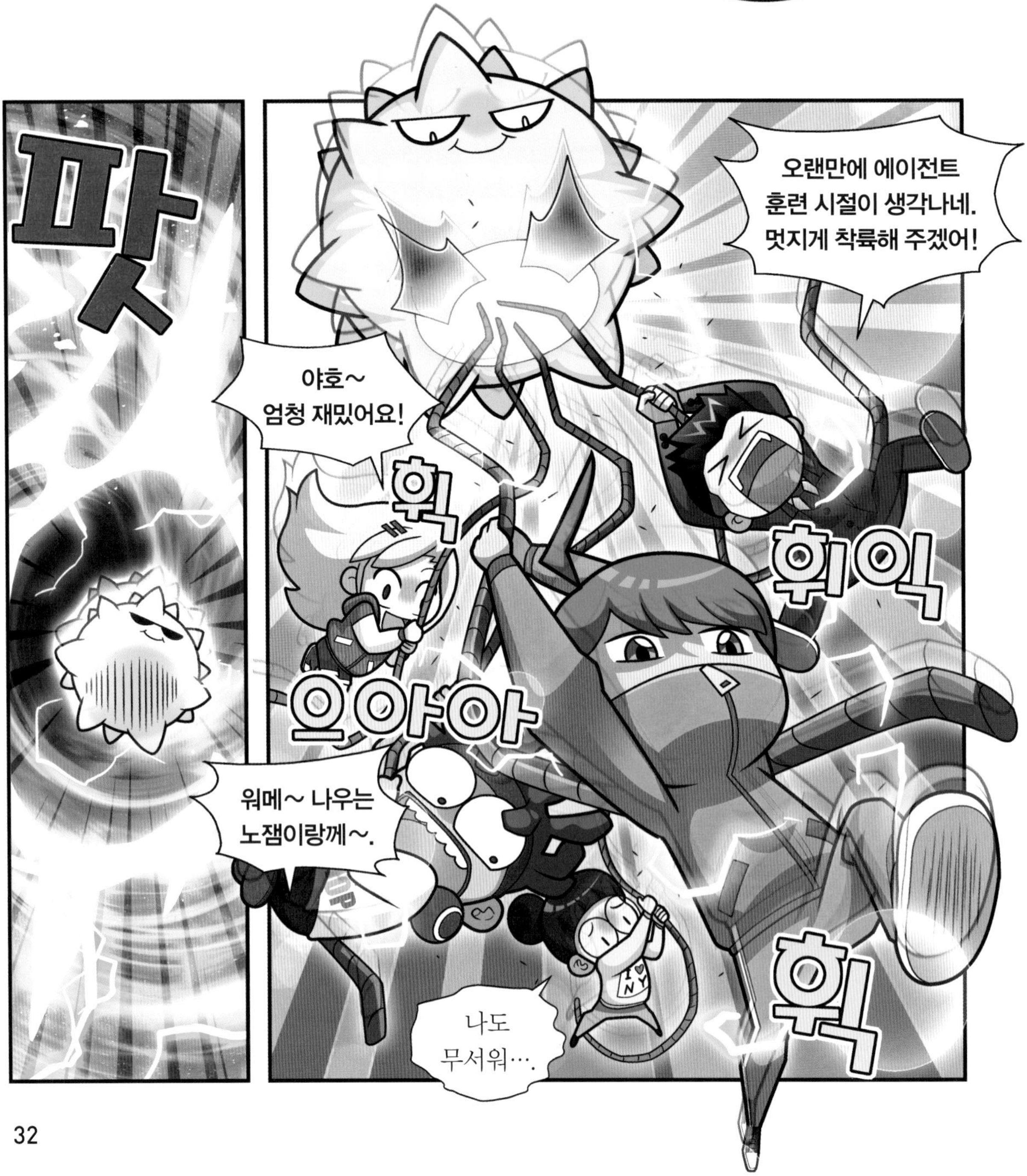
팟
오랜만에 에이전트 훈련 시절이 생각나네. 멋지게 착륙해 주겠어!
야호~ 엄청 재밌어요!
휙
휘익
으아아
워메~ 나우는 노잼이랑께~.
휙
나도 무서워….

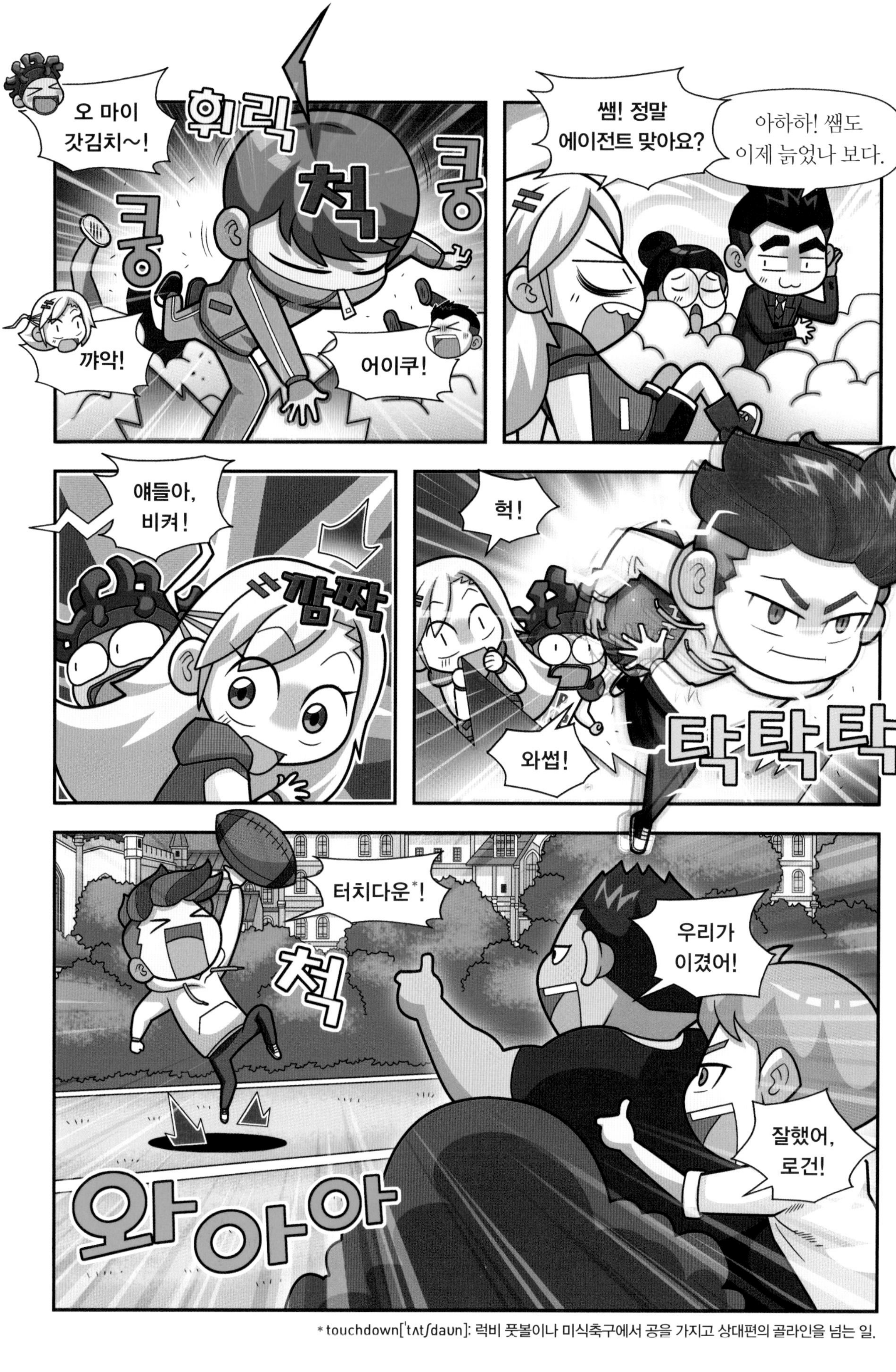
오 마이 갓김치~!
휘릭
척
쿵
쿵
꺄악!
어이쿠!
쌤! 정말 에이전트 맞아요?
아하하! 쌤도 이제 늙었나 보다.
애들아, 비켜!
깜짝
헉!
탁탁탁
와썹!
터치다운*!
척
우리가 이겼어!
잘했어, 로건!
와아아

* touchdown[ˈtʌtʃdaʊn]: 럭비 풋볼이나 미식축구에서 공을 가지고 상대편의 골라인을 넘는 일.

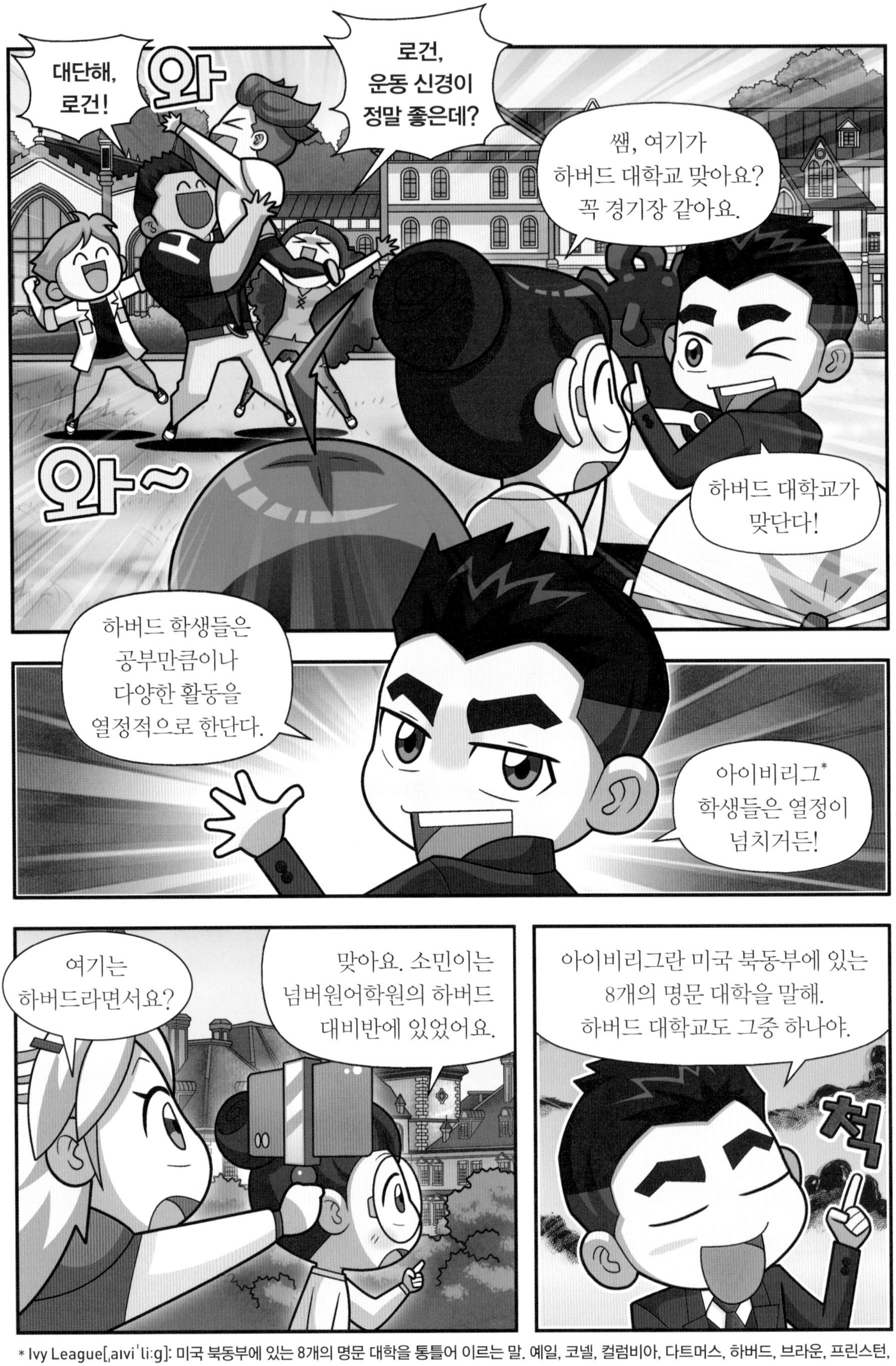
대단해,
로건!
와
로건,
운동 신경이
정말 좋은데?
쌤, 여기가
하버드 대학교 맞아요?
꼭 경기장 같아요.
와~
하버드 대학교가
맞단다!
하버드 학생들은
공부만큼이나
다양한 활동을
열정적으로 한단다.
아이비리그*
학생들은 열정이
넘치거든!
여기는
하버드라면서요?
맞아요. 소민이는
넘버원어학원의 하버드
대비반에 있었어요.
아이비리그란 미국 북동부에 있는
8개의 명문 대학을 말해.
하버드 대학교도 그중 하나야.
척

* Ivy League[ˌaɪviˈliːg]: 미국 북동부에 있는 8개의 명문 대학을 통틀어 이르는 말. 예일, 코넬, 컬럼비아, 다트머스, 하버드, 브라운, 프린스턴, 펜실베이니아 대학이다.

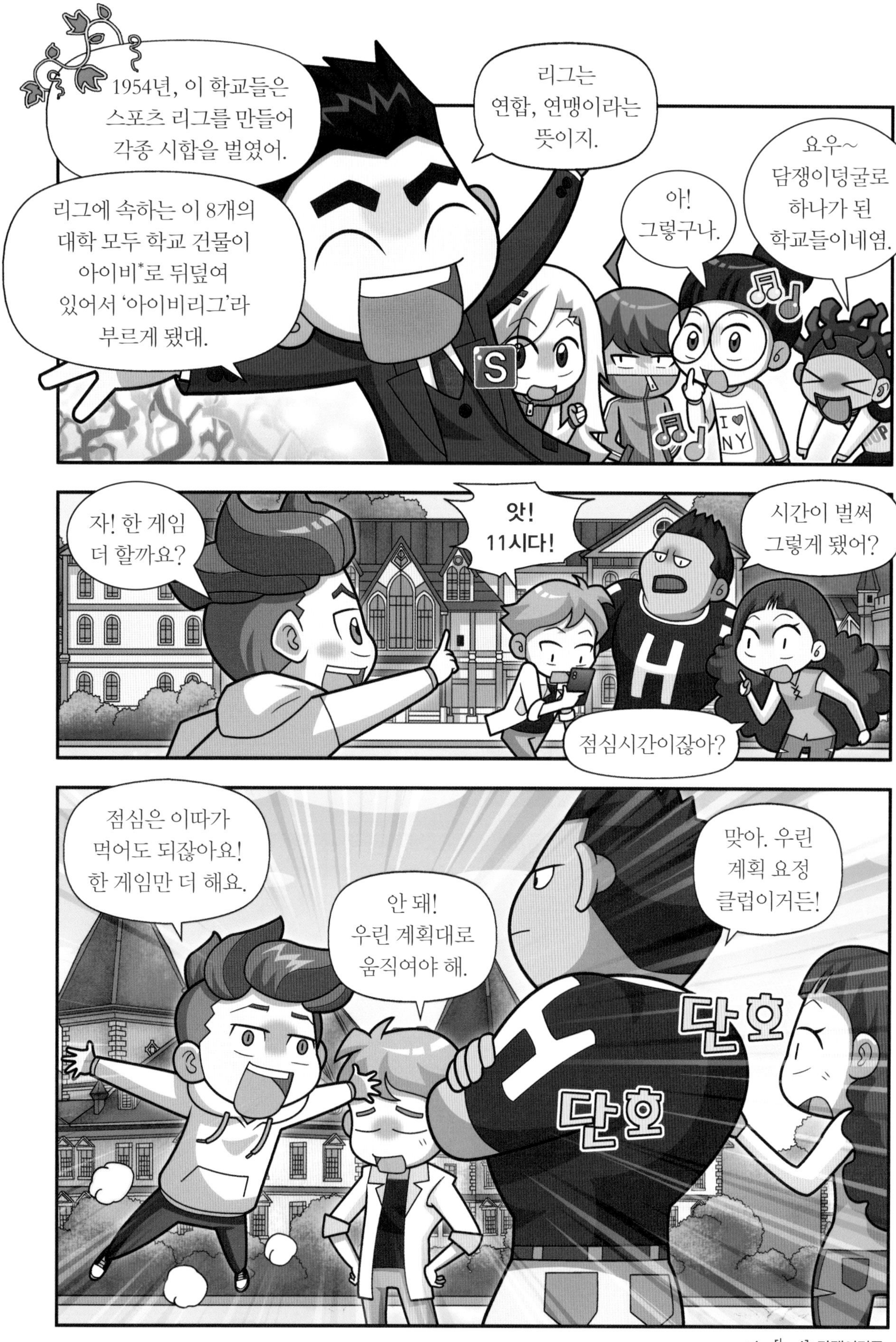
1954년, 이 학교들은 스포츠 리그를 만들어 각종 시합을 벌였어.
리그는 연합, 연맹이라는 뜻이지.
리그에 속하는 이 8개의 대학 모두 학교 건물이 아이비*로 뒤덮여 있어서 '아이비리그'라 부르게 됐대.
아! 그렇구나.
요우~ 담쟁이덩굴로 하나가 된 학교들이네염.
S
I ♥ NY
자! 한 게임 더 할까요?
앗! 11시다!
시간이 벌써 그렇게 됐어?
H
점심시간이잖아?
점심은 이따가 먹어도 되잖아요! 한 게임만 더 해요.
안 돼! 우린 계획대로 움직여야 해.
맞아. 우린 계획 요정 클럽이거든!
단호
단호

* Ivy[ˈaɪvi]: 담쟁이덩굴.

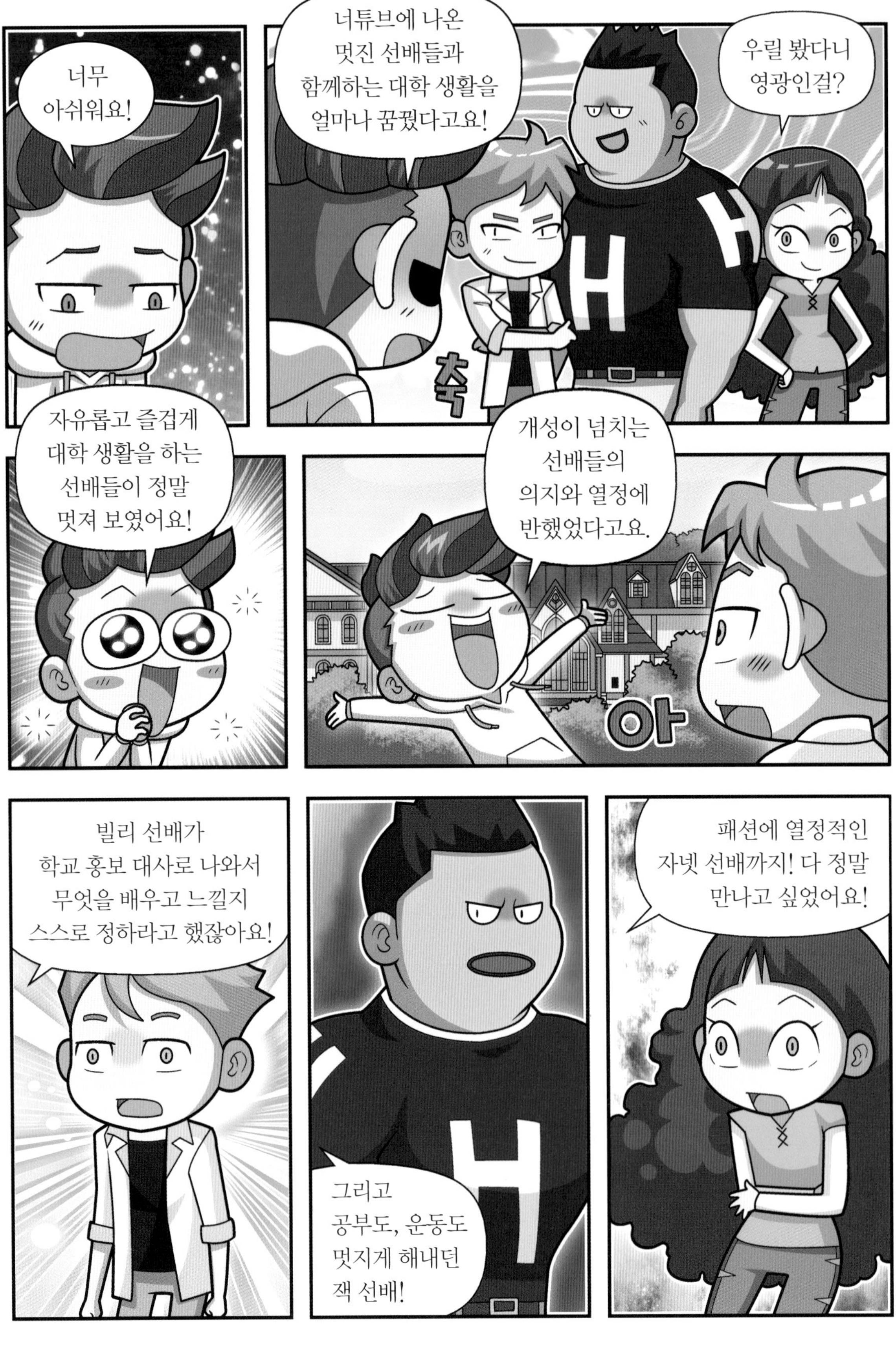
너무
아쉬워요!
너튜브에 나온
멋진 선배들과
함께하는 대학 생활을
얼마나 꿈꿨다고요!
우릴 봤다니
영광인걸?
척
자유롭고 즐겁게
대학 생활을 하는
선배들이 정말
멋져 보였어요!
개성이 넘치는
선배들의
의지와 열정에
반했었다고요.
아
빌리 선배가
학교 홍보 대사로 나와서
무엇을 배우고 느낄지
스스로 정하라고 했잖아요!
그리고
공부도, 운동도
멋지게 해내던
잭 선배!
패션에 열정적인
자넷 선배까지! 다 정말
만나고 싶었어요!

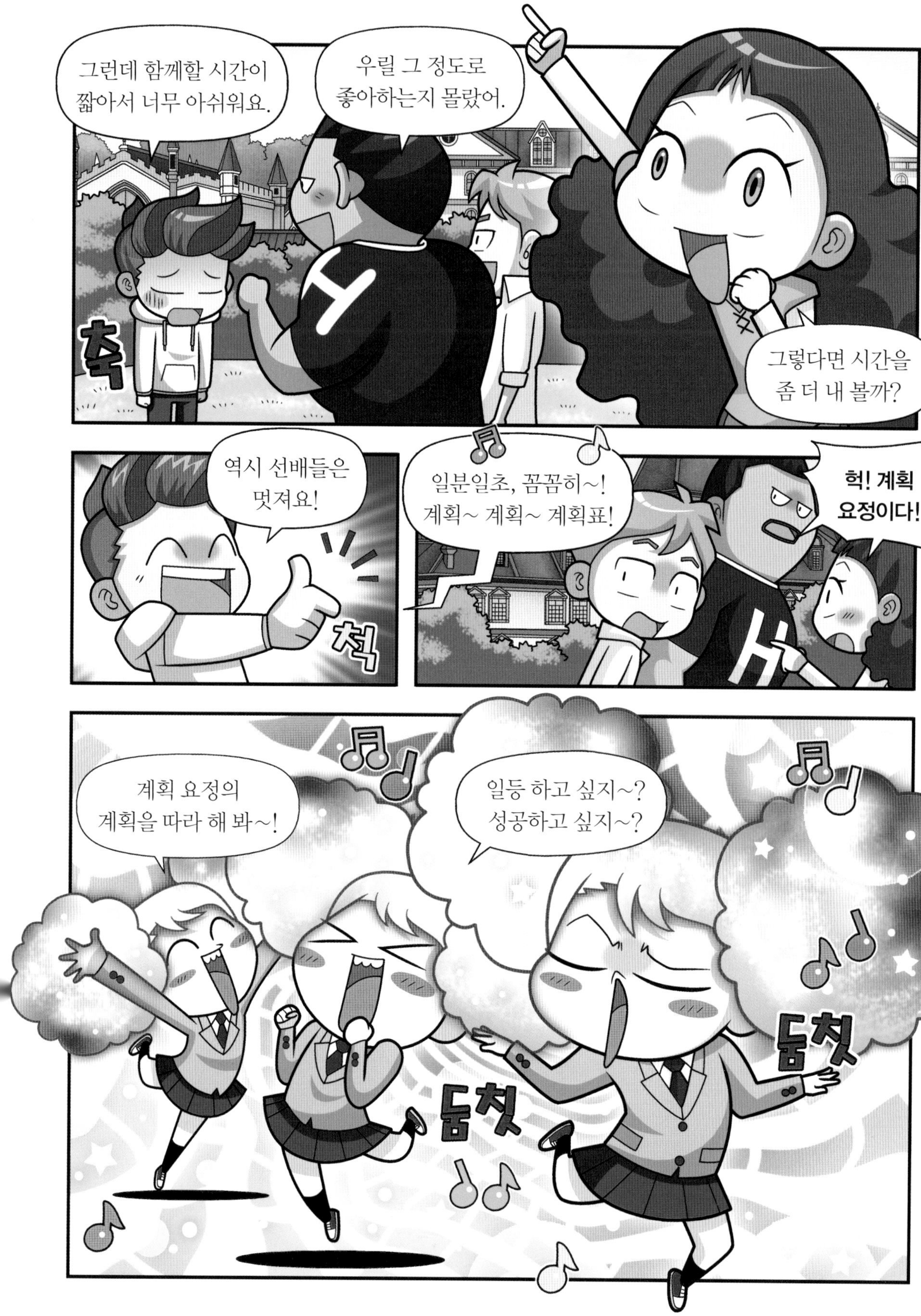
그런데 함께할 시간이 짧아서 너무 아쉬워요.
우릴 그 정도로 좋아하는지 몰랐어.
축
그렇다면 시간을 좀 더 내 볼까?
역시 선배들은 멋져요!
척
일분일초, 꼼꼼히~! 계획~ 계획~ 계획표!
헉! 계획 요정이다!
계획 요정의 계획을 따라 해 봐~!
일등 하고 싶지~? 성공하고 싶지~?
둠칫
둠칫

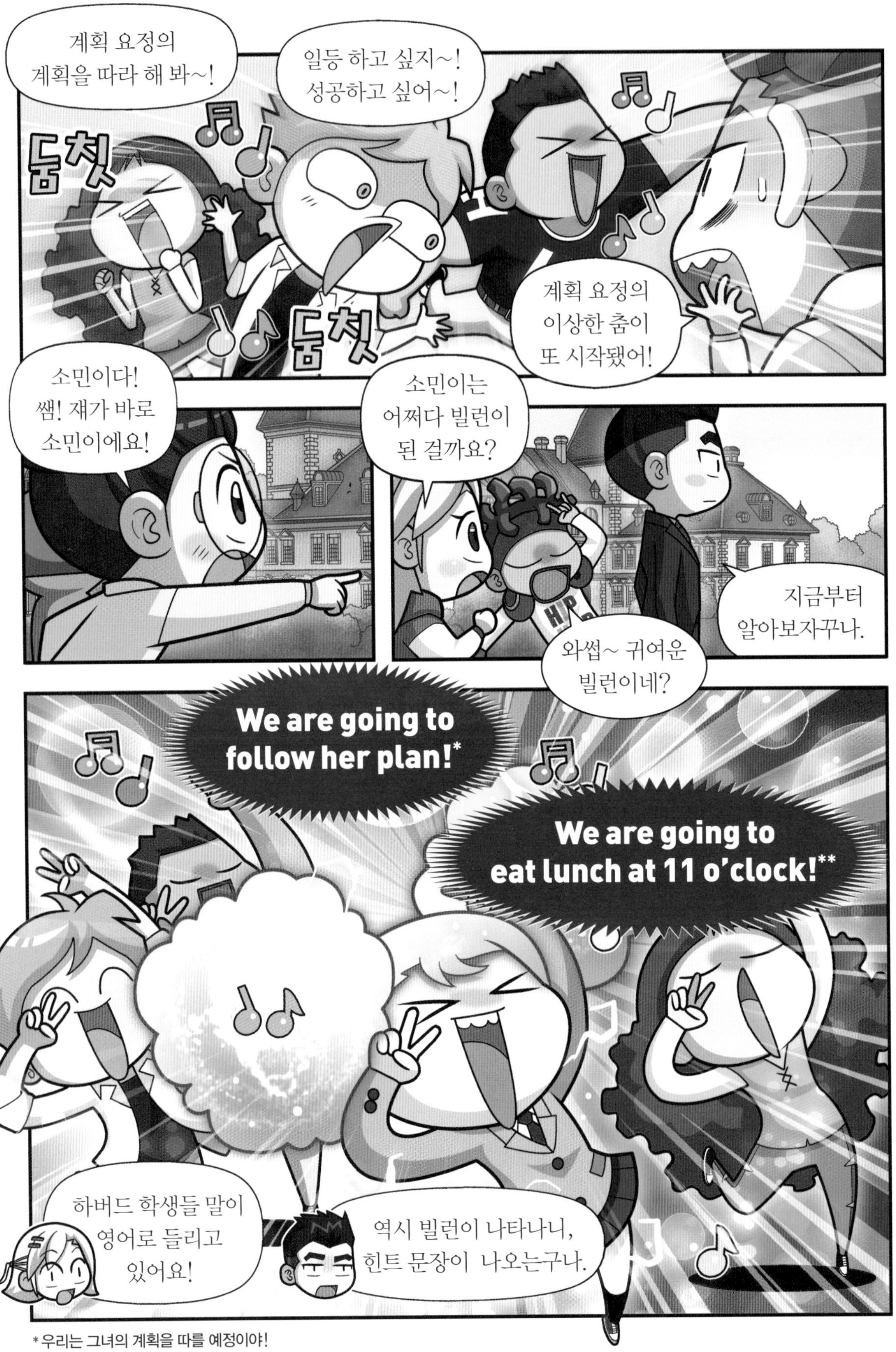
계획 요정의
계획을 따라 해 봐~!
일등 하고 싶지~!
성공하고 싶어~!
둠칫
둠칫
계획 요정의
이상한 춤이
또 시작됐어!
소민이다!
쌤! 재가 바로
소민이에요!
소민이는
어쩌다 빌런이
된 걸까요?
지금부터
알아보자꾸나.
와썹~ 귀여운
빌런이네?
We are going to
follow her plan!*
We are going to
eat lunch at 11 o'clock!**
하버드 학생들 말이
영어로 들리고
있어요!
역시 빌런이 나타나니,
힌트 문장이 나오는구나.

* 우리는 그녀의 계획을 따를 예정이야!

** 우리는 11시에 점심을 먹을 예정이지!

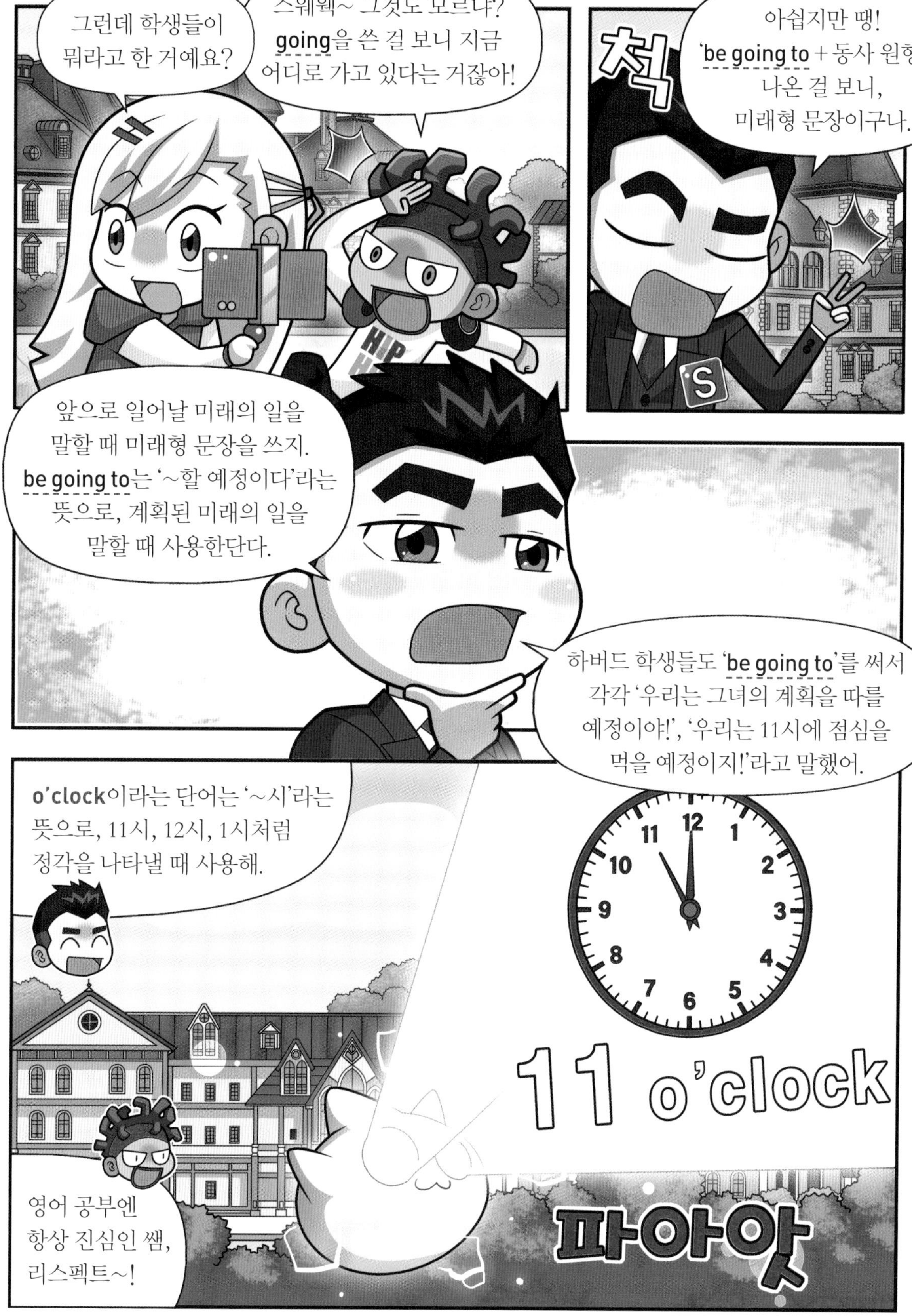
그런데 학생들이 뭐라고 한 거예요?
스웨웩~ 그것도 모르냐? going을 쓴 걸 보니 지금 어디로 가고 있다는 거잖아!
척
아쉽지만 땡! 'be going to + 동사 원형'이 나온 걸 보니, 미래형 문장이구나.
앞으로 일어날 미래의 일을 말할 때 미래형 문장을 쓰지. be going to는 '~할 예정이다'라는 뜻으로, 계획된 미래의 일을 말할 때 사용한단다.
하버드 학생들도 'be going to'를 써서 각각 '우리는 그녀의 계획을 따를 예정이야!', '우리는 11시에 점심을 먹을 예정이지!'라고 말했어.
o'clock이라는 단어는 '~시'라는 뜻으로, 11시, 12시, 1시처럼 정각을 나타낼 때 사용해.
12 1 2 3 4 5 6 7 8 9 10 11
11 o'clock
파아앗
영어 공부엔 항상 진심인 쌤, 리스펙트~!

* 이시원 선생님이 직접 가르쳐 주는 강의를 확인하고 싶다면 145쪽을 펼쳐 보세요.

* 분홍색 단어의 발음이 궁금하다면 143쪽을 펼쳐 보세요.

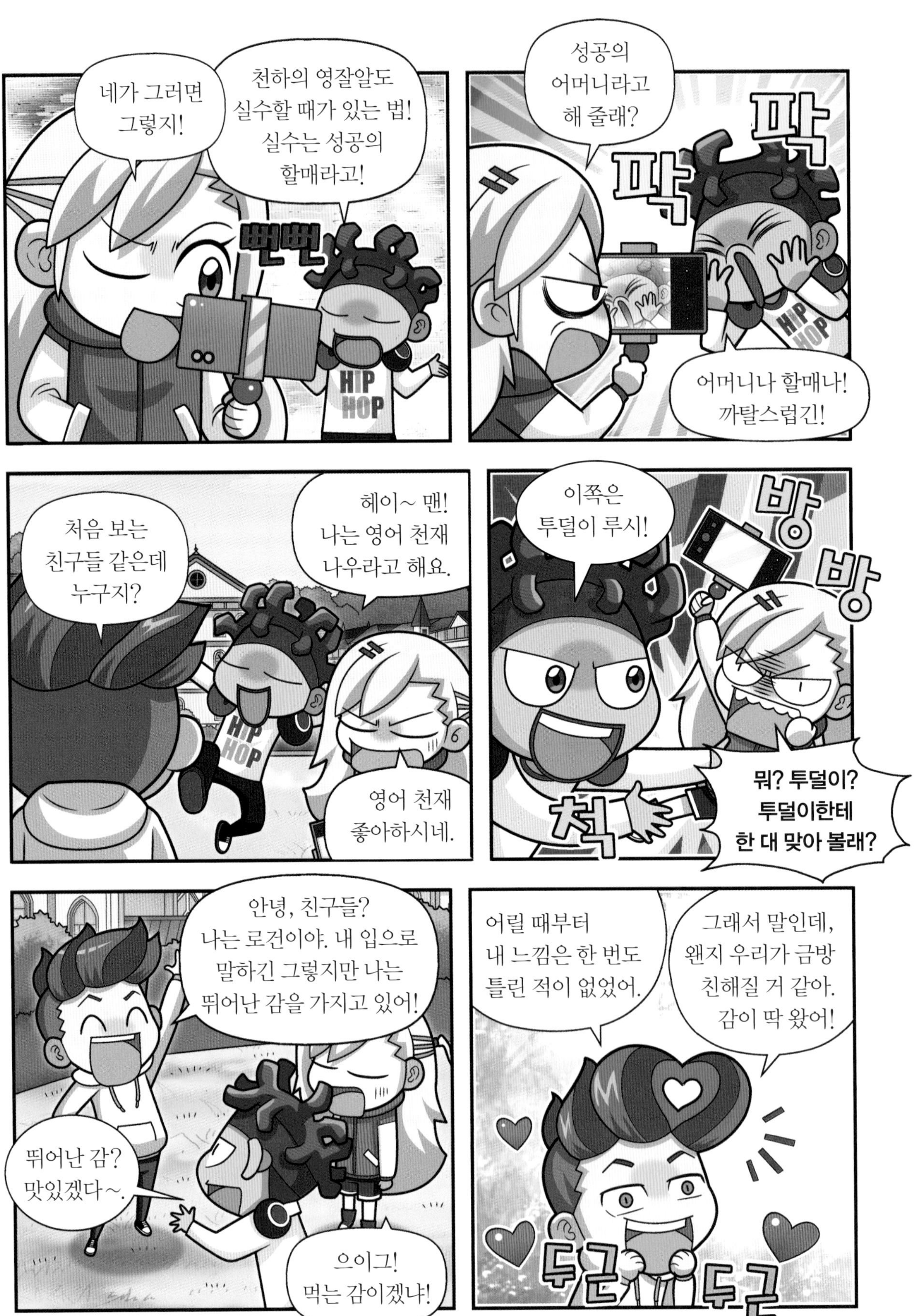
네가 그러면 그렇지!
천하의 영잘알도 실수할 때가 있는 법! 실수는 성공의 할매라고!
뻔뻔
HIP HOP
성공의 어머니라고 해 줄래?
팍 팍
어머니나 할매나! 까탈스럽긴!
처음 보는 친구들 같은데 누구지?
헤이~ 맨! 나는 영어 천재 나우라고 해요.
영어 천재 좋아하시네.
이쪽은 투덜이 루시!
방 방
척
뭐? 투덜이? 투덜이한테 한 대 맞아 볼래?
안녕, 친구들? 나는 로건이야. 내 입으로 말하긴 그렇지만 나는 뛰어난 감을 가지고 있어!
뛰어난 감? 맛있겠다~.
으이그! 먹는 감이겠냐!
어릴 때부터 내 느낌은 한 번도 틀린 적이 없었어.
그래서 말인데, 왠지 우리가 금방 친해질 거 같아. 감이 딱 왔어!
두근 두근

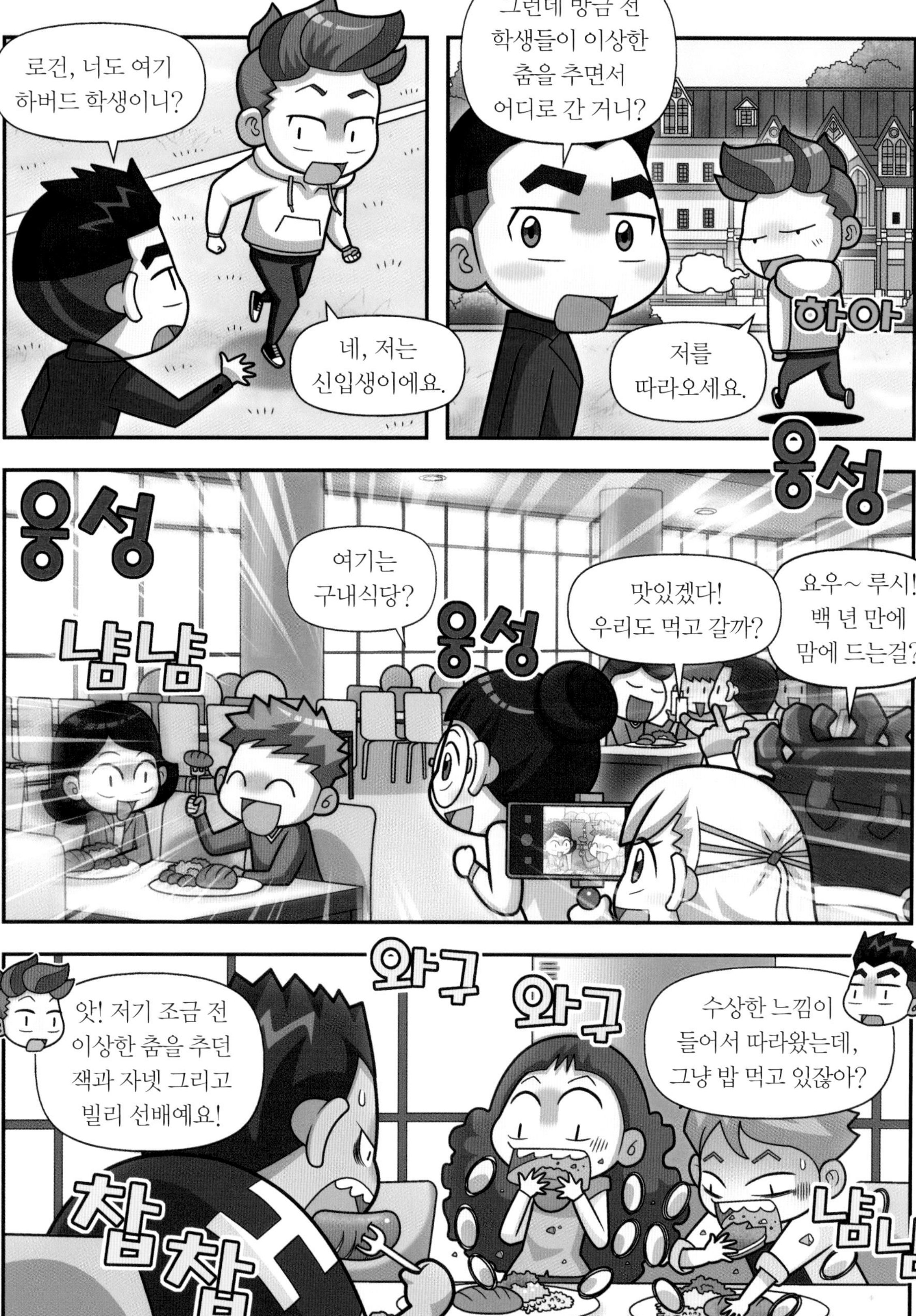

로건, 너도 여기
하버드 학생이니?
네, 저는
신입생이에요.
그런데 방금 전
학생들이 이상한
춤을 추면서
어디로 간 거니?
하아
저를
따라오세요.
웅성
웅성
냠냠
여기는
구내식당?
웅성
맛있겠다!
우리도 먹고 갈까?
요우~ 루시!
백 년 만에
맘에 드는걸?
와구
와구
앗! 저기 조금 전
이상한 춤을 추던
잭과 자넷 그리고
빌리 선배예요!
수상한 느낌이
들어서 따라왔는데,
그냥 밥 먹고 있잖아?
찹찹
냠냠

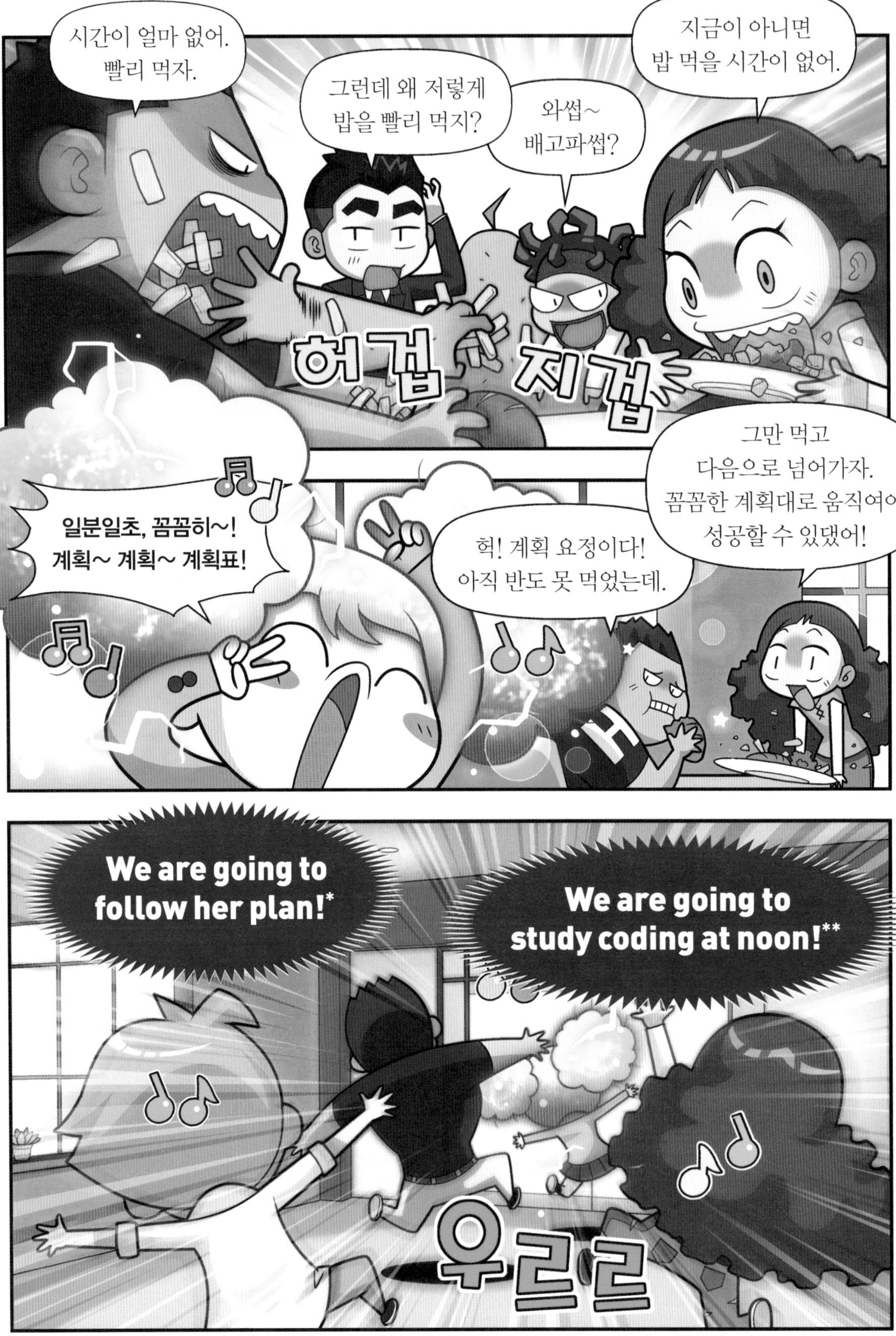

시간이 얼마 없어. 빨리 먹자.
그런데 왜 저렇게 밥을 빨리 먹지?
와썹~ 배고파썹?
지금이 아니면 밥 먹을 시간이 없어.
허겁 지겁
일분일초, 꼼꼼히~! 계획~ 계획~ 계획표!
헉! 계획 요정이다! 아직 반도 못 먹었는데.
그만 먹고 다음으로 넘어가자. 꼼꼼한 계획대로 움직여야 성공할 수 있댔어!
We are going to follow her plan!*
We are going to study coding at noon!**
우르르

* 우리는 그녀의 계획을 따를 예정이야!

** 우리는 정오에 코딩을 공부할 예정이지!

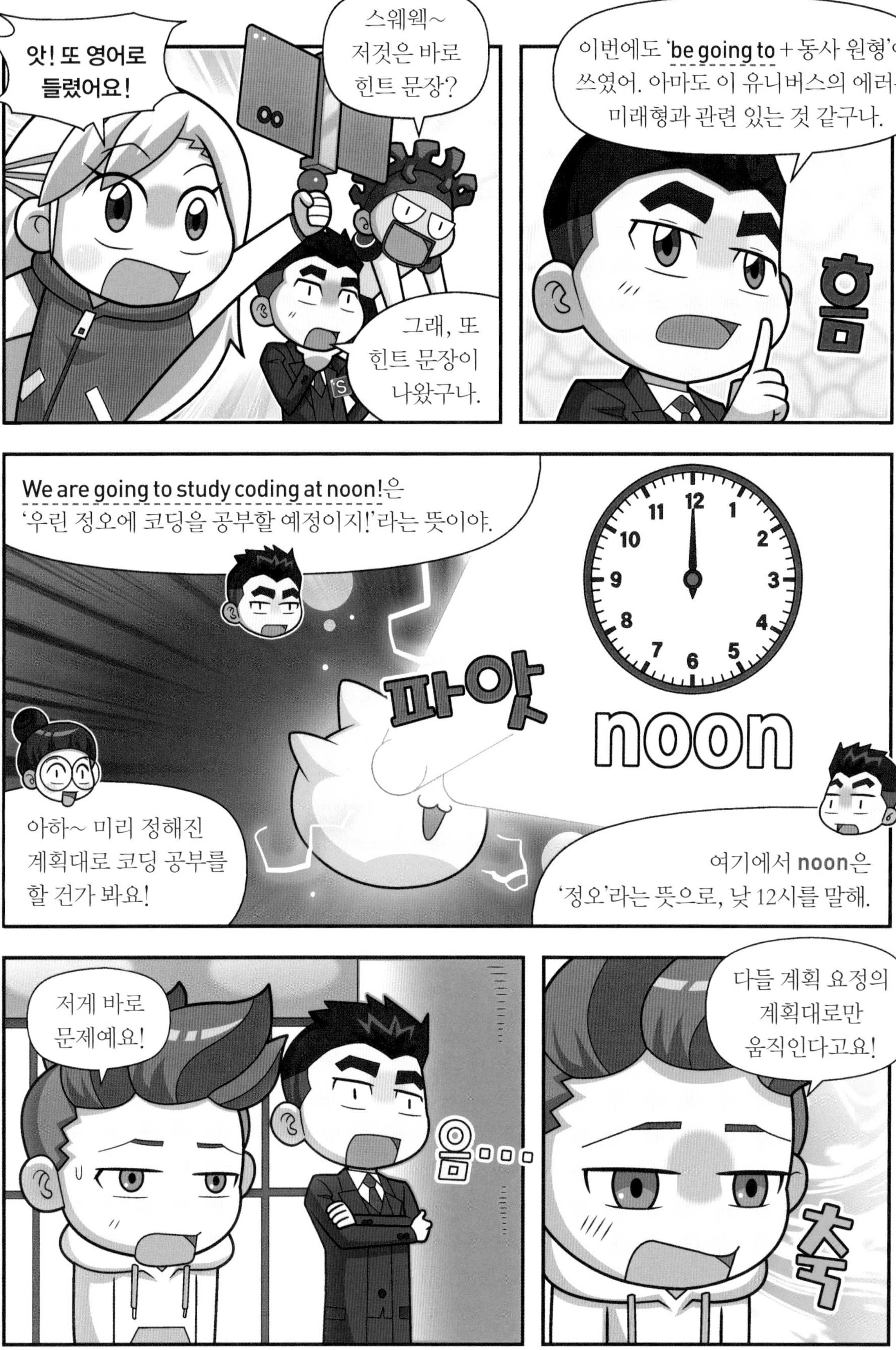
앗! 또 영어로 들렸어요!
스웨웩~ 저것은 바로 힌트 문장?
그래, 또 힌트 문장이 나왔구나.
이번에도 'be going to + 동사 원형'이 쓰였어. 아마도 이 유니버스의 에러는 미래형과 관련 있는 것 같구나.
흠
We are going to study coding at noon!은 '우린 정오에 코딩을 공부할 예정이지!'라는 뜻이야.
12 1 2 3 4 5 6 7 8 9 10 11
파앗
noon
아하~ 미리 정해진 계획대로 코딩 공부를 할 건가 봐요!
여기에서 noon은 '정오'라는 뜻으로, 낮 12시를 말해.
저게 바로 문제예요!
음...
다들 계획 요정의 계획대로만 움직인다고요!
축

* 분홍색 단어의 발음이 궁금하다면 143쪽을 펼쳐 보세요.

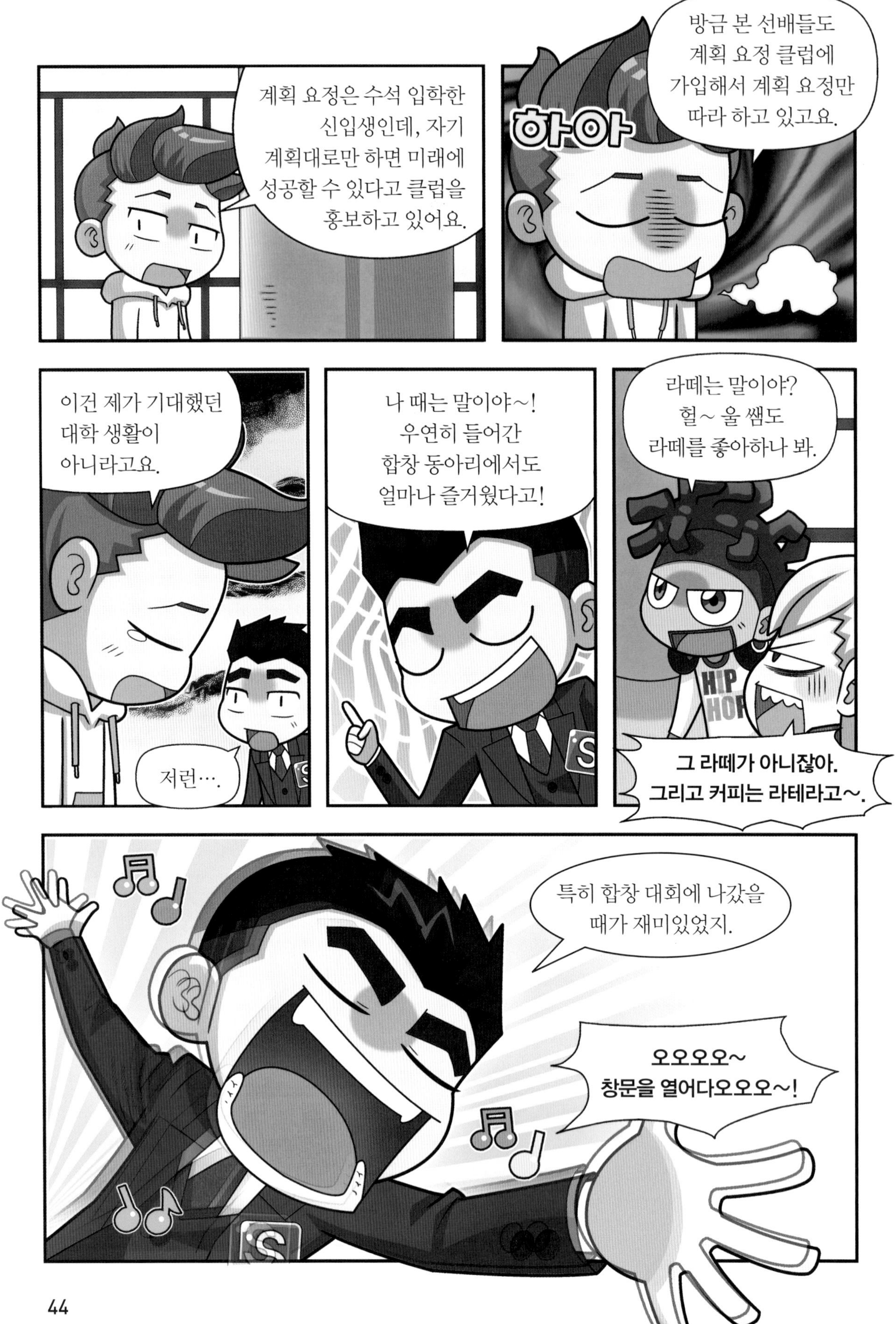

계획 요정은 수석 입학한 신입생인데, 자기 계획대로만 하면 미래에 성공할 수 있다고 클럽을 홍보하고 있어요.
방금 본 선배들도 계획 요정 클럽에 가입해서 계획 요정만 따라 하고 있고요.
하아
이건 제가 기대했던 대학 생활이 아니라고요.
저런….
나 때는 말이야~! 우연히 들어간 합창 동아리에서도 얼마나 즐거웠다고!
라떼는 말이야? 헐~ 울 쌤도 라떼를 좋아하나 봐.
그 라떼가 아니잖아. 그리고 커피는 라테라고~.
특히 합창 대회에 나갔을 때가 재미있었지.
오오오오~ 창문을 열어다오오오~!

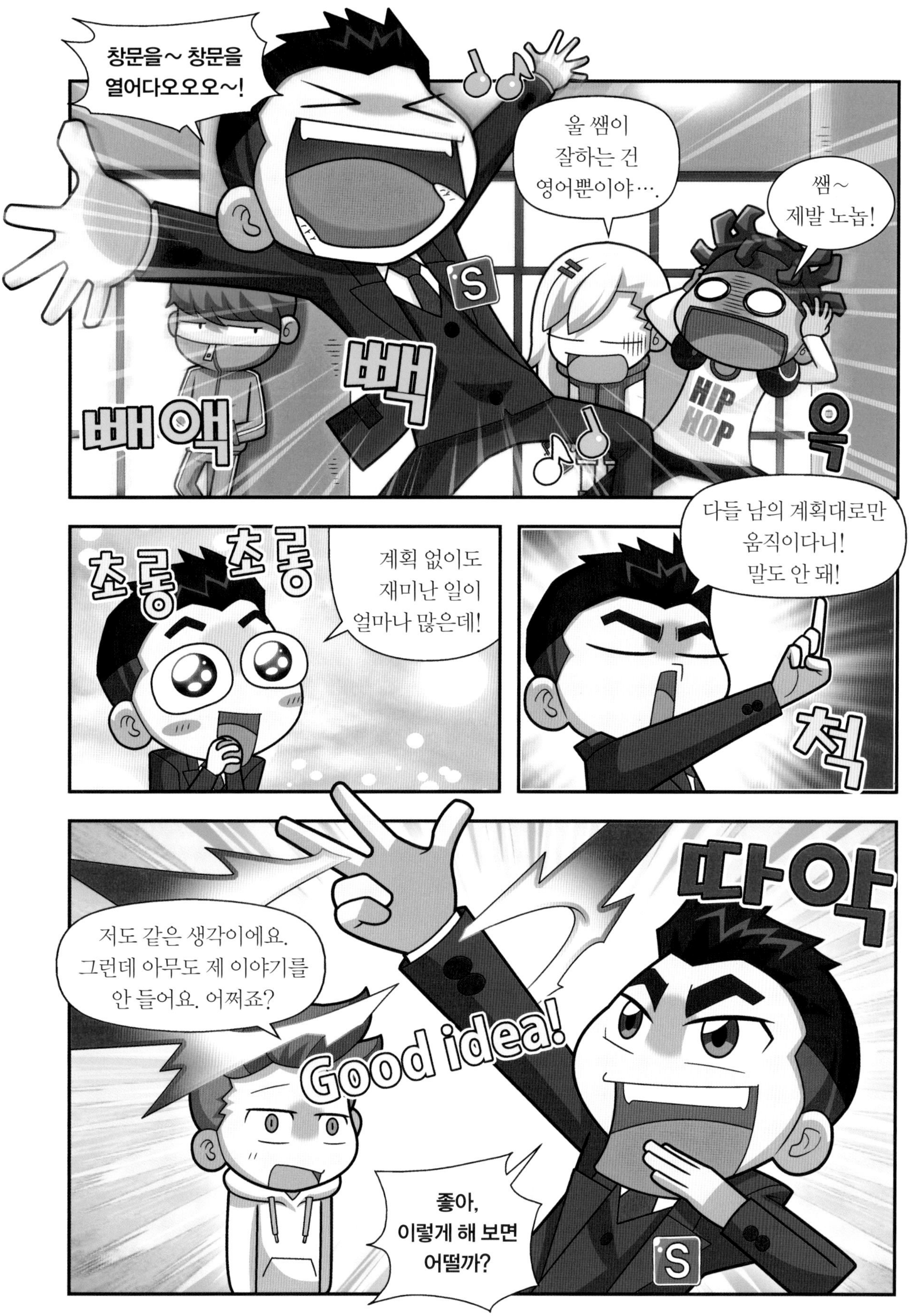
창문을~ 창문을 열어다오오오~!
울 쌤이 잘하는 건 영어뿐이야….
쌤~ 제발 노놉!
빼액
빽
욱
초롱 초롱
계획 없이도 재미난 일이 얼마나 많은데!
다들 남의 계획대로만 움직이다니! 말도 안 돼!
척
따악
저도 같은 생각이에요. 그런데 아무도 제 이야기를 안 들어요. 어쩌죠?
Good idea!
좋아, 이렇게 해 보면 어떨까?

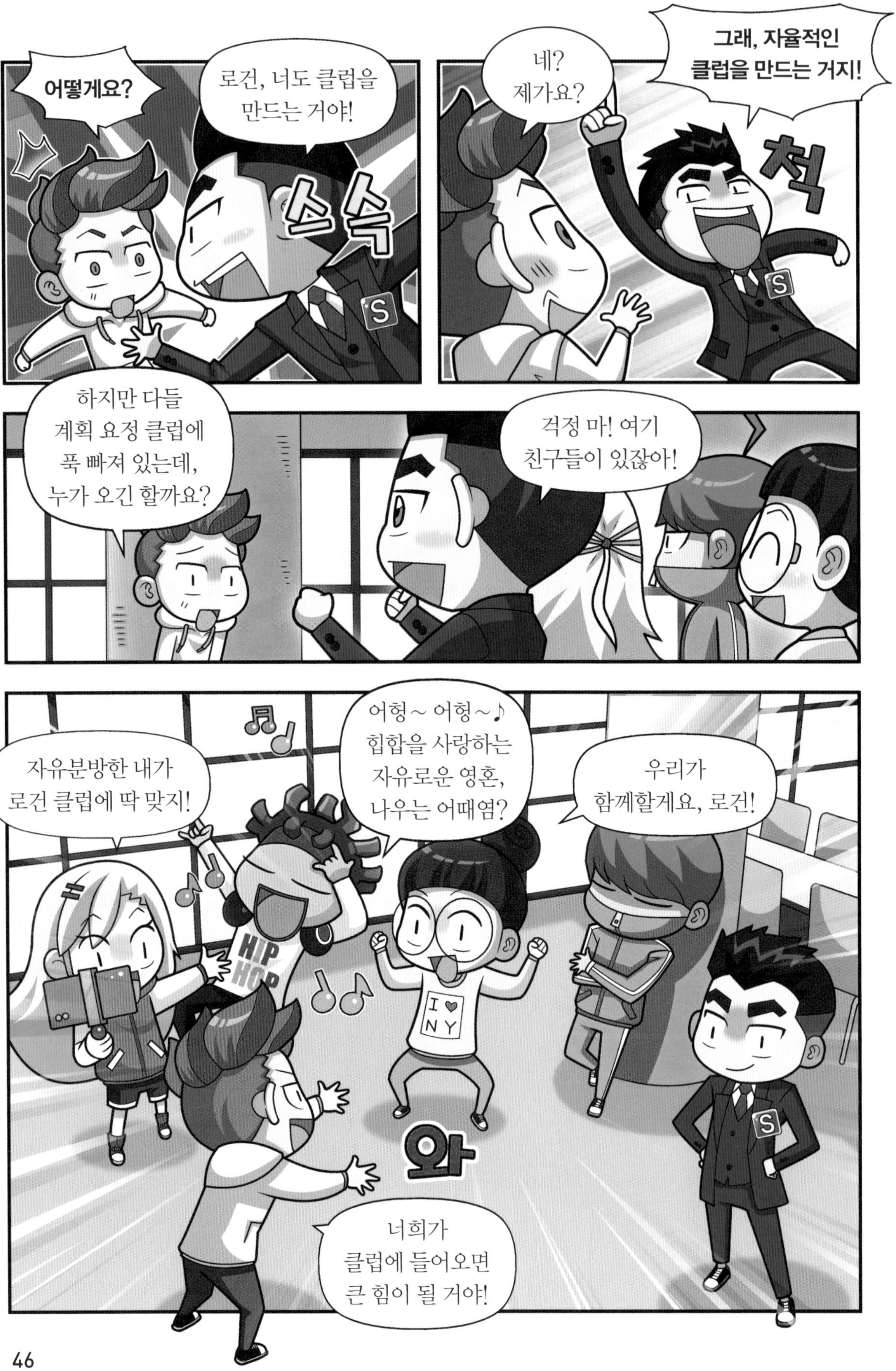
어떻게요?
로건, 너도 클럽을 만드는 거야!
스윽
네? 제가요?
그래, 자율적인 클럽을 만드는 거지!
척
하지만 다들 계획 요정 클럽에 푹 빠져 있는데, 누가 오긴 할까요?
걱정 마! 여기 친구들이 있잖아!
자유분방한 내가 로건 클럽에 딱 맞지!
어헝~ 어헝~♪ 힙합을 사랑하는 자유로운 영혼, 나우는 어때염?
우리가 함께할게요, 로건!
와
너희가 클럽에 들어오면 큰 힘이 될 거야!

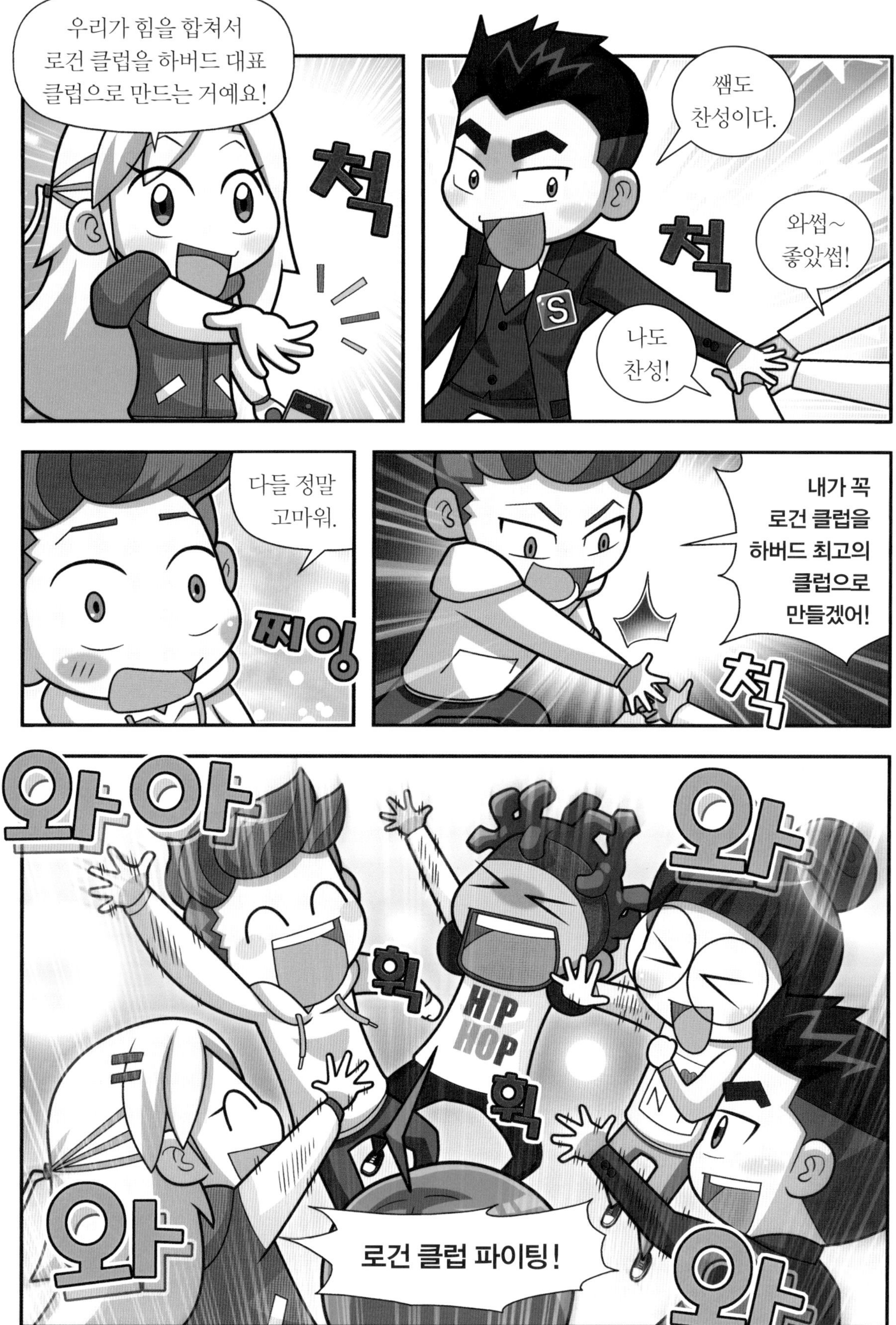
우리가 힘을 합쳐서 로건 클럽을 하버드 대표 클럽으로 만드는 거예요!
척
쌤도 찬성이다.
척
와썹~ 좋았썹!
나도 찬성!
다들 정말 고마워.
찌잉
내가 꼭 로건 클럽을 하버드 최고의 클럽으로 만들겠어!
척
와아
와
확
HIP HOP
확
와
로건 클럽 파이팅!
와

Chapter 3

동상 습격 사건

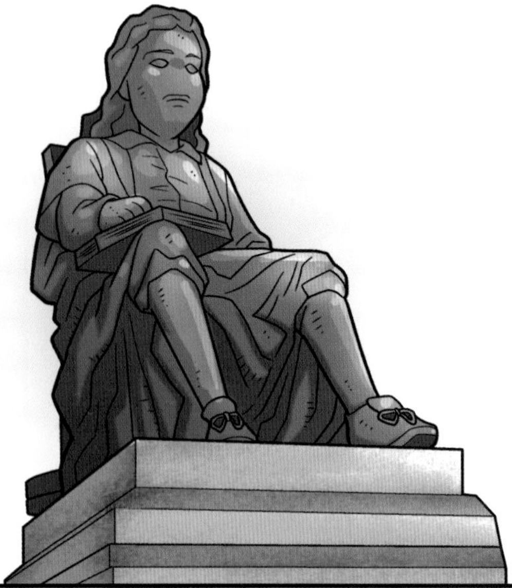

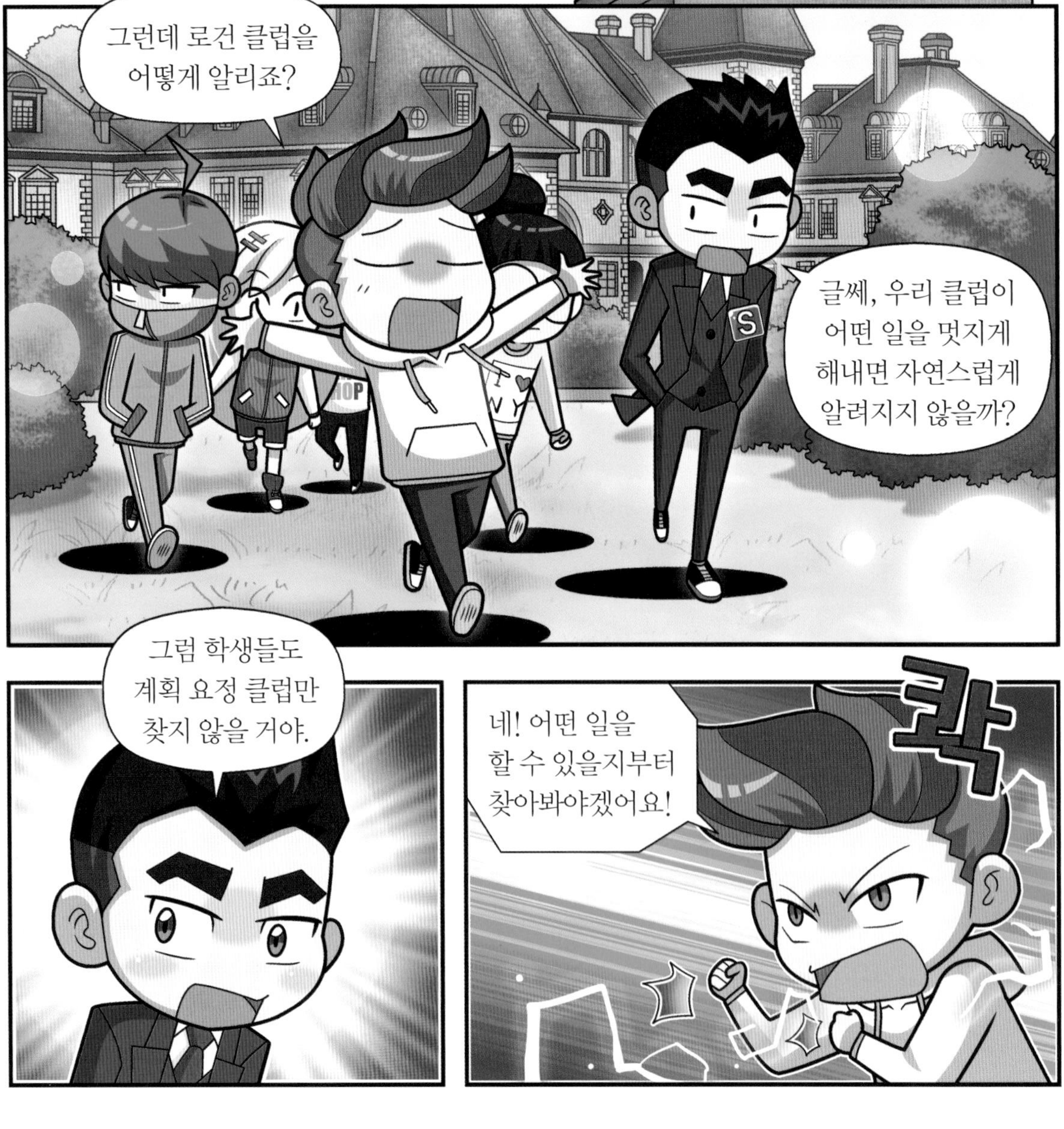

그런데 로건 클럽을 어떻게 알리죠?
글쎄, 우리 클럽이 어떤 일을 멋지게 해내면 자연스럽게 알려지지 않을까?
그럼 학생들도 계획 요정 클럽만 찾지 않을 거야.
콱
네! 어떤 일을 할 수 있을지부터 찾아봐야겠어요!

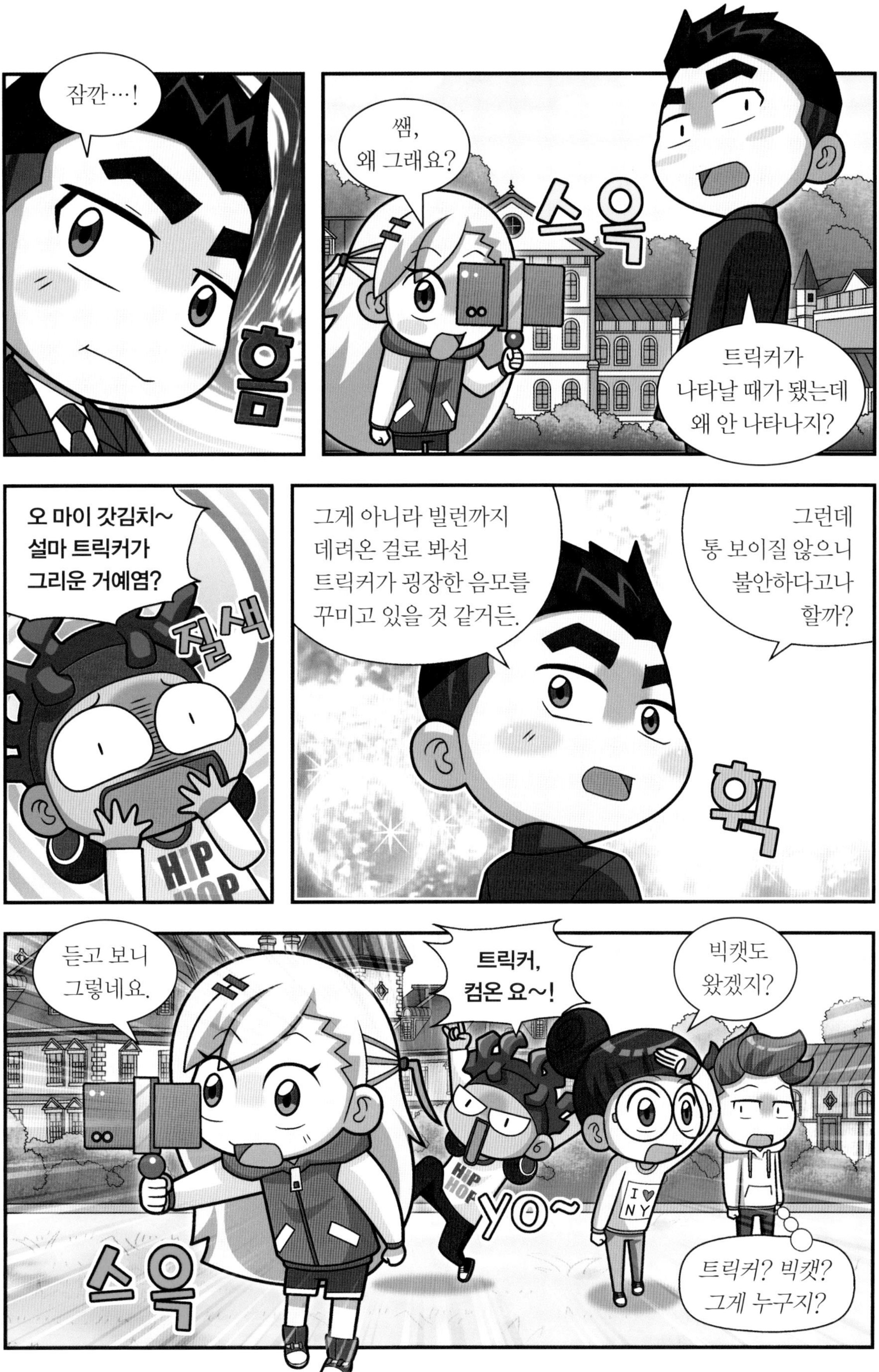

잠깐…!
흠
쌤, 왜 그래요?
스윽
트릭커가 나타날 때가 됐는데 왜 안 나타나지?
오 마이 갓김치~ 설마 트릭커가 그리운 거예염?
질색
그게 아니라 빌런까지 데려온 걸로 봐선 트릭커가 굉장한 음모를 꾸미고 있을 것 같거든.
그런데 통 보이질 않으니 불안하다고나 할까?
휙
듣고 보니 그렇네요.
트릭커, 컴온 요~!
빅캣도 왔겠지?
YO~
스윽
트릭커? 빅캣? 그게 누구지?

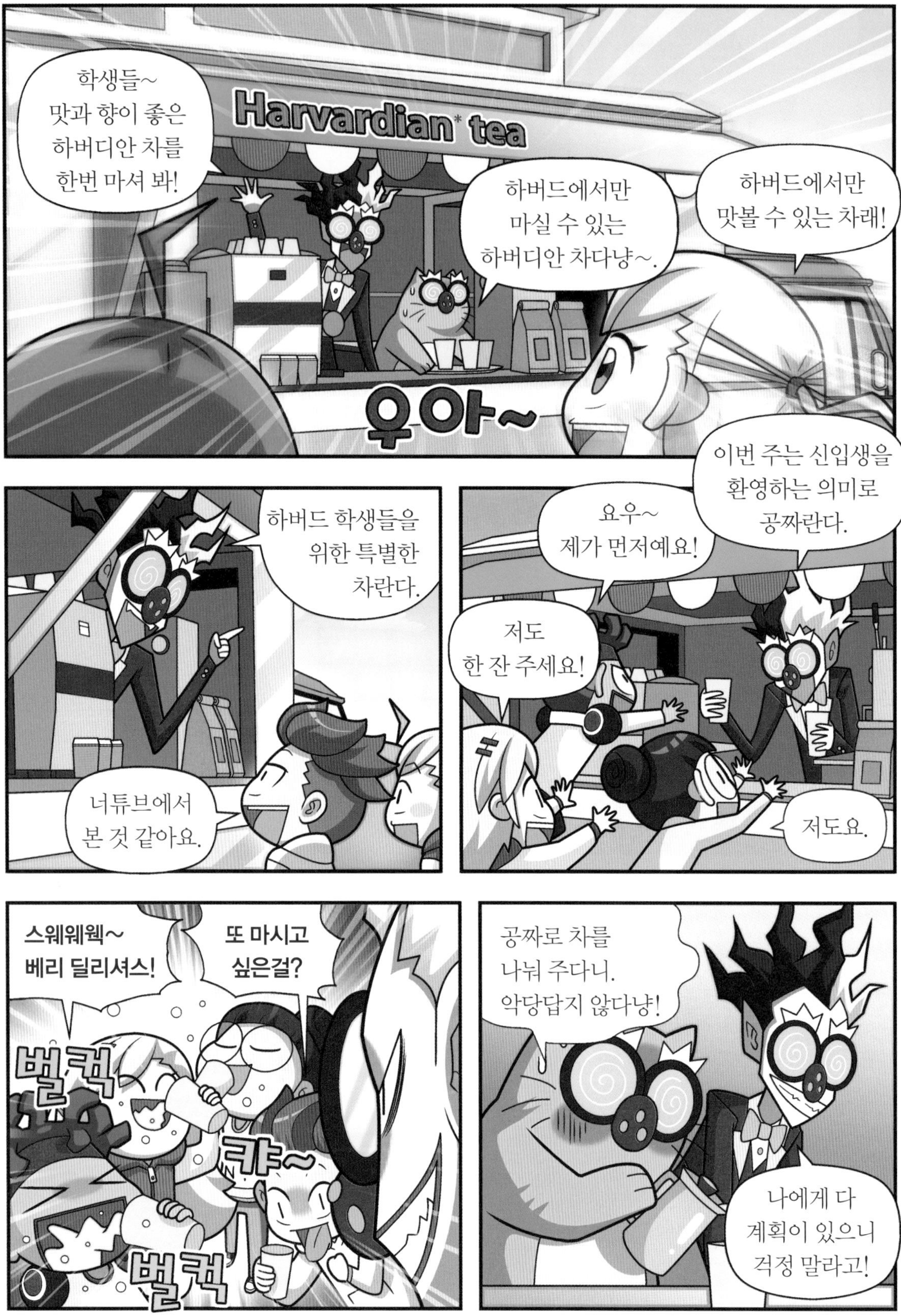
Harvardian* tea
학생들~ 맛과 향이 좋은 하버디안 차를 한번 마셔 봐!
하버드에서만 마실 수 있는 하버디안 차다냥~.
하버드에서만 맛볼 수 있는 차래!
우아~
하버드 학생들을 위한 특별한 차란다.
너튜브에서 본 것 같아요.
이번 주는 신입생을 환영하는 의미로 공짜란다.
요우~ 제가 먼저예요!
저도 한 잔 주세요!
저도요.
스웨웨웩~ 베리 딜리셔스!
또 마시고 싶은걸?
벌컥
캬~
벌컥
공짜로 차를 나눠 주다니. 악당답지 않다냥!
나에게 다 계획이 있으니 걱정 말라고!

* Harvardian[hɑːrváːrdiən]: 하버드 대학의.

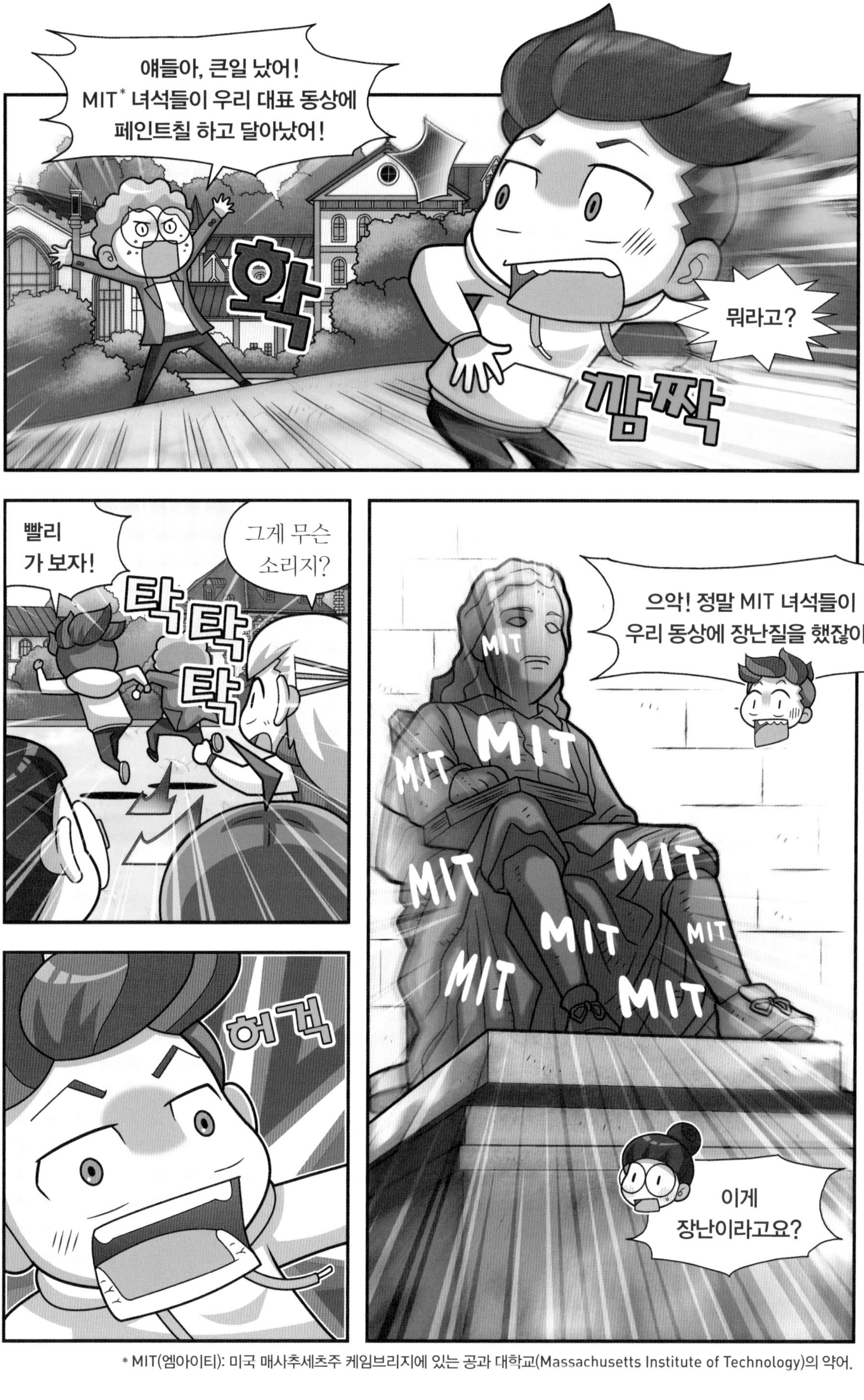
애들아, 큰일 났어! MIT* 녀석들이 우리 대표 동상에 페인트칠 하고 달아났어!
확
뭐라고?
깜짝
빨리 가 보자!
그게 무슨 소리지?
탁 탁 탁
허걱
으악! 정말 MIT 녀석들이 우리 동상에 장난질을 했잖아!
MIT
MIT
MIT
MIT
MIT
MIT
MIT
MIT
MIT
이게 장난이라고요?

* MIT(엠아이티): 미국 매사추세츠주 케임브리지에 있는 공과 대학교(Massachusetts Institute of Technology)의 약어.

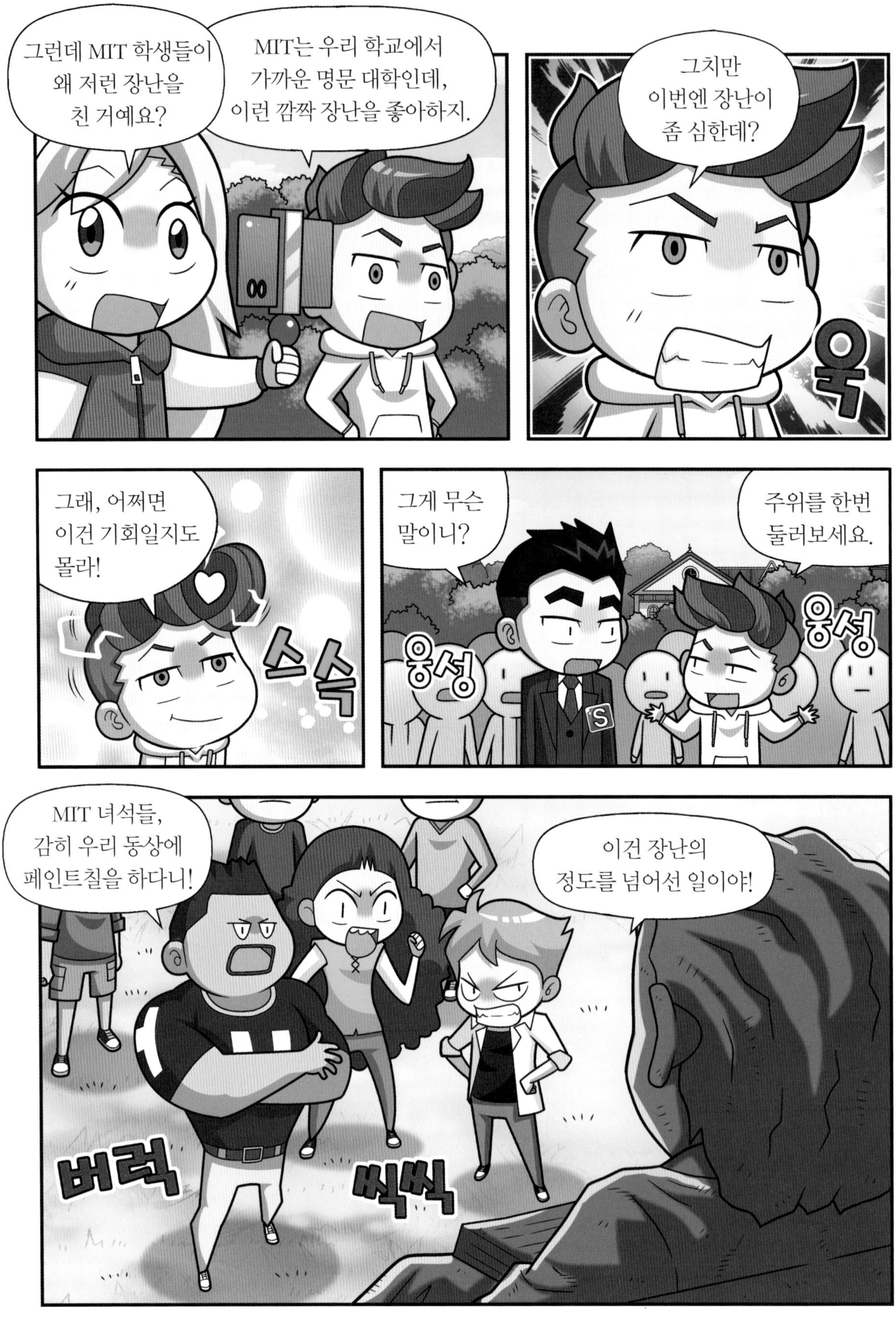
그런데 MIT 학생들이 왜 저런 장난을 친 거예요?
MIT는 우리 학교에서 가까운 명문 대학인데, 이런 깜짝 장난을 좋아하지.
그치만 이번엔 장난이 좀 심한데?
욱
그래, 어쩌면 이건 기회일지도 몰라!
스윽
그게 무슨 말이니?
주위를 한번 둘러보세요.
웅성
웅성
MIT 녀석들, 감히 우리 동상에 페인트칠을 하다니!
이건 장난의 정도를 넘어선 일이야!
버럭
씩씩

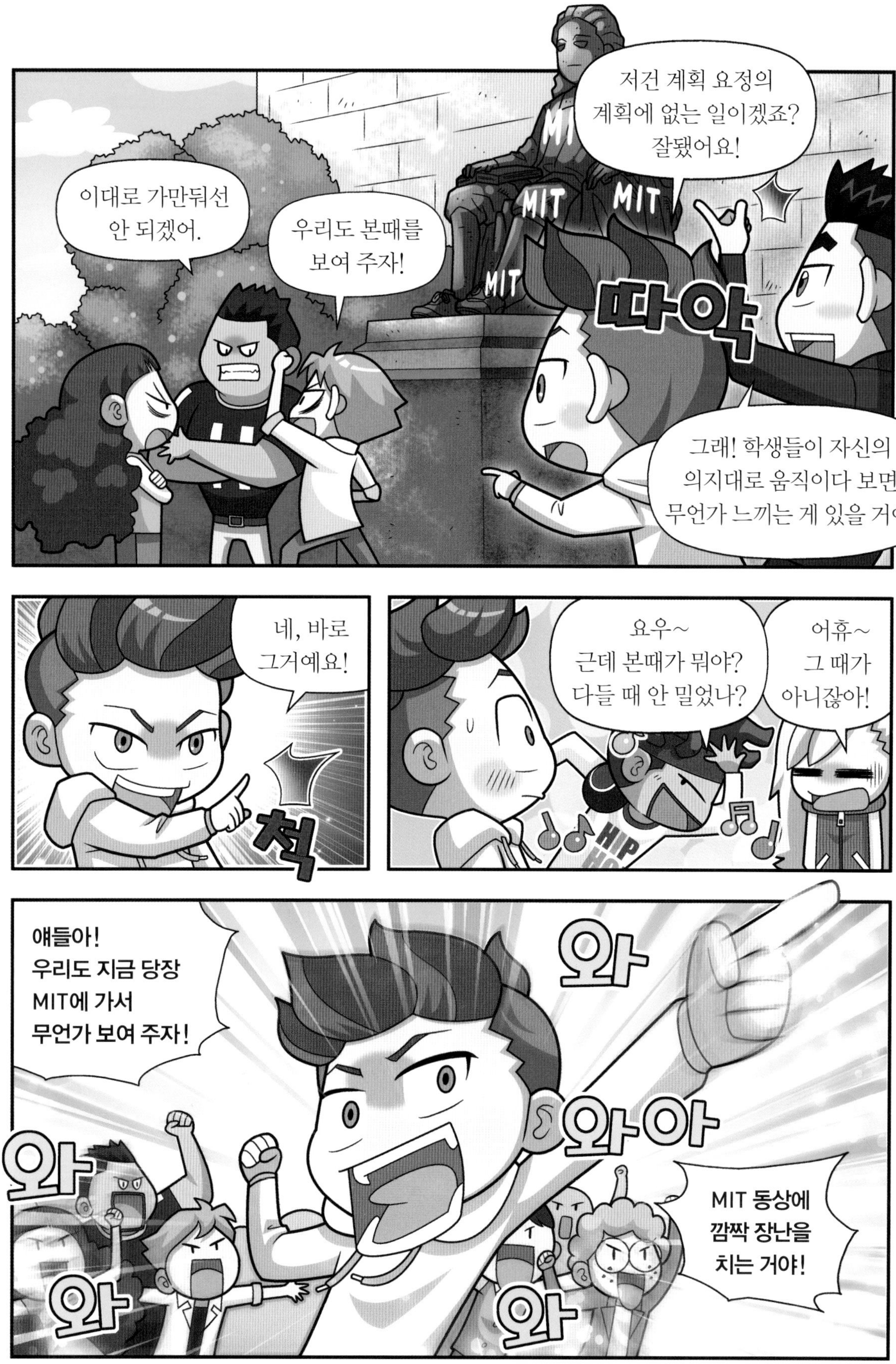
이대로 가만둬선
안 되겠어.
우리도 본때를
보여 주자!
MIT
MIT
MIT
MIT
저건 계획 요정의
계획에 없는 일이겠죠?
잘됐어요!
따악
그래! 학생들이 자신의
의지대로 움직이다 보면
무언가 느끼는 게 있을 거야.
네, 바로
그거예요!
척
요우~
근데 본때가 뭐야?
다들 때 안 밀었나?
어휴~
그 때가
아니잖아!
HIP HO
얘들아!
우리도 지금 당장
MIT에 가서
무언가 보여 주자!
와
와아
와
와
와
MIT 동상에
깜짝 장난을
치는 거야!

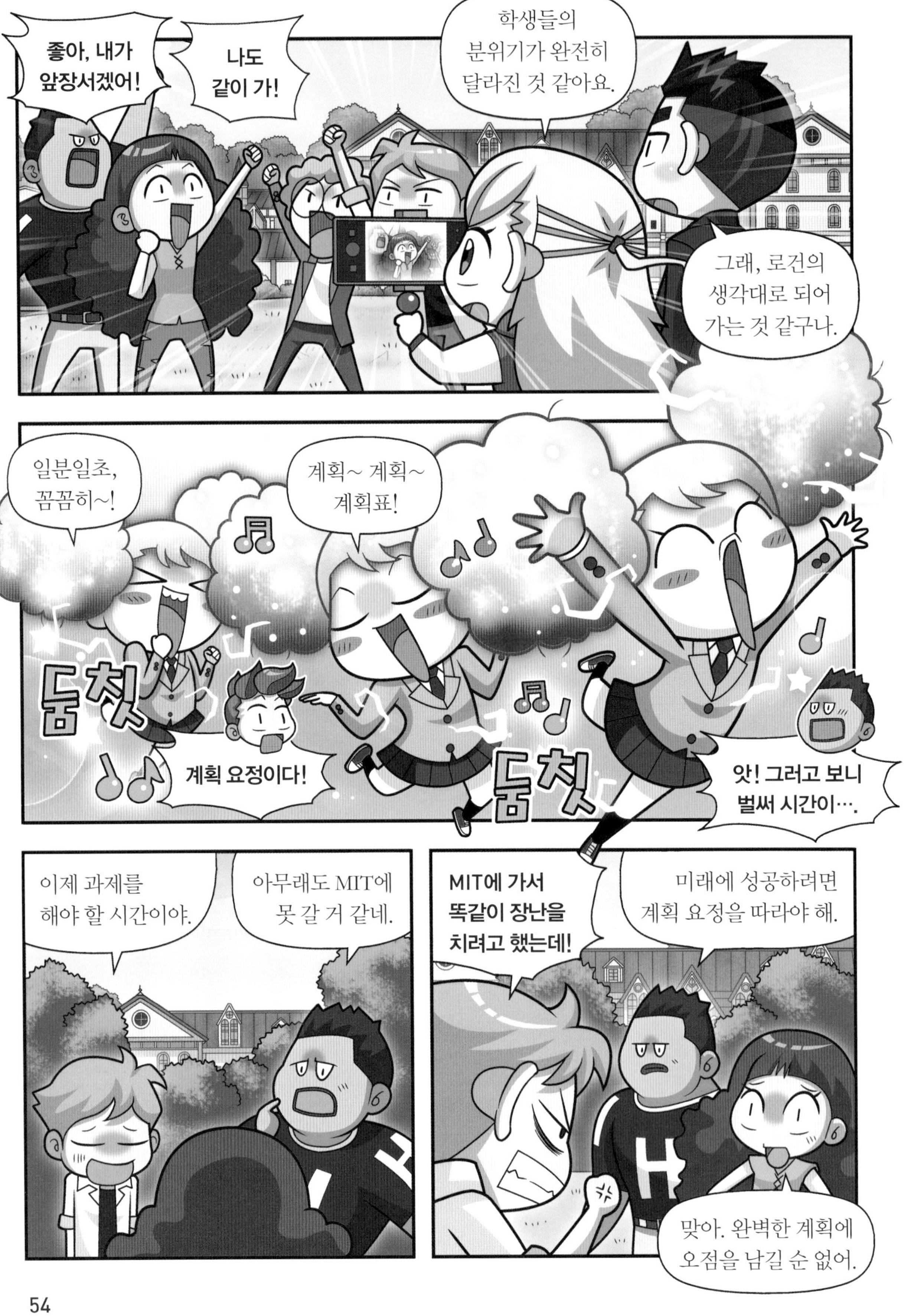
좋아, 내가 앞장서겠어!
나도 같이 가!
학생들의 분위기가 완전히 달라진 것 같아요.
그래, 로건의 생각대로 되어 가는 것 같구나.
일분일초, 꼼꼼히~!
계획~ 계획~ 계획표!
둠칫
계획 요정이다!
둠칫
앗! 그러고 보니 벌써 시간이….
이제 과제를 해야 할 시간이야.
아무래도 MIT에 못 갈 거 같네.
MIT에 가서 똑같이 장난을 치려고 했는데!
미래에 성공하려면 계획 요정을 따라야 해.
맞아. 완벽한 계획에 오점을 남길 순 없어.

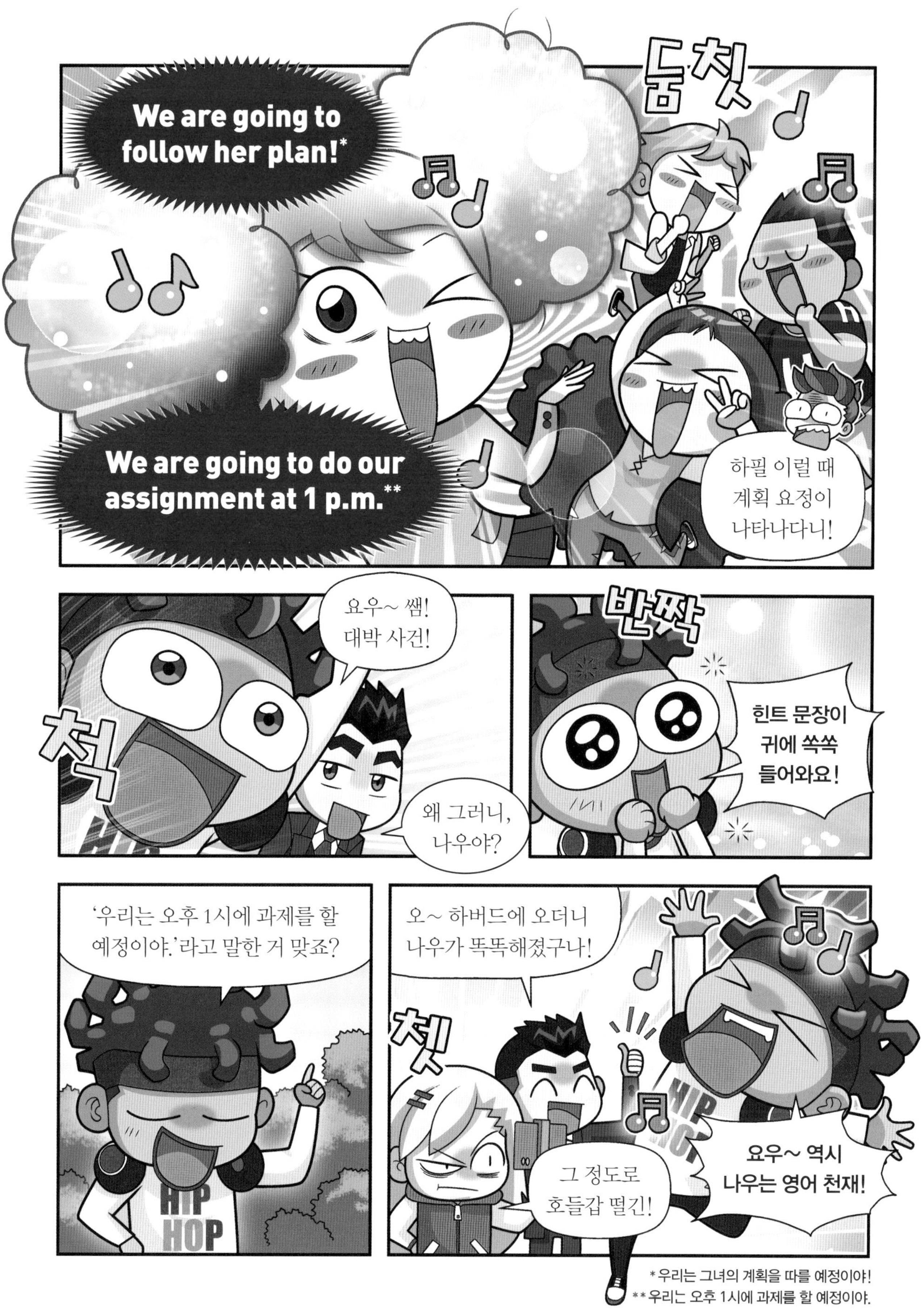

We are going to follow her plan!*
둠칫
We are going to do our assignment at 1 p.m.**
하필 이럴 때 계획 요정이 나타나다니!
요우~ 쌤! 대박 사건!
척
왜 그러니, 나우야?
반짝
힌트 문장이 귀에 쏙쏙 들어와요!
'우리는 오후 1시에 과제를 할 예정이야.'라고 말한 거 맞죠?
HIP HOP
오~ 하버드에 오더니 나우가 똑똑해졌구나!
척
요우~ 역시 나우는 영어 천재!
그 정도로 호들갑 떨긴!
HIP HOP

*우리는 그녀의 계획을 따를 예정이야!
**우리는 오후 1시에 과제를 할 예정이야.

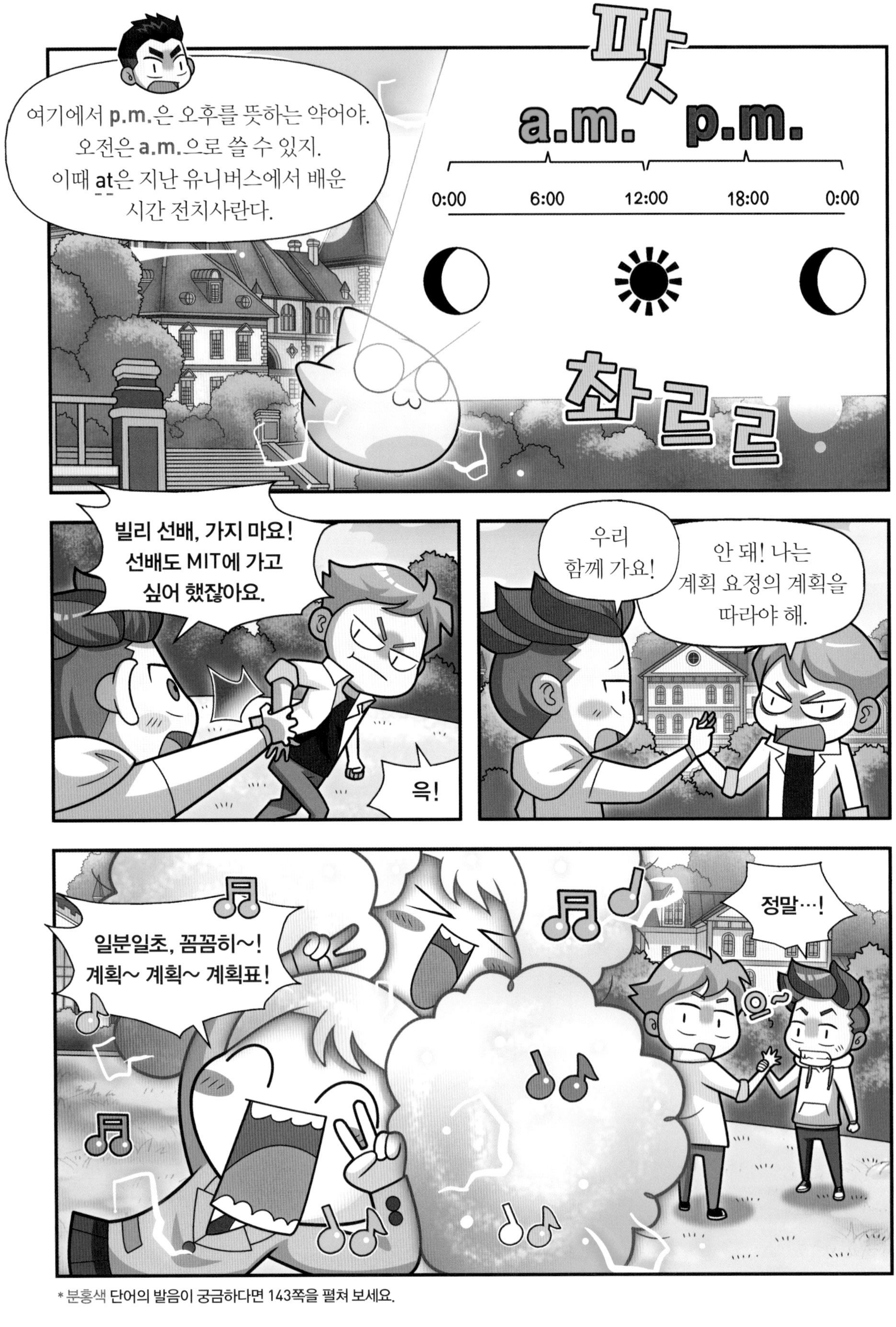
여기에서 p.m.은 오후를 뜻하는 약어야. 오전은 a.m.으로 쓸 수 있지. 이때 at은 지난 유니버스에서 배운 시간 전치사란다.
팟
a.m.
p.m.
0:00
6:00
12:00
18:00
0:00
촤르르
빌리 선배, 가지 마요! 선배도 MIT에 가고 싶어 했잖아요.
윽!
우리 함께 가요!
안 돼! 나는 계획 요정의 계획을 따라야 해.
일분일초, 꼼꼼히~! 계획~ 계획~ 계획표!
정말…!
으~

* 분홍색 단어의 발음이 궁금하다면 143쪽을 펼쳐 보세요.

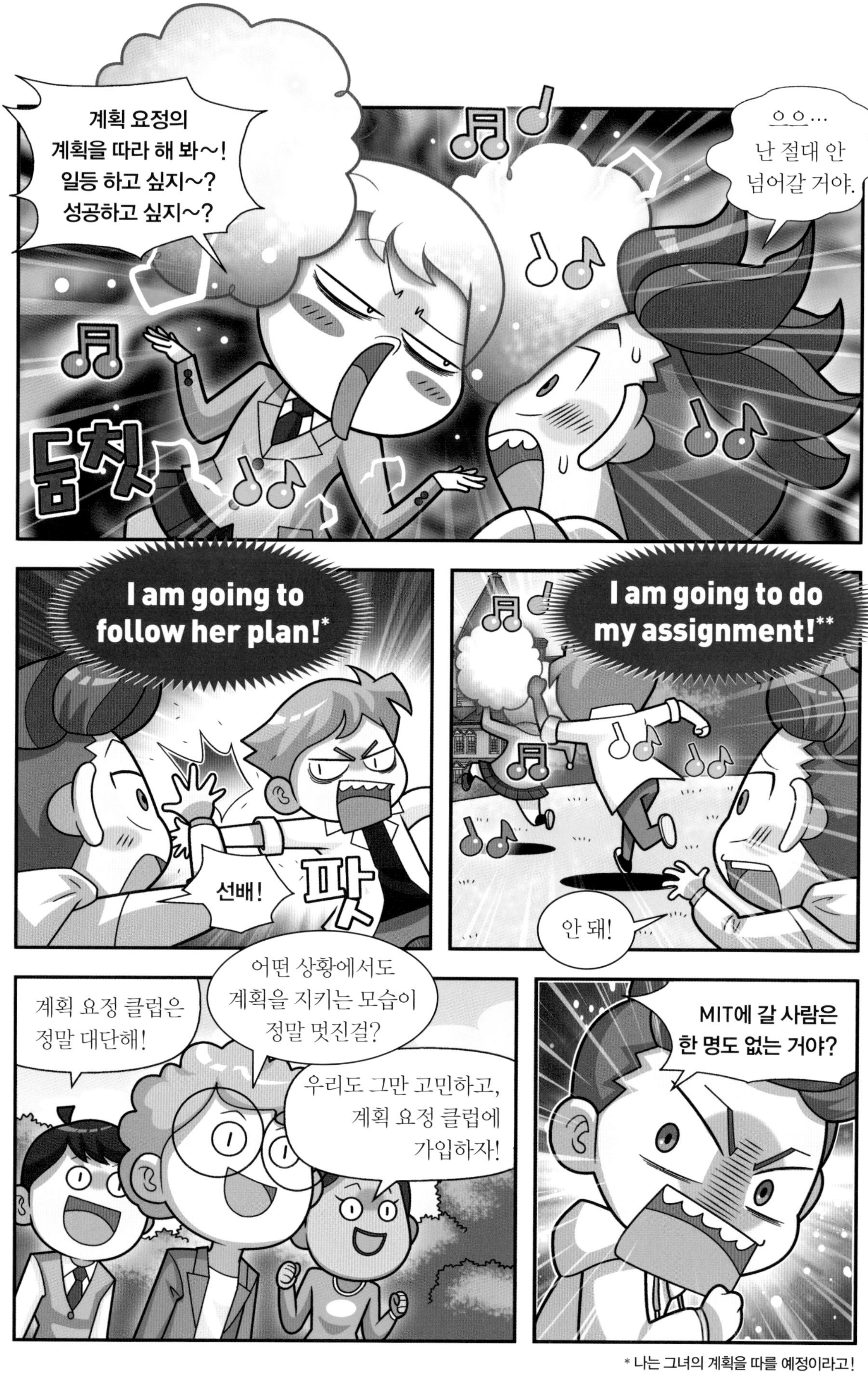
계획 요정의
계획을 따라 해 봐~!
일등 하고 싶지~?
성공하고 싶지~?
둠칫
으으…
난 절대 안
넘어갈 거야.
I am going to follow her plan!*
선배!
팍
I am going to do my assignment!**
안 돼!
계획 요정 클럽은
정말 대단해!
어떤 상황에서도
계획을 지키는 모습이
정말 멋진걸?
우리도 그만 고민하고,
계획 요정 클럽에
가입하자!
MIT에 갈 사람은
한 명도 없는 거야?

* 나는 그녀의 계획을 따를 예정이라고!

** 나는 과제를 할 예정이라고!

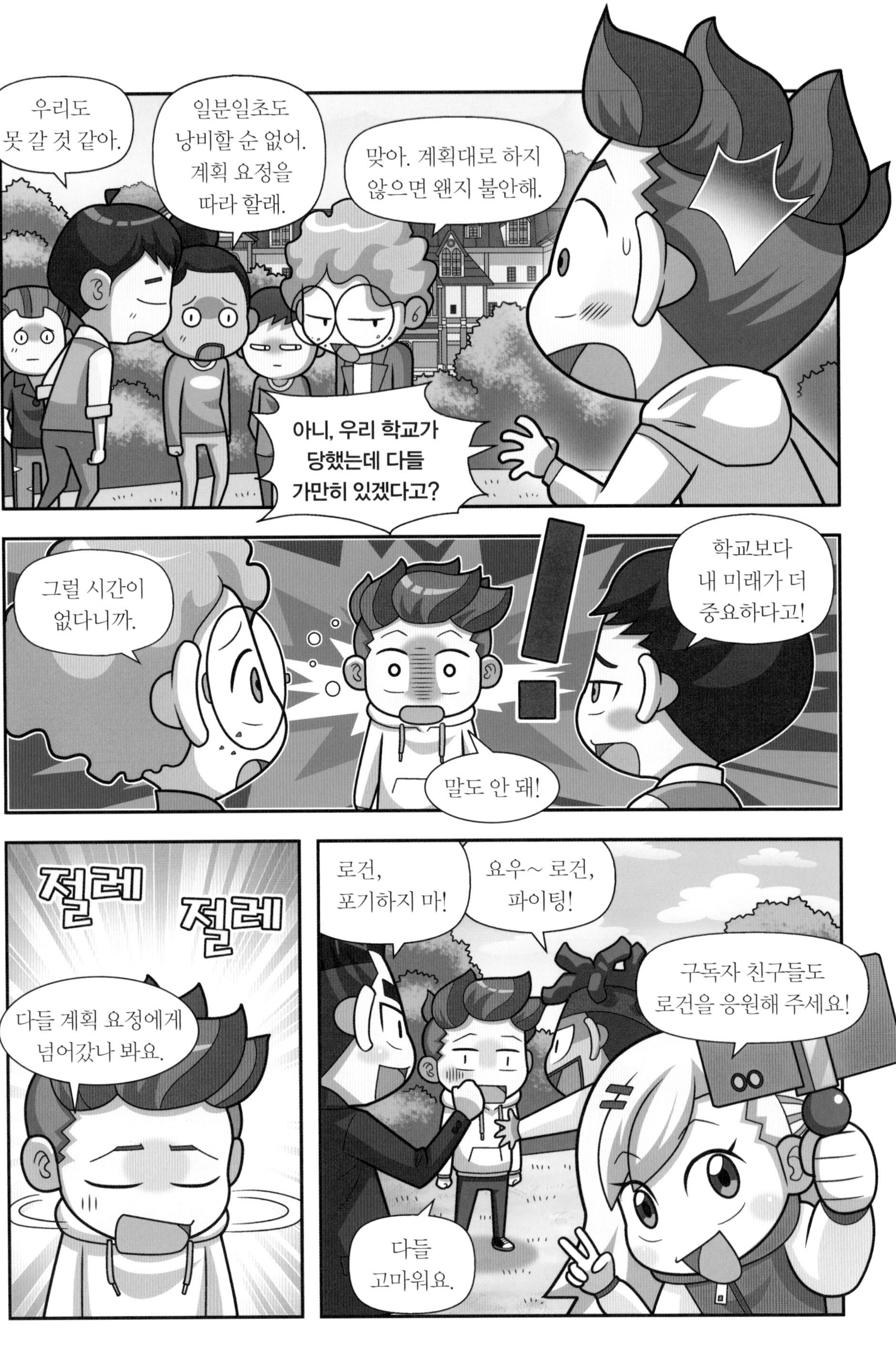
우리도 못 갈 것 같아.
일분일초도 낭비할 순 없어. 계획 요정을 따라 할래.
맞아. 계획대로 하지 않으면 왠지 불안해.
아니, 우리 학교가 당했는데 다들 가만히 있겠다고?
그럴 시간이 없다니까.
학교보다 내 미래가 더 중요하다고!
!
말도 안 돼!
절레 절레
다들 계획 요정에게 넘어갔나 봐요.
로건, 포기하지 마!
요우~ 로건, 파이팅!
구독자 친구들도 로건을 응원해 주세요!
다들 고마워요.

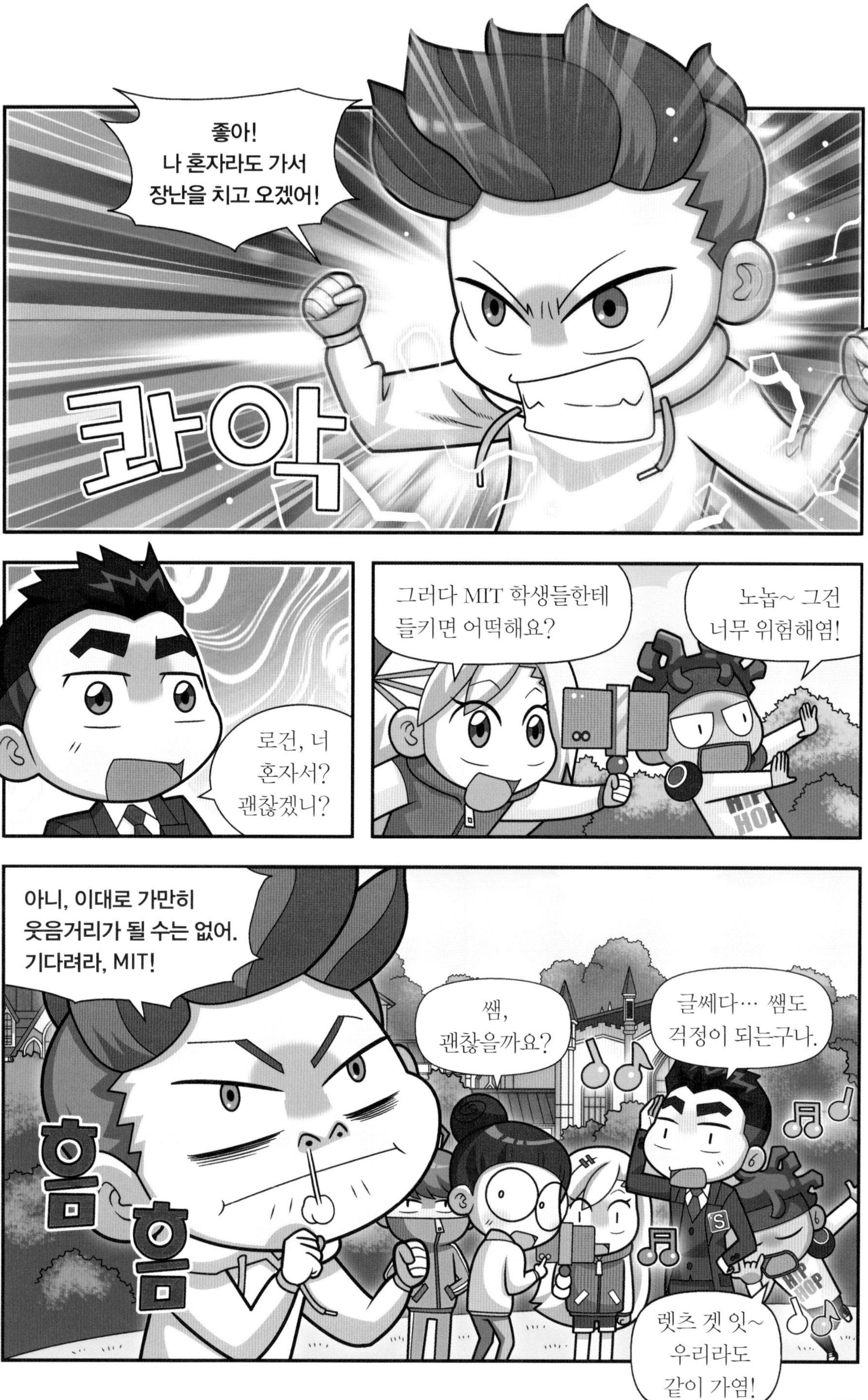
좋아!
나 혼자라도 가서
장난을 치고 오겠어!
콰악
로건, 너
혼자서?
괜찮겠니?
그러다 MIT 학생들한테
들키면 어떡해요?
노놉~ 그건
너무 위험해염!
HIP HOP
아니, 이대로 가만히
웃음거리가 될 수는 없어.
기다려라, MIT!
흠
흠
쌤,
괜찮을까요?
글쎄다… 쌤도
걱정이 되는구나.
렛츠 겟 잇~
우리라도
같이 가염!

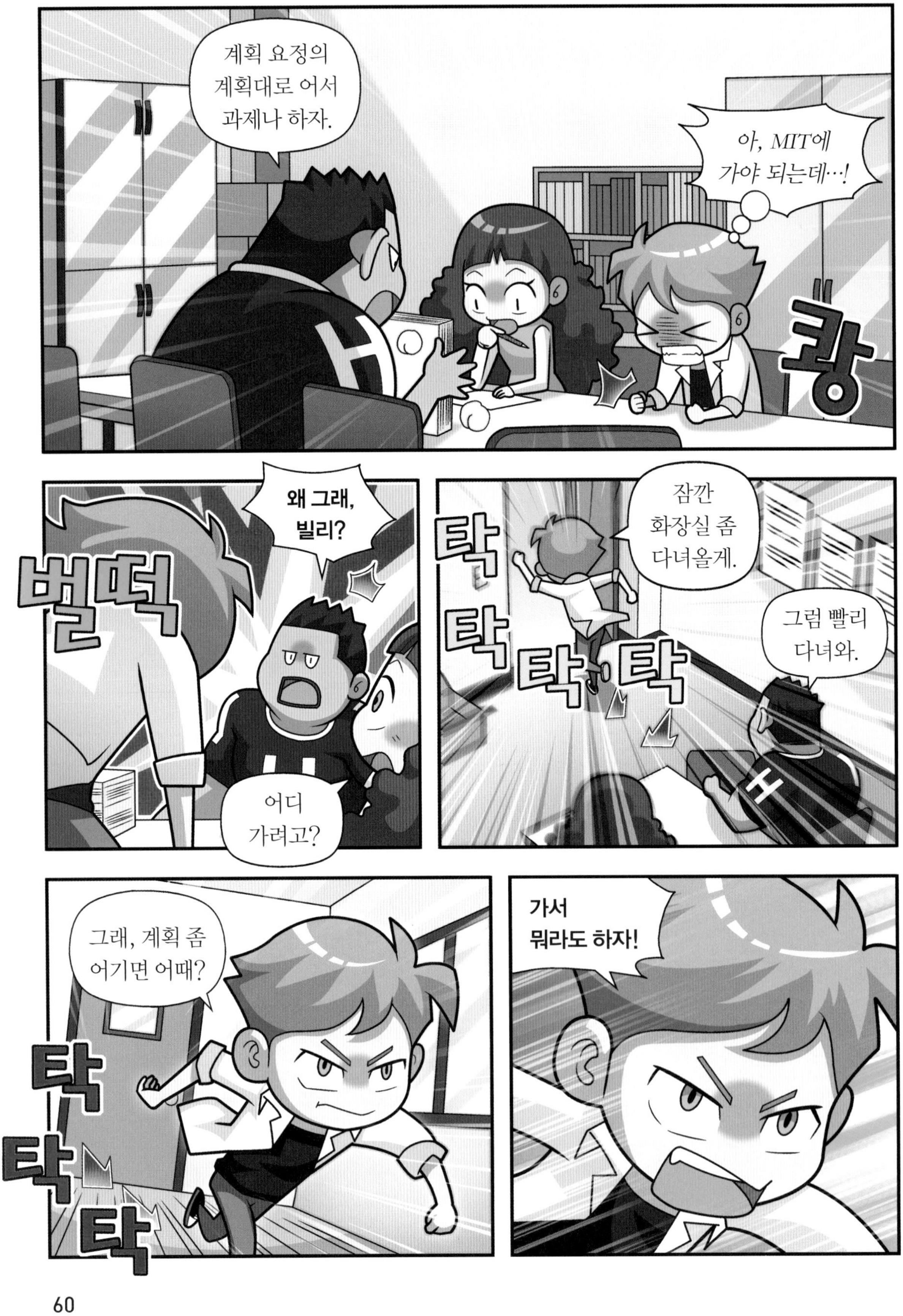
계획 요정의 계획대로 어서 과제나 하자.
아, MIT에 가야 되는데…!
쾅
벌떡
왜 그래, 빌리?
어디 가려고?
탁
탁
잠깐 화장실 좀 다녀올게.
탁 탁
그럼 빨리 다녀와.
그래, 계획 좀 어기면 어때?
탁
탁
탁
가서 뭐라도 하자!

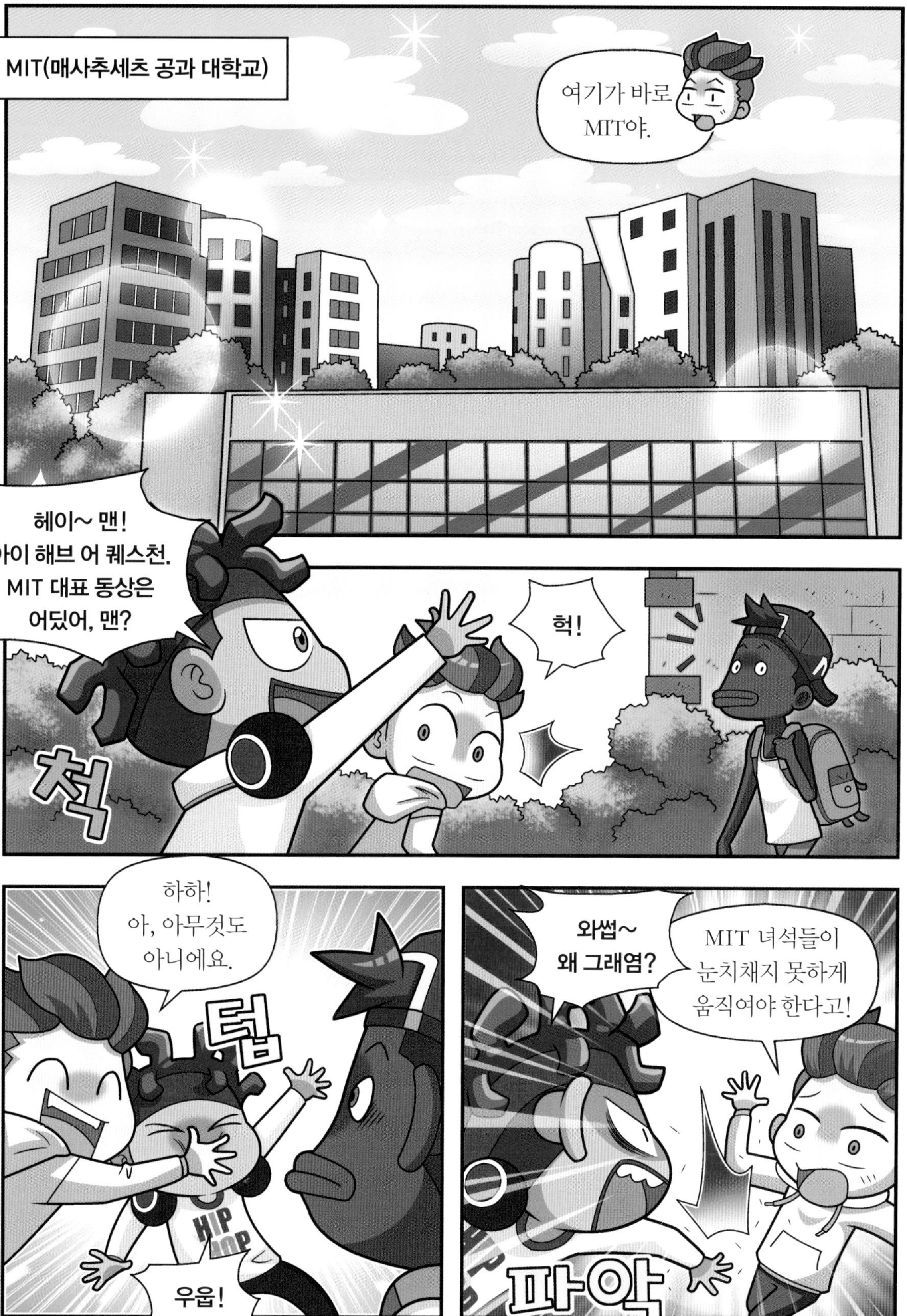
MIT(매사추세츠 공과 대학교)
여기가 바로 MIT야.
헤이~ 맨! 아이 해브 어 퀘스천. MIT 대표 동상은 어딨어, 맨?
척
헉!
하하! 아, 아무것도 아니에요.
텁
우읍!
HIP HOP
와썹~ 왜 그래염?
MIT 녀석들이 눈치채지 못하게 움직여야 한다고!
파악

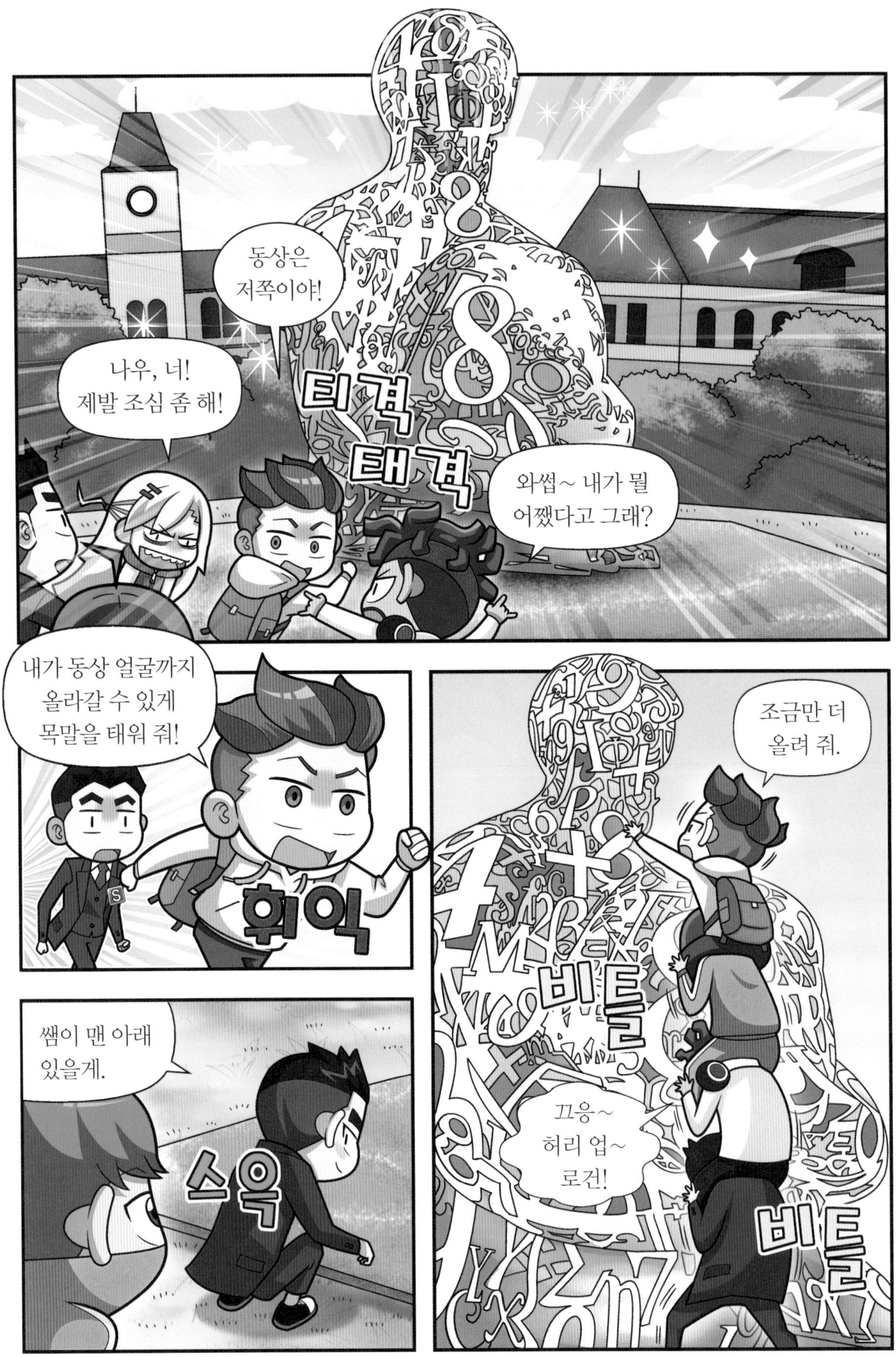
동상은 저쪽이야!
나우, 너! 제발 조심 좀 해!
티격
태격
와썹~ 내가 뭘 어쨌다고 그래?
내가 동상 얼굴까지 올라갈 수 있게 목말을 태워 줘!
휘익
쌤이 맨 아래 있을게.
스윽
조금만 더 올려 줘.
비틀
끄응~ 허리 업~ 로건!
비틀

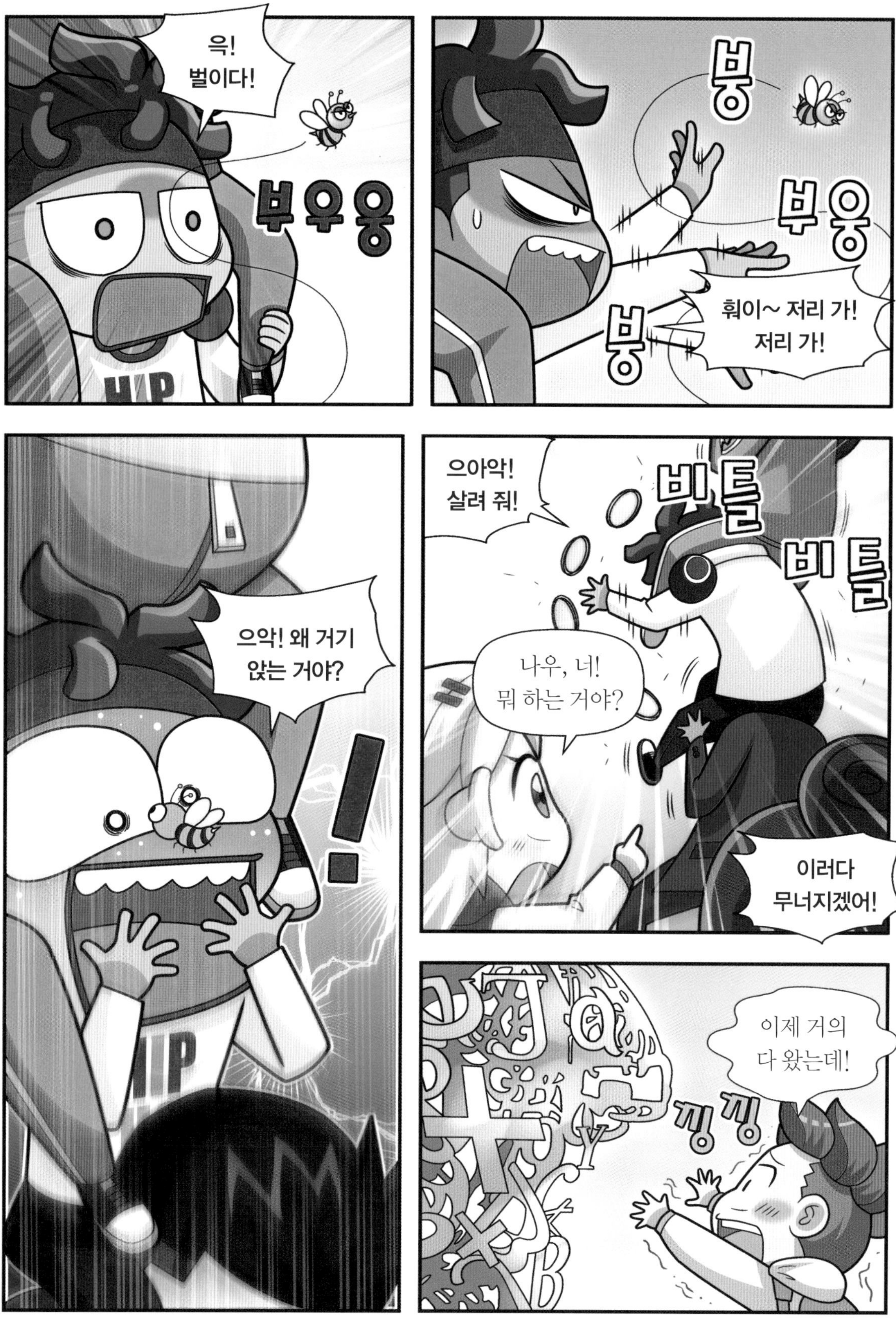

윽! 벌이다!
부우웅
붕
부웅
붕
훠이~ 저리 가! 저리 가!
으악! 왜 거기 앉는 거야?
!
으아악! 살려 줘!
비틀
비틀
나우, 너! 뭐 하는 거야?
이러다 무너지겠어!
이제 거의 다 왔는데!
낑낑

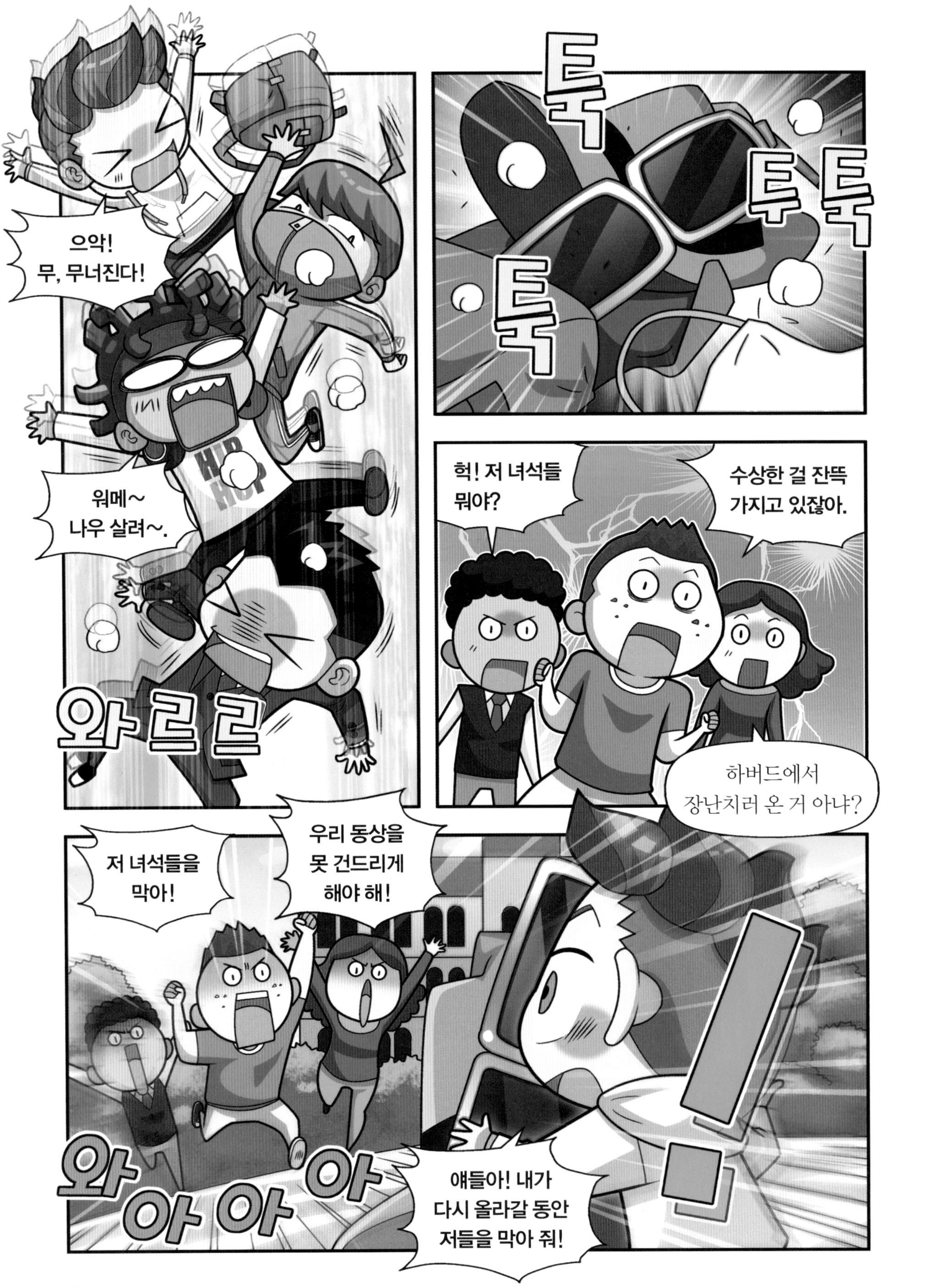
으악!
무, 무너진다!
워메~
나우 살려~.
와르르
툭
투툭
툭
헉! 저 녀석들
뭐야?
수상한 걸 잔뜩
가지고 있잖아.
하버드에서
장난치러 온 거 아냐?
저 녀석들을
막아!
우리 동상을
못 건드리게
해야 해!
와아아아
!
얘들아! 내가
다시 올라갈 동안
저들을 막아 줘!

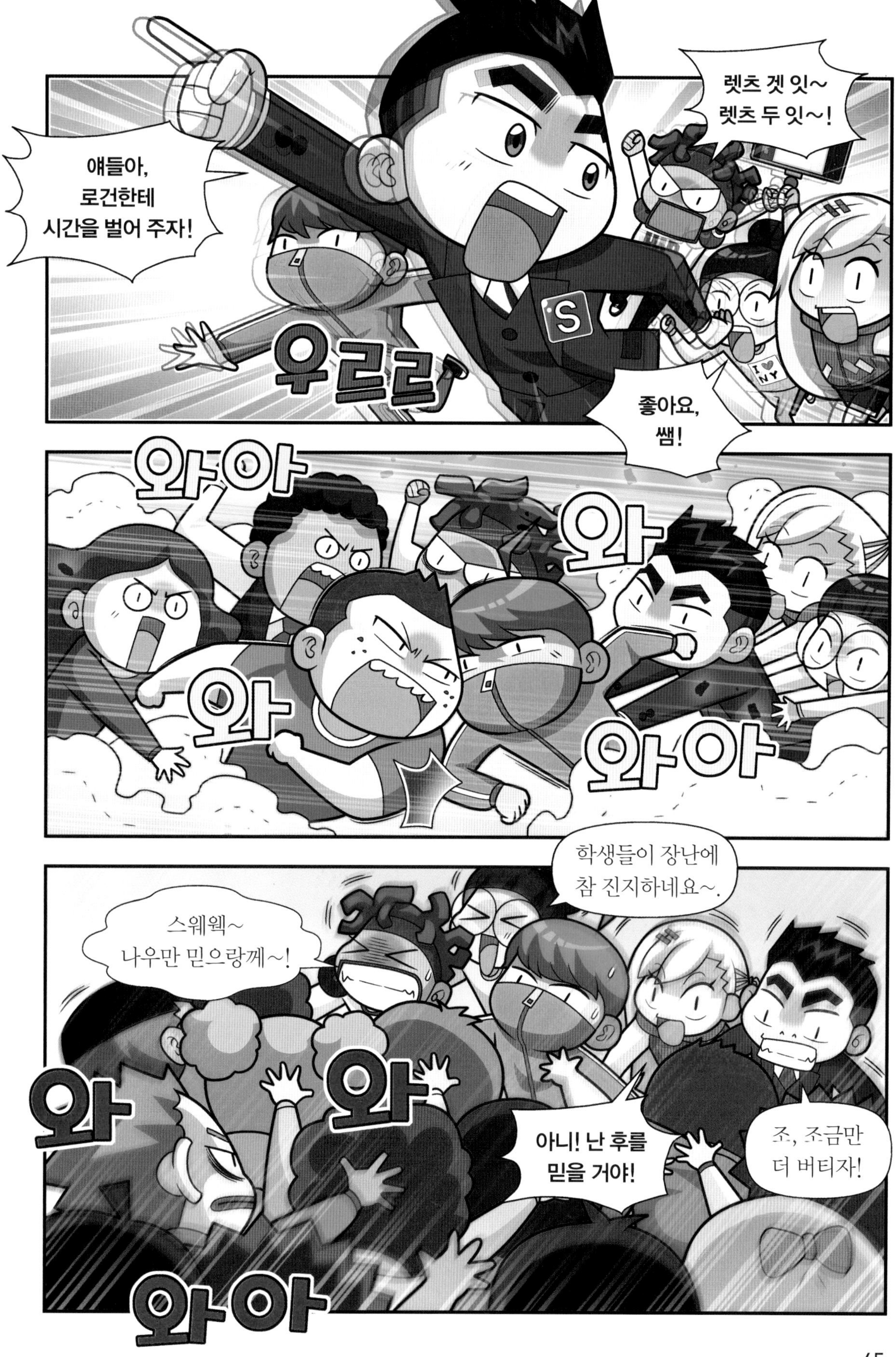
애들아,
로건한테
시간을 벌어 주자!
렛츠 겟 잇~
렛츠 두 잇~!
우르르
좋아요,
쌤!
와아
와
와
와아
학생들이 장난에
참 진지하네요~.
스웨웩~
나우만 믿으랑께~!
와
와
아니! 난 후를
믿을 거야!
조, 조금만
더 버티자!
와아

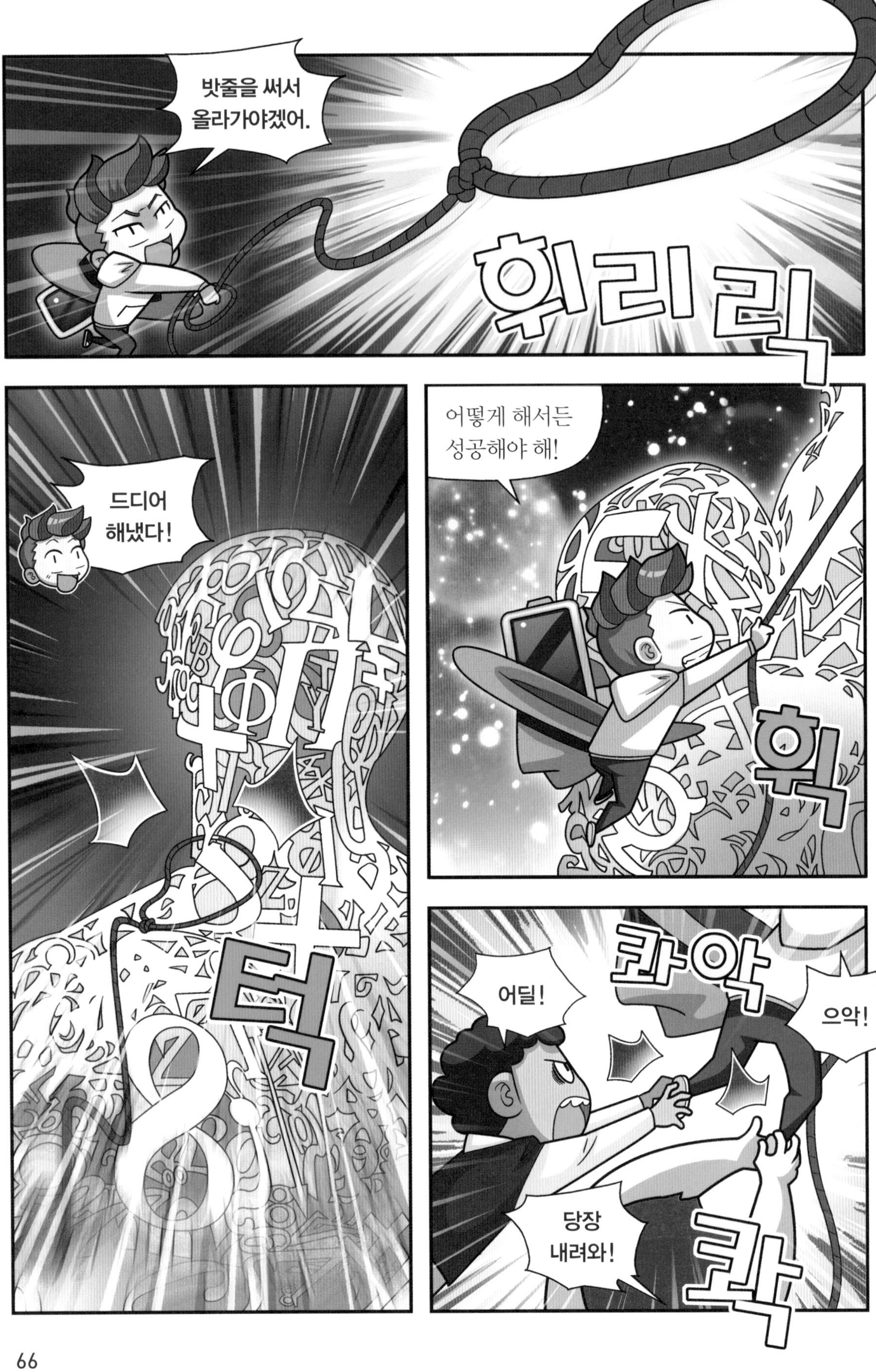

밧줄을 써서
올라가야겠어.
휘리릭
드디어
해냈다!
턱
어떻게 해서든
성공해야 해!
휙
어딜!
콰악
으악!
당장
내려와!
콰

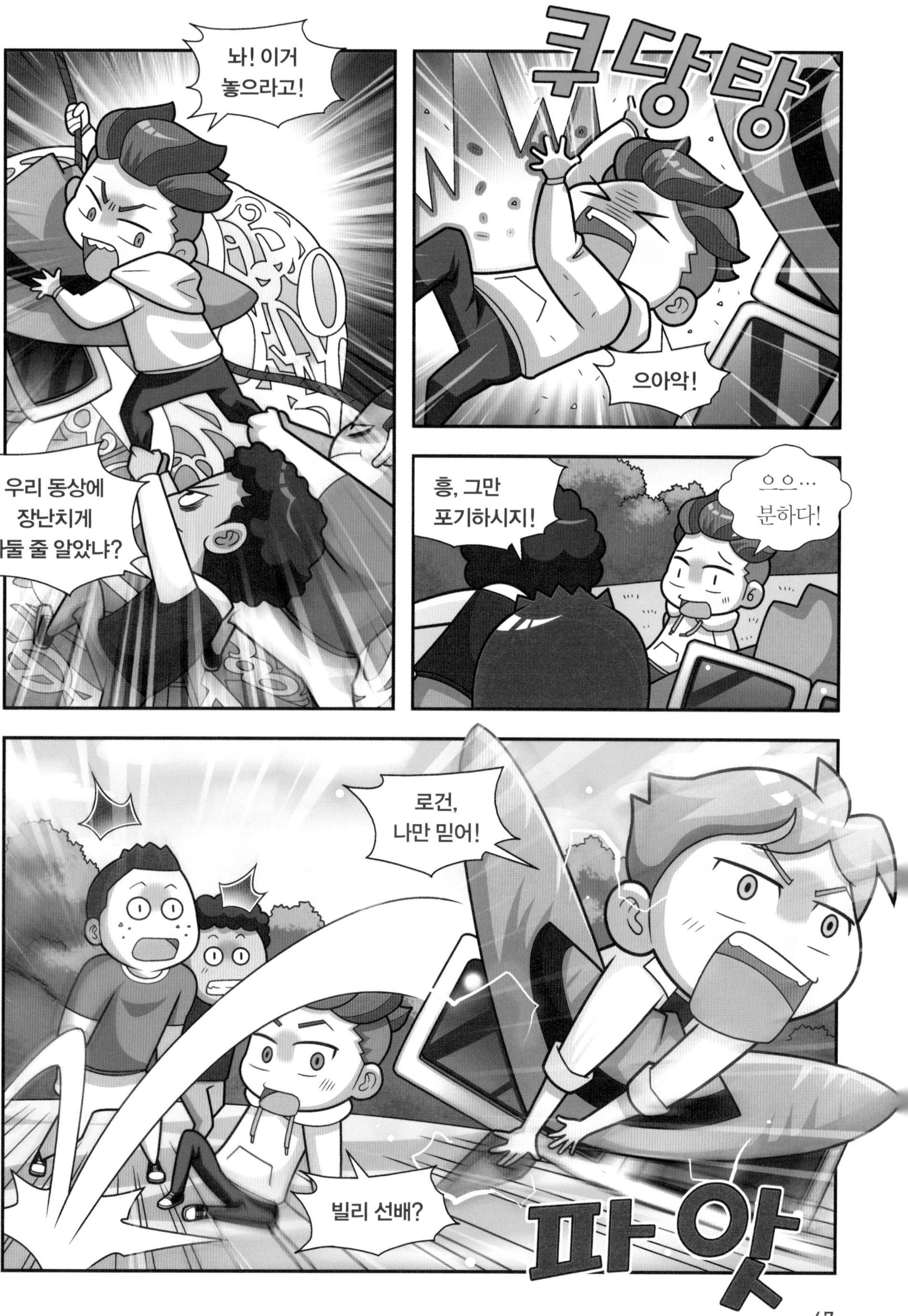
놔! 이거
놓으라고!
우리 동상에
장난치게
놔둘 줄 알았냐?
쿠당탕
으아악!
흥, 그만
포기하시지!
으으…
분하다!
로건,
나만 믿어!
빌리 선배?
파앗

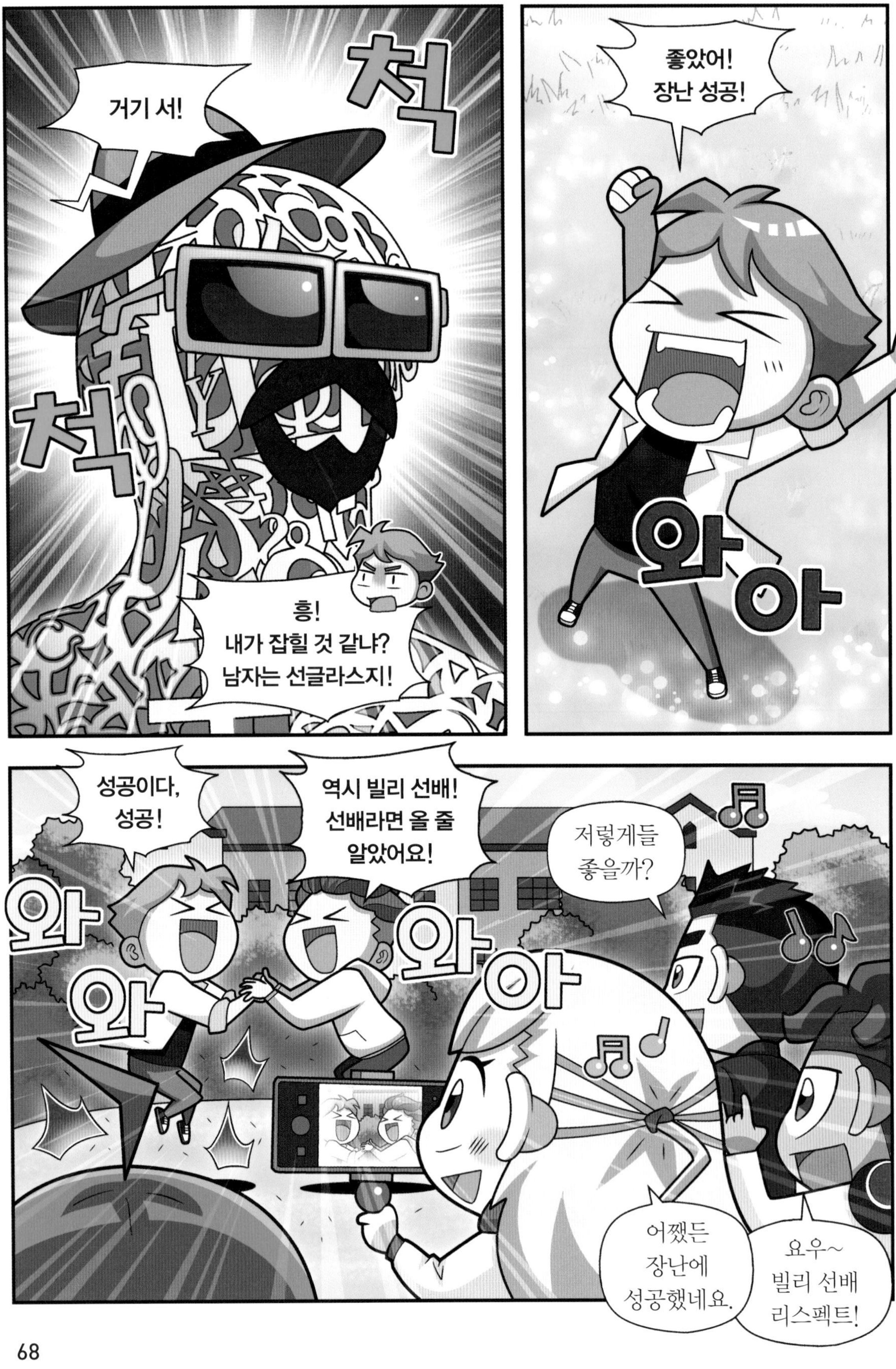
척
거기 서!
척
흥!
내가 잡힐 것 같냐?
남자는 선글라스지!
좋았어!
장난 성공!
와아
성공이다,
성공!
역시 빌리 선배!
선배라면 올 줄
알았어요!
저렇게들
좋을까?
와
와
와아
어쨌든
장난에
성공했네요.
요우~
빌리 선배
리스펙트!

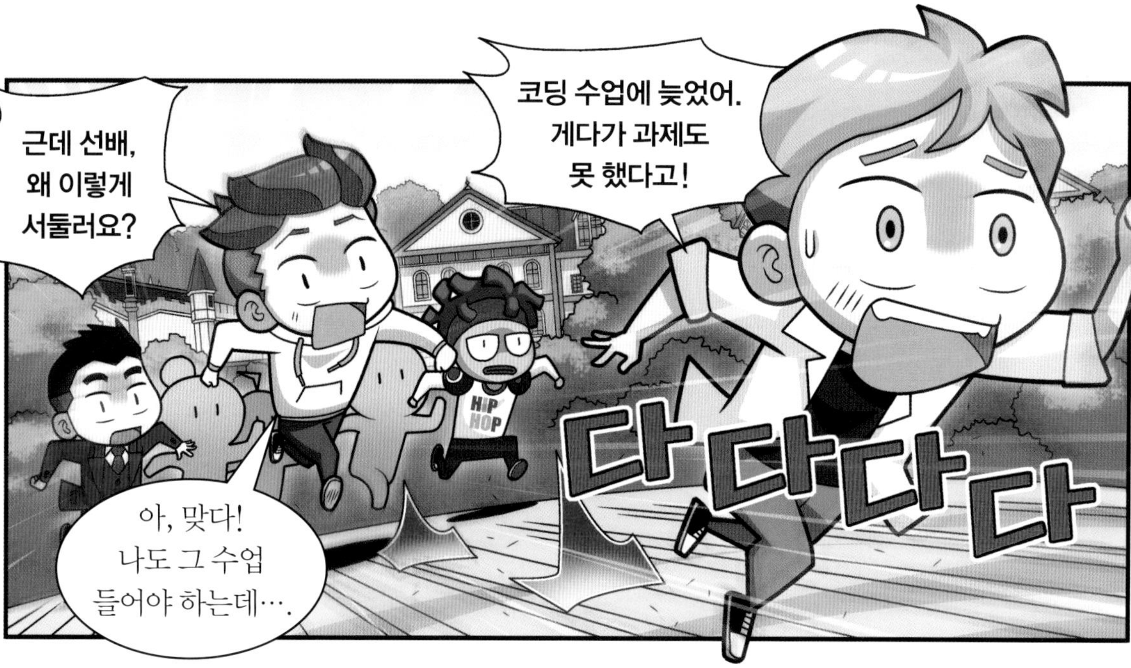
근데 선배, 왜 이렇게 서둘러요?
코딩 수업에 늦었어. 게다가 과제도 못 했다고!
다다다다
아, 맞다! 나도 그 수업 들어야 하는데….
HIP HOP

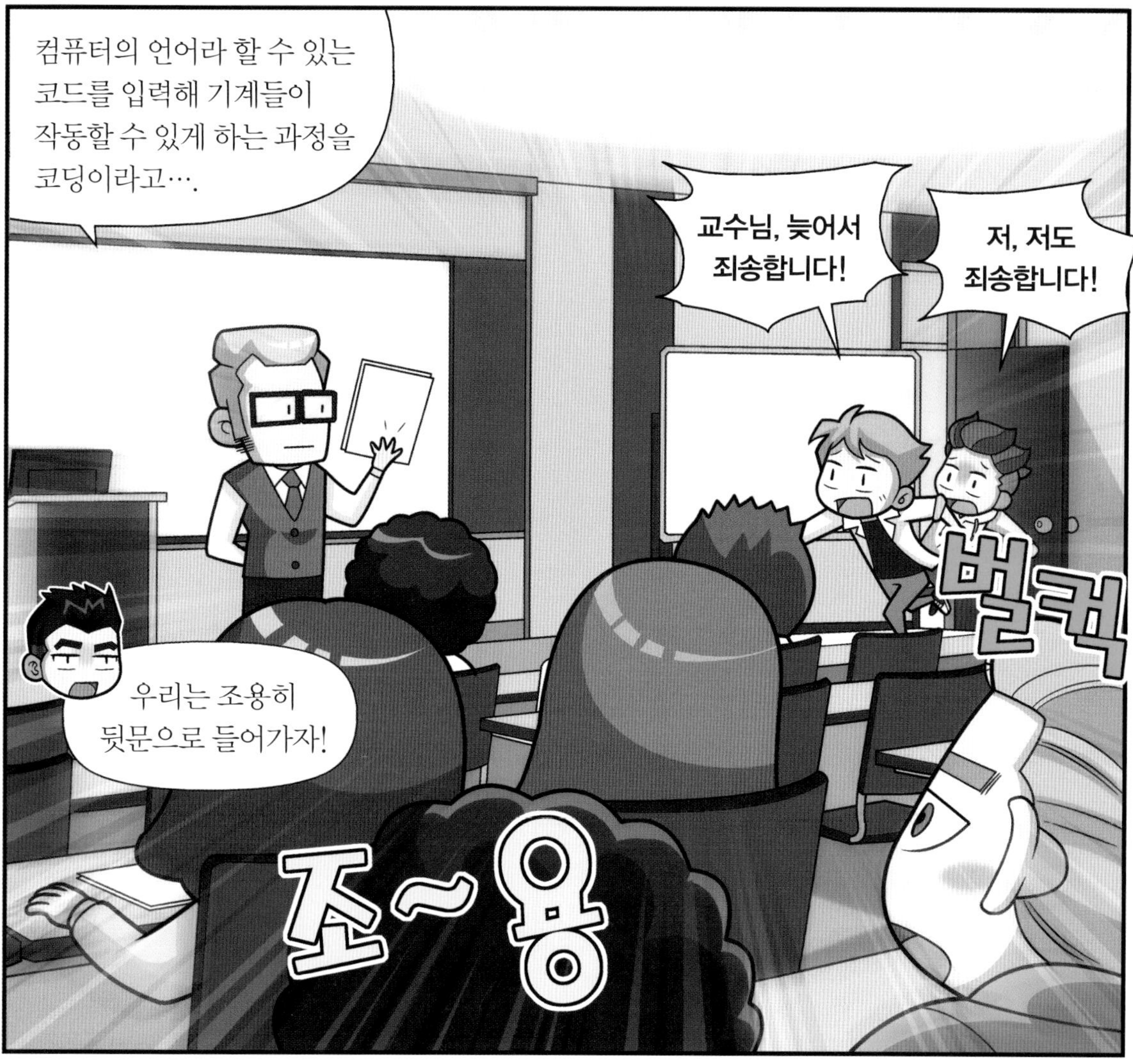
컴퓨터의 언어라 할 수 있는 코드를 입력해 기계들이 작동할 수 있게 하는 과정을 코딩이라고….
교수님, 늦어서 죄송합니다!
저, 저도 죄송합니다!
벌컥
우리는 조용히 뒷문으로 들어가자!
조~용

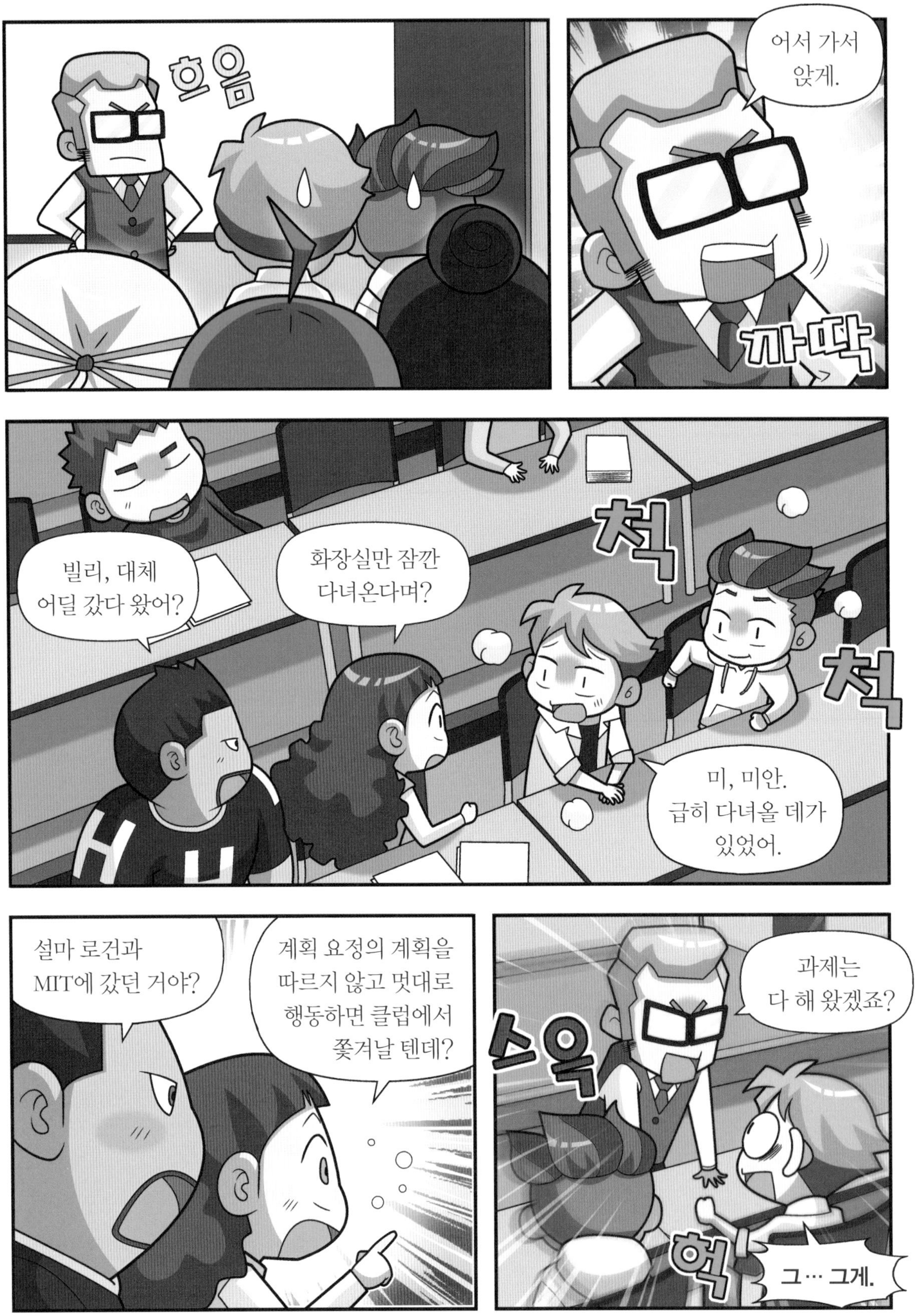
흐음
어서 가서 앉게.
까딱
빌리, 대체 어딜 갔다 왔어?
화장실만 잠깐 다녀온다며?
척
척
미, 미안. 급히 다녀올 데가 있었어.
설마 로건과 MIT에 갔던 거야?
계획 요정의 계획을 따르지 않고 멋대로 행동하면 클럽에서 쫓겨날 텐데?
스윽
과제는 다 해 왔겠죠?
헉
그… 그게.

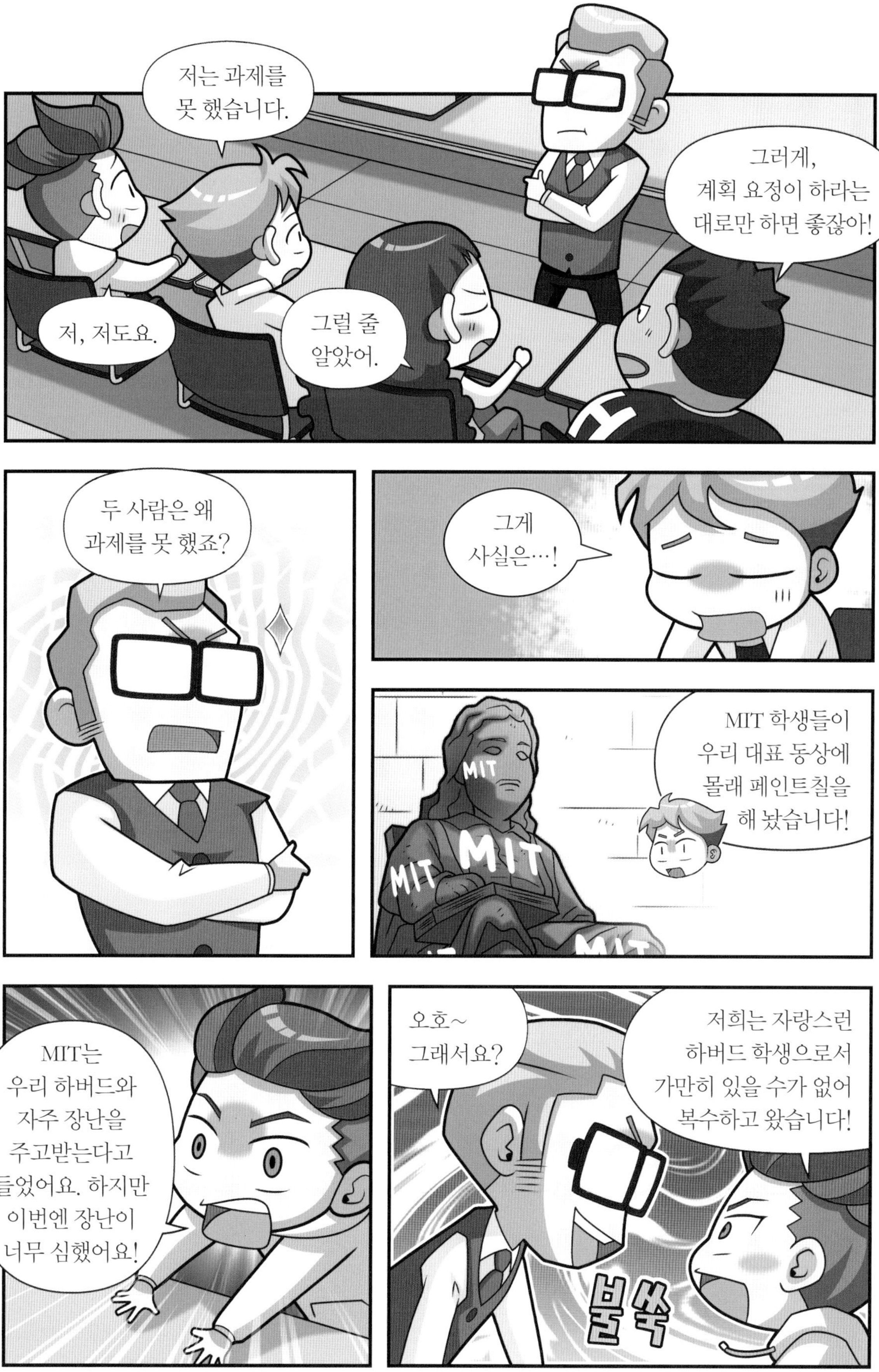

저는 과제를 못 했습니다.
저, 저도요.
그럴 줄 알았어.
그러게, 계획 요정이 하라는 대로만 하면 좋잖아!
두 사람은 왜 과제를 못 했죠?
그게 사실은…!
MIT 학생들이 우리 대표 동상에 몰래 페인트칠을 해 놨습니다!
MIT
MIT
MIT
MIT는 우리 하버드와 자주 장난을 주고받는다고 들었어요. 하지만 이번엔 장난이 너무 심했어요!
오호~ 그래서요?
저희는 자랑스런 하버드 학생으로서 가만히 있을 수가 없어 복수하고 왔습니다!
불쑥

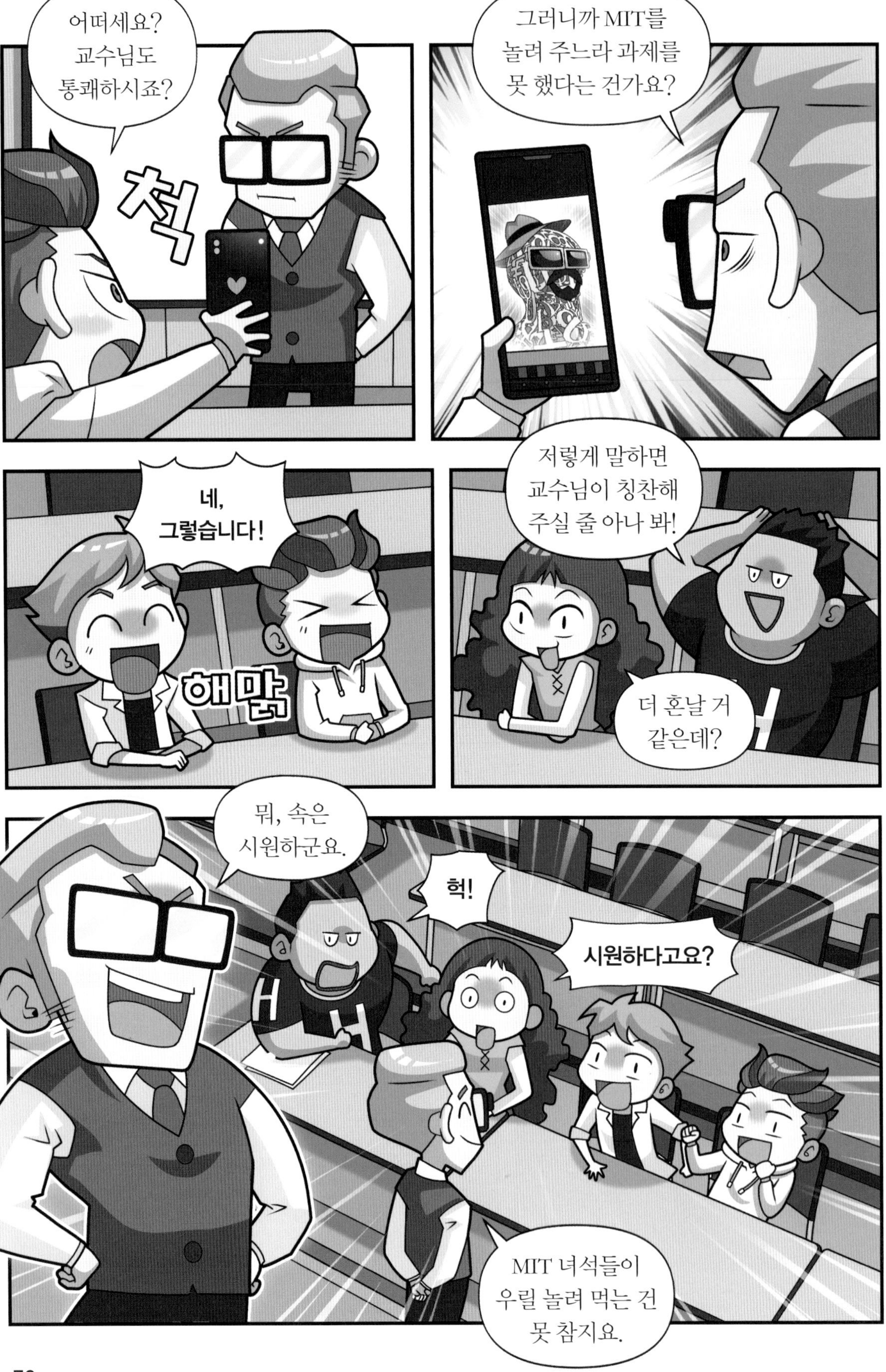

어떠세요?
교수님도
통쾌하시죠?
척
그러니까 MIT를
놀려 주느라 과제를
못 했다는 건가요?
네,
그렇습니다!
해맑
저렇게 말하면
교수님이 칭찬해
주실 줄 아나 봐!
더 혼날 거
같은데?
뭐, 속은
시원하군요.
헉!
시원하다고요?
MIT 녀석들이
우릴 놀려 먹는 건
못 참지요.

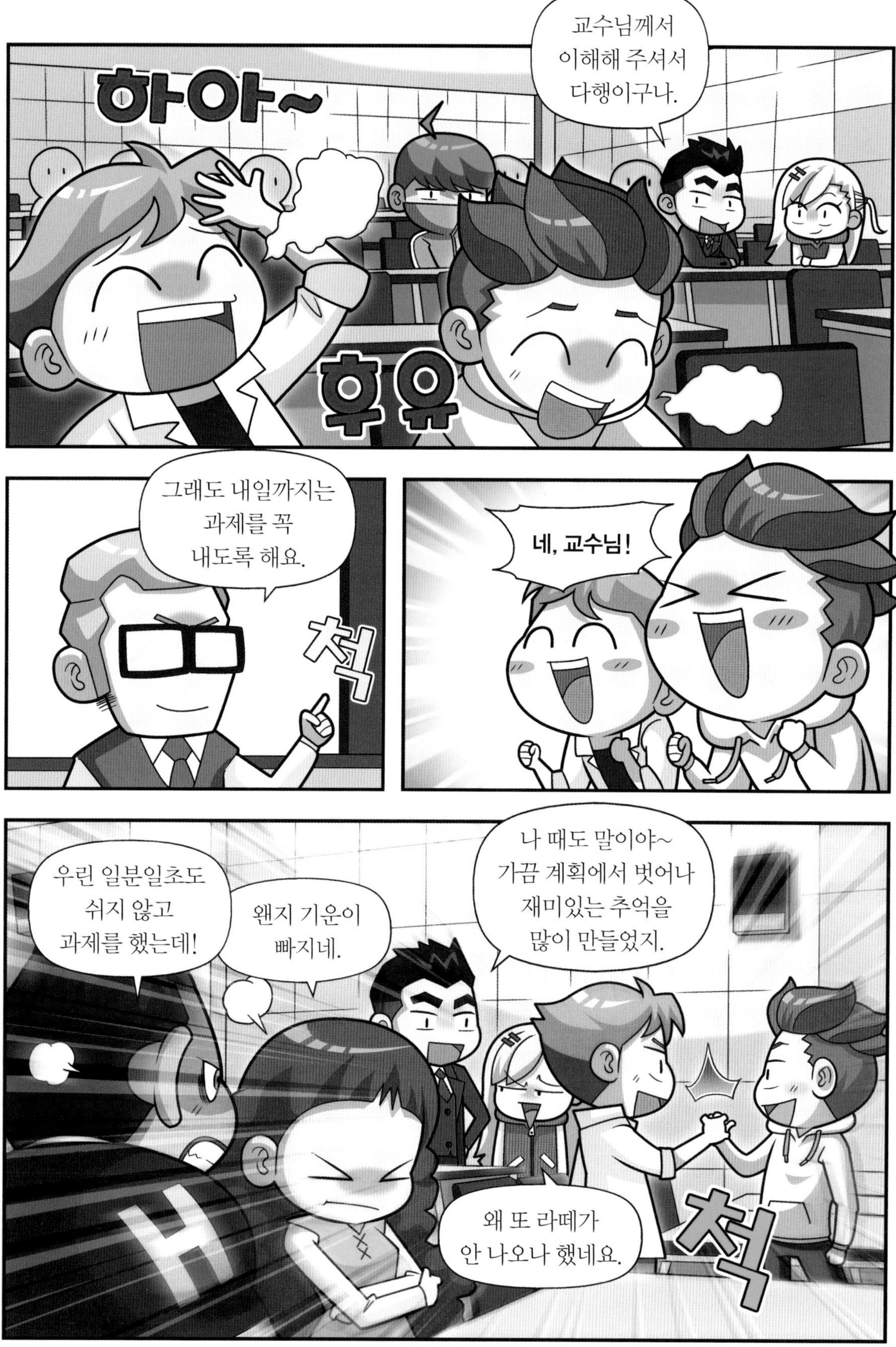
하아~
교수님께서 이해해 주셔서 다행이구나.
후유
그래도 내일까지는 과제를 꼭 내도록 해요.
척
네, 교수님!
우린 일분일초도 쉬지 않고 과제를 했는데!
왠지 기운이 빠지네.
나 때도 말이야~ 가끔 계획에서 벗어나 재미있는 추억을 많이 만들었지.
왜 또 라떼가 안 나오나 했네요.
척

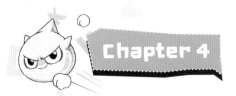

Chapter 4

황당한 패션쇼

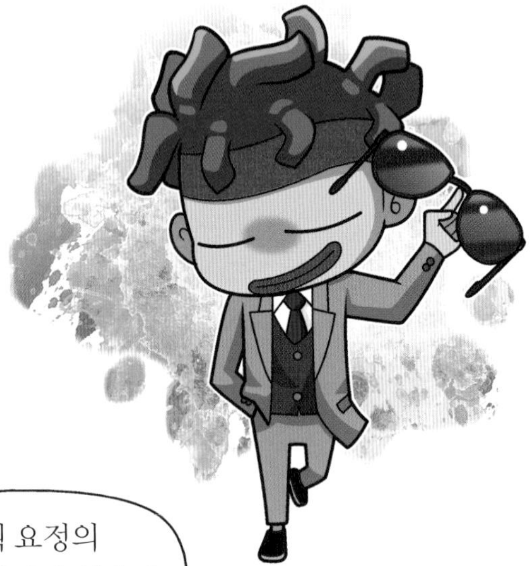

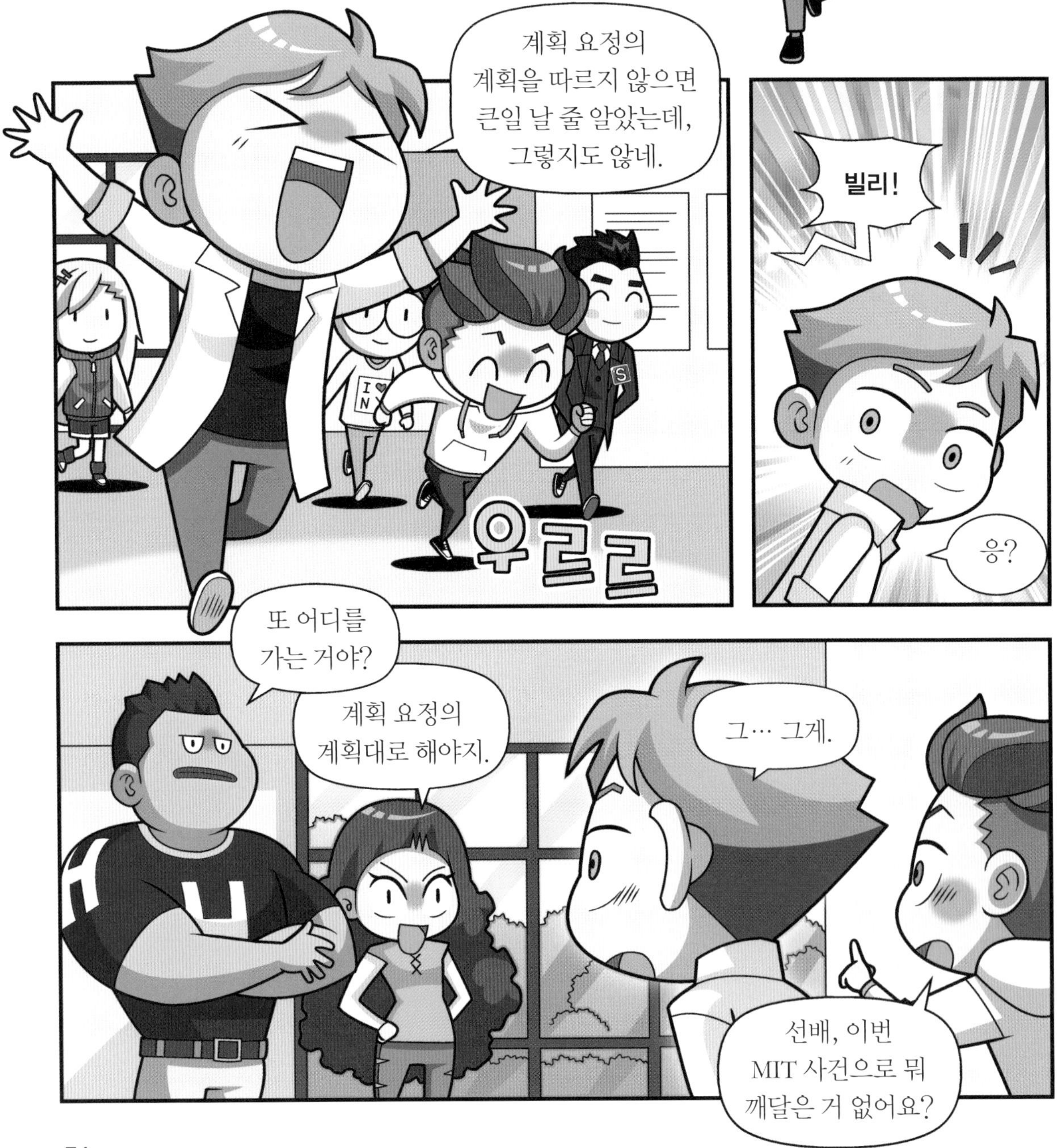

계획 요정의 계획을 따르지 않으면 큰일 날 줄 알았는데, 그렇지도 않네.
우르르
빌리!
응?
또 어디를 가는 거야?
계획 요정의 계획대로 해야지.
그… 그게.
선배, 이번 MIT 사건으로 뭐 깨달은 거 없어요?

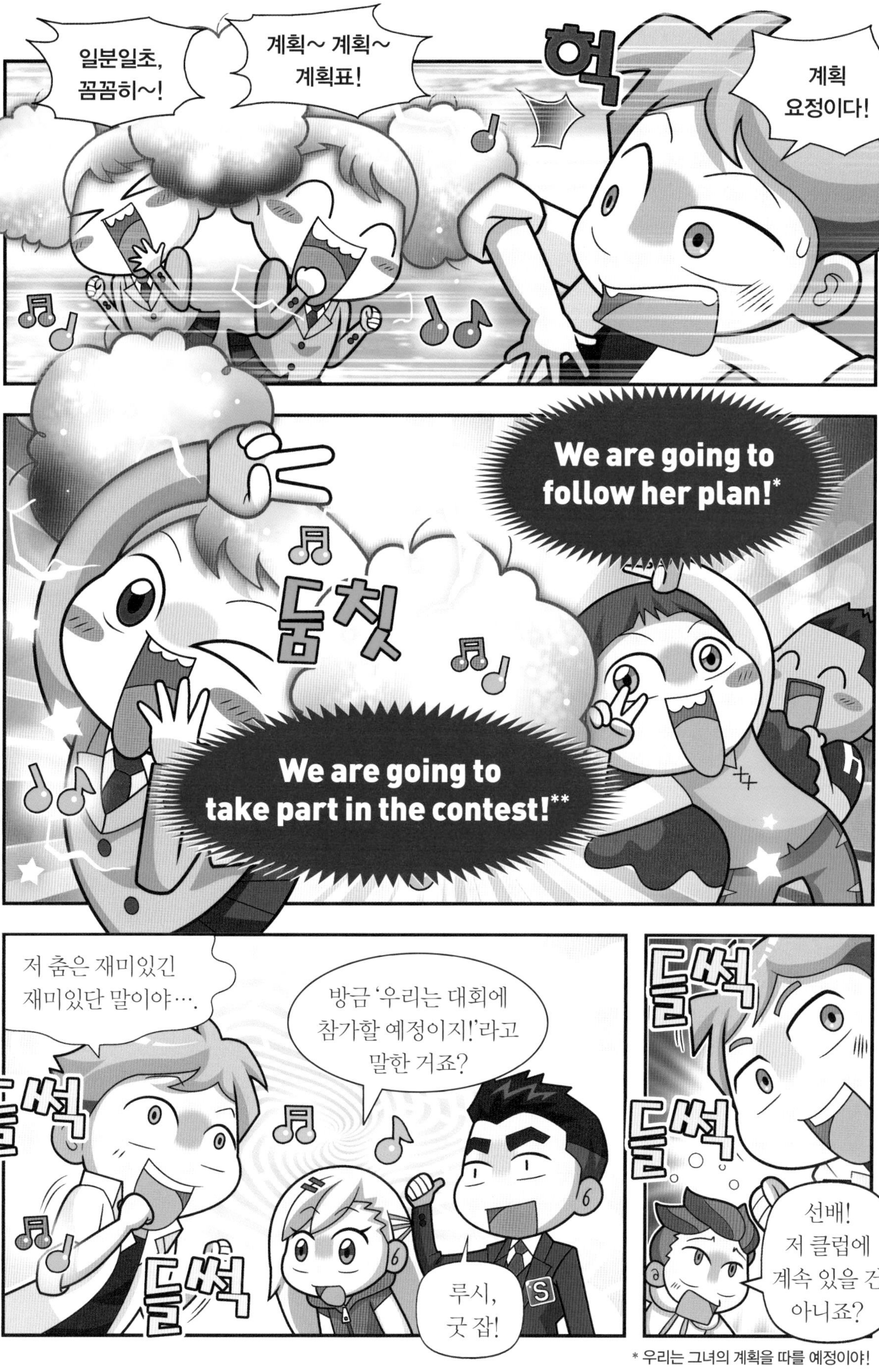
일분일초,
꼼꼼히~!
계획~ 계획~
계획표!
헉
계획
요정이다!
We are going to
follow her plan!*
둠칫
We are going to
take part in the contest!**
저 춤은 재미있긴
재미있단 말이야….
들썩
방금 '우리는 대회에
참가할 예정이지!'라고
말한 거죠?
들썩
루시,
굿 잡!
들썩
들썩
선배!
저 클럽에
계속 있을 건
아니죠?

* 우리는 그녀의 계획을 따를 예정이야!

** 우리는 대회에 참가할 예정이지!

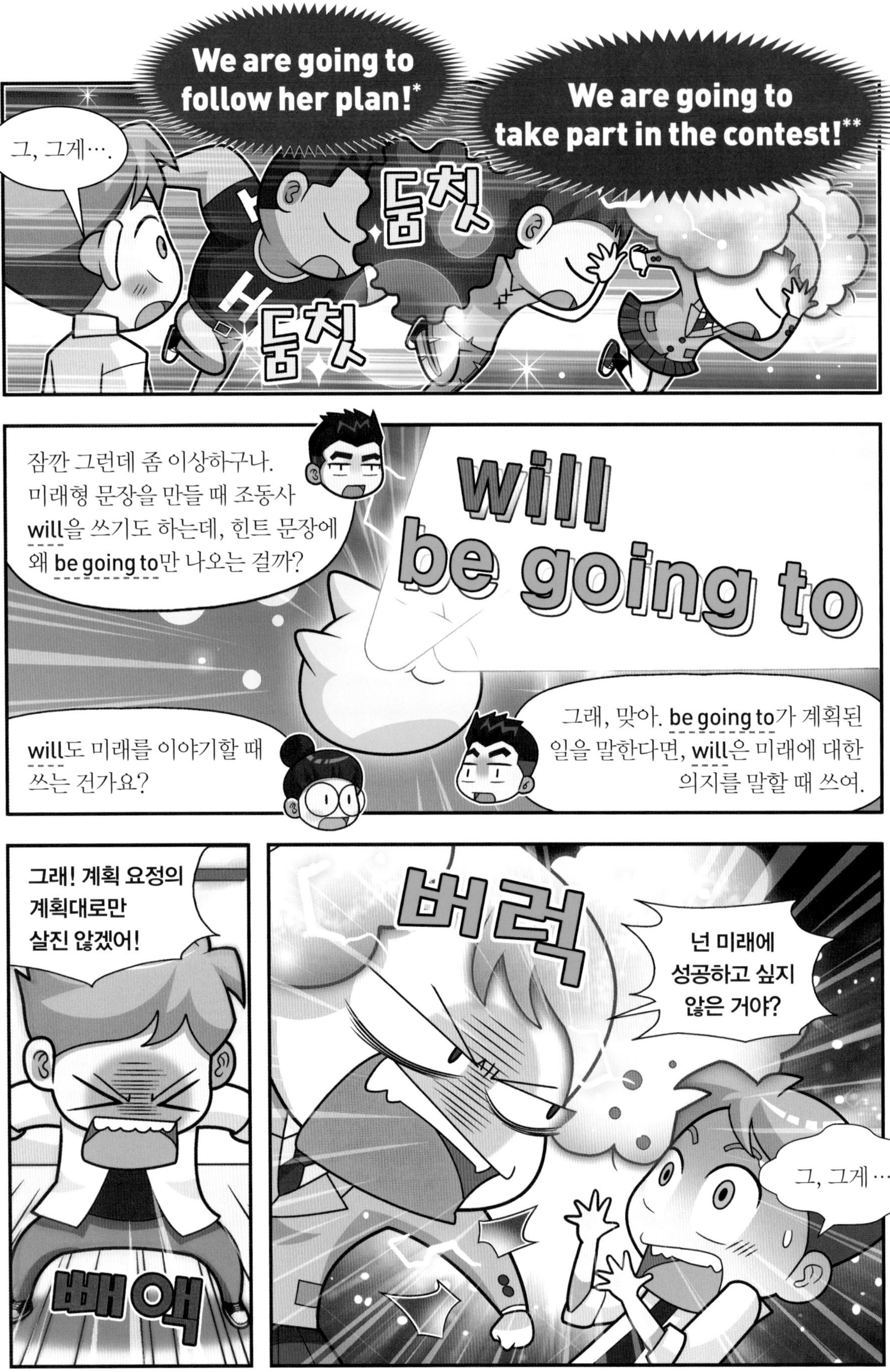
We are going to follow her plan!*
We are going to take part in the contest!**
그, 그게….
둠칫
둠칫
잠깐 그런데 좀 이상하구나. 미래형 문장을 만들 때 조동사 will을 쓰기도 하는데, 힌트 문장에 왜 be going to만 나오는 걸까?
will
be going to
will도 미래를 이야기할 때 쓰는 건가요?
그래, 맞아. be going to가 계획된 일을 말한다면, will은 미래에 대한 의지를 말할 때 쓰여.
그래! 계획 요정의 계획대로만 살진 않겠어!
빼액
버럭
넌 미래에 성공하고 싶지 않은 거야?
그, 그게…!

* 우리는 그녀의 계획을 따를 예정이야!

** 우리는 대회에 참가할 예정이지!

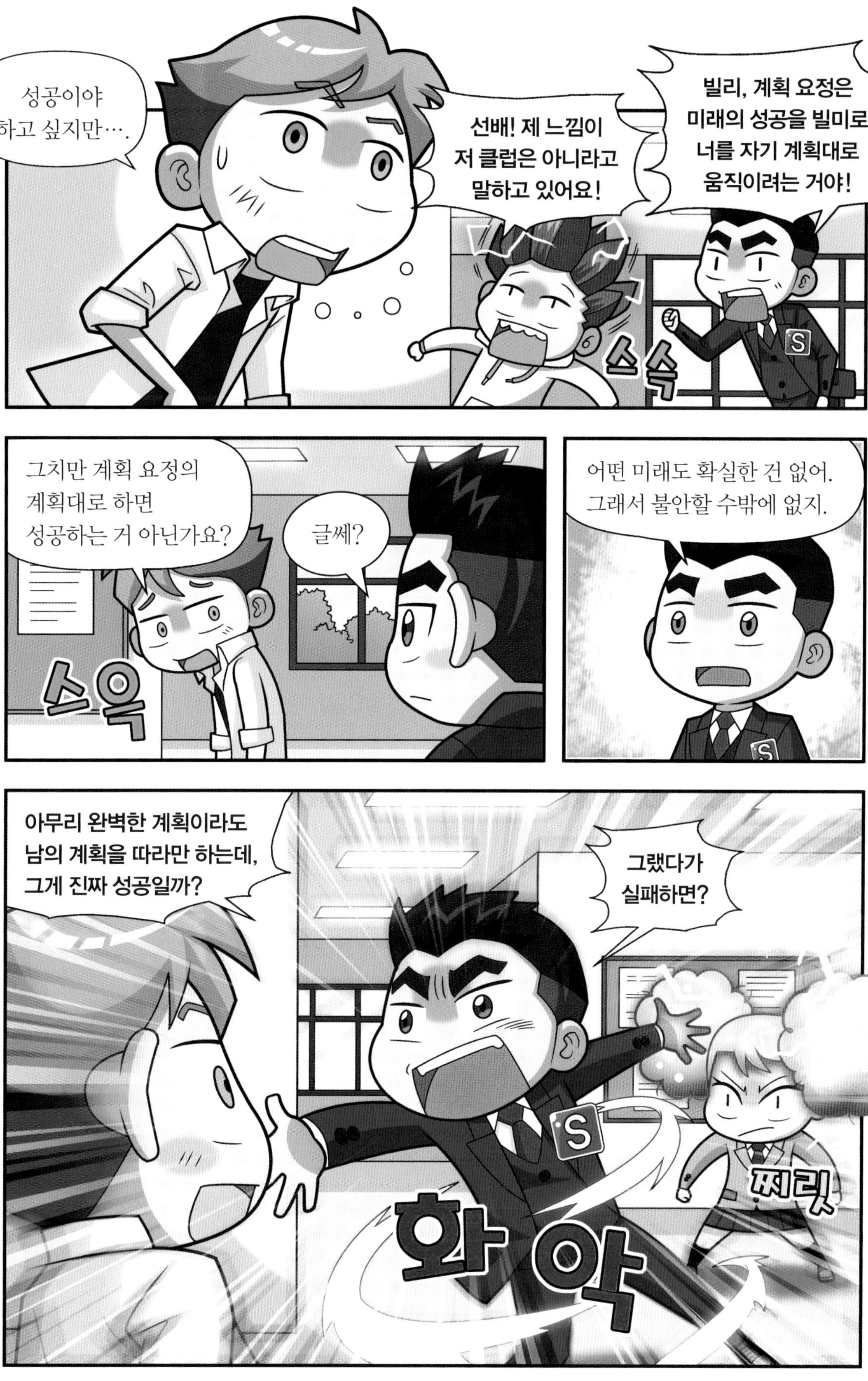

성공이야 하고 싶지만….
선배! 제 느낌이 저 클럽은 아니라고 말하고 있어요!
빌리, 계획 요정은 미래의 성공을 빌미로 너를 자기 계획대로 움직이려는 거야!
스슥
그치만 계획 요정의 계획대로 하면 성공하는 거 아닌가요?
글쎄?
스윽
어떤 미래도 확실한 건 없어. 그래서 불안할 수밖에 없지.
아무리 완벽한 계획이라도 남의 계획을 따라만 하는데, 그게 진짜 성공일까?
그랬다가 실패하면?
화악
찌릿

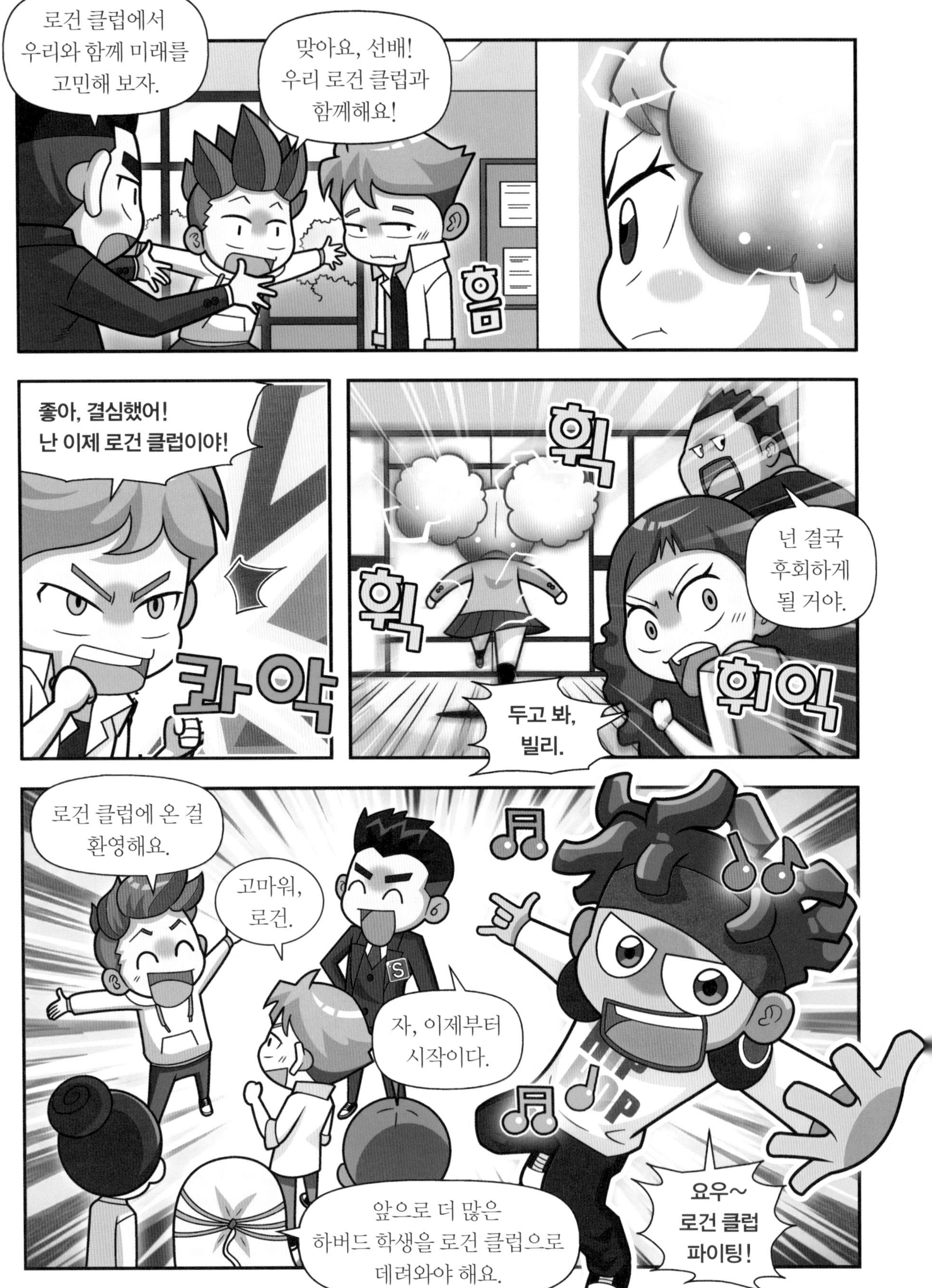
로건 클럽에서 우리와 함께 미래를 고민해 보자.
맞아요, 선배! 우리 로건 클럽과 함께해요!
흠
좋아, 결심했어! 난 이제 로건 클럽이야!
콰악
휙
휙
넌 결국 후회하게 될 거야.
휘익
두고 봐, 빌리.
로건 클럽에 온 걸 환영해요.
고마워, 로건.
자, 이제부터 시작이다.
앞으로 더 많은 하버드 학생을 로건 클럽으로 데려와야 해요.
요우~ 로건 클럽 파이팅!

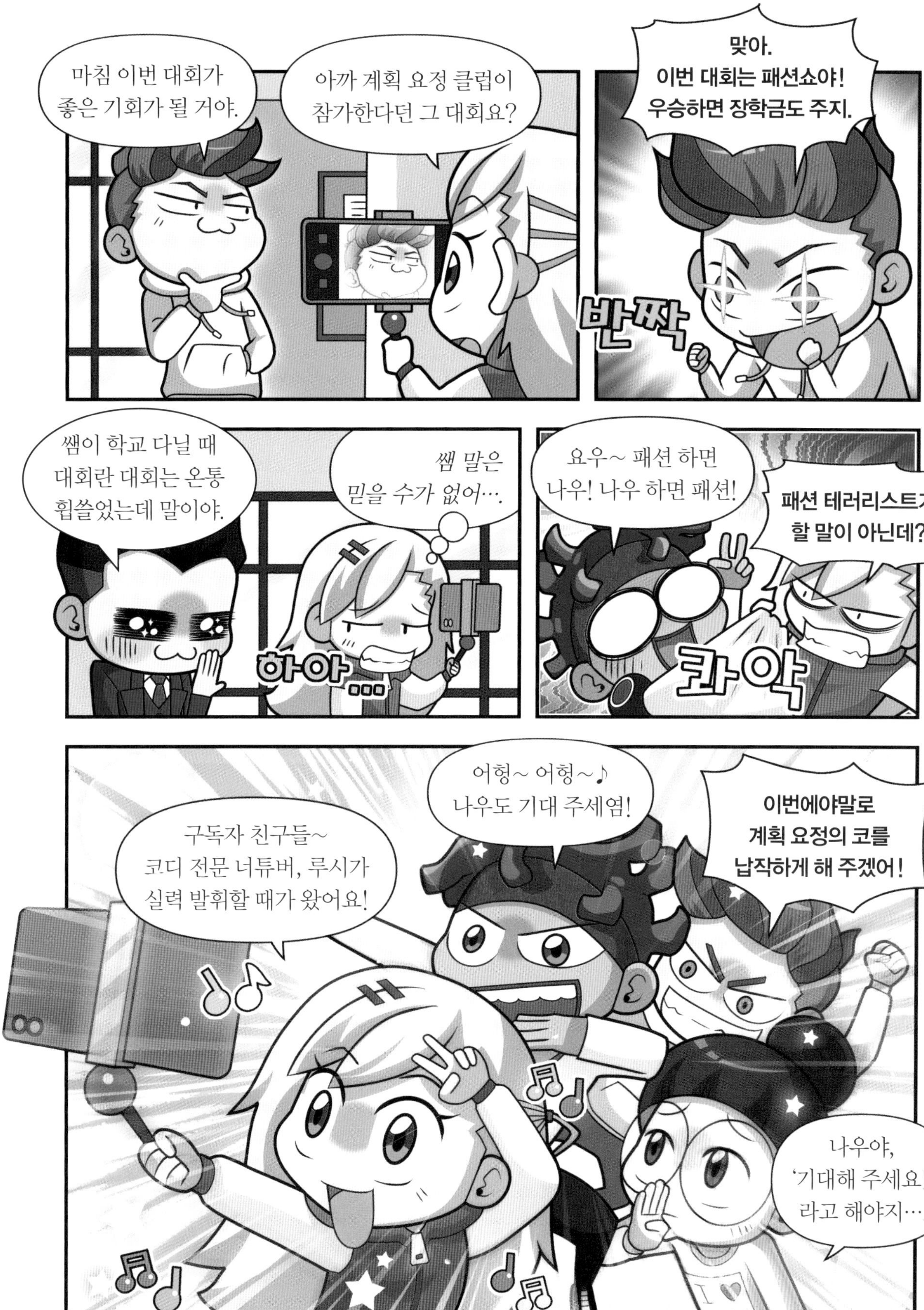

마침 이번 대회가 좋은 기회가 될 거야.
아까 계획 요정 클럽이 참가한다던 그 대회요?
맞아. 이번 대회는 패션쇼야! 우승하면 장학금도 주지.
반짝
쌤이 학교 다닐 때 대회란 대회는 온통 휩쓸었는데 말이야.
쌤 말은 믿을 수가 없어….
하아…
요우~ 패션 하면 나우! 나우 하면 패션!
패션 테러리스트가 할 말이 아닌데?
콰악
구독자 친구들~ 코디 전문 너튜버, 루시가 실력 발휘할 때가 왔어요!
어헝~ 어헝~♪ 나우도 기대 주세염!
이번에야말로 계획 요정의 코를 납작하게 해 주겠어!
나우야, '기대해 주세요!' 라고 해야지….

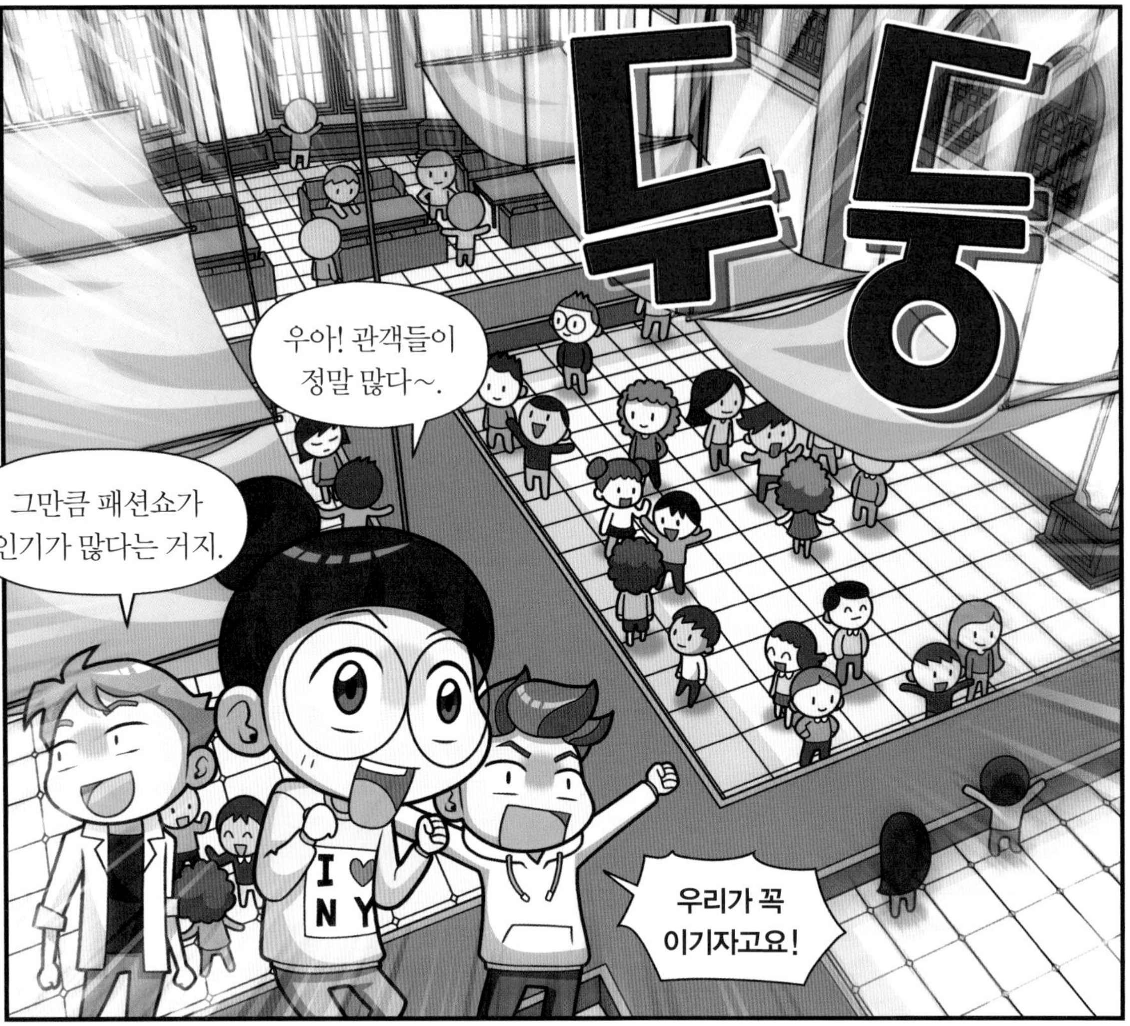
두둥
우아! 관객들이 정말 많다~.
그만큼 패션쇼가 인기가 많다는 거지.
I ♥ NY
우리가 꼭 이기자고요!

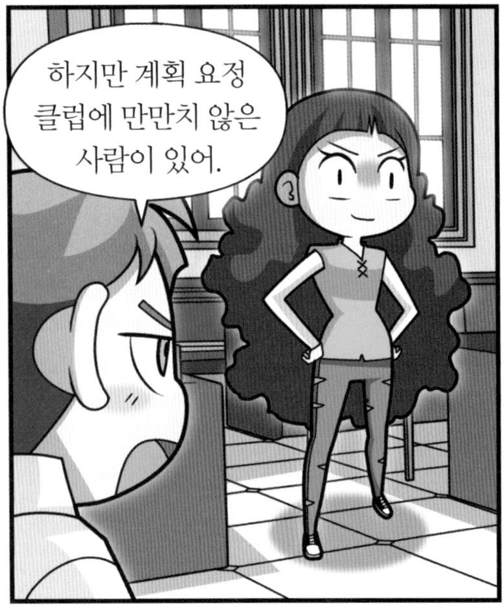
하지만 계획 요정 클럽에 만만치 않은 사람이 있어.

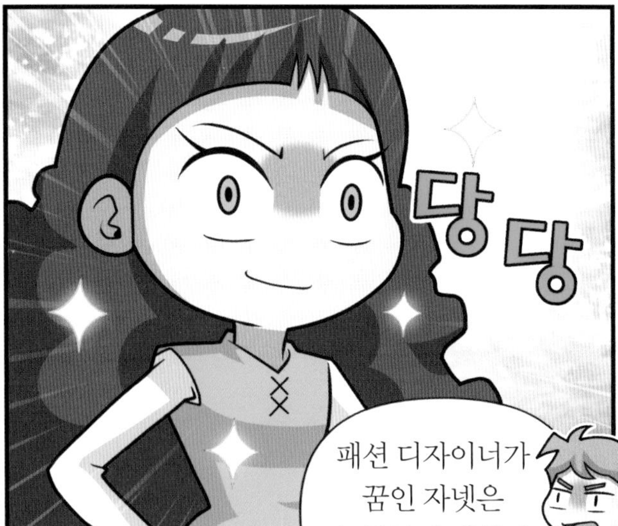
당당
패션 디자이너가 꿈인 자넷은 누구보다 패션에 열정적이지.

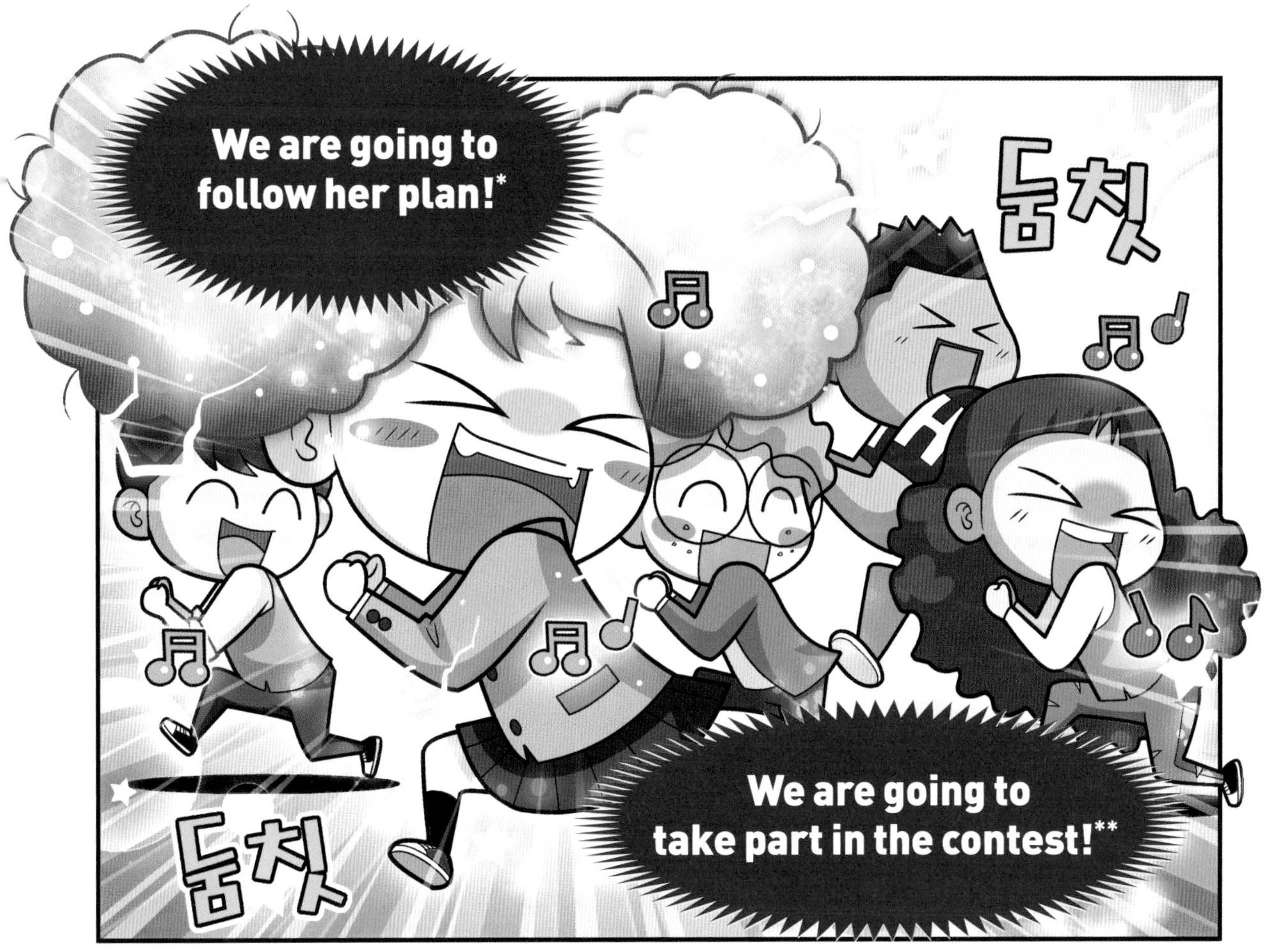
We are going to follow her plan!*
둠칫
둠칫
We are going to take part in the contest!**

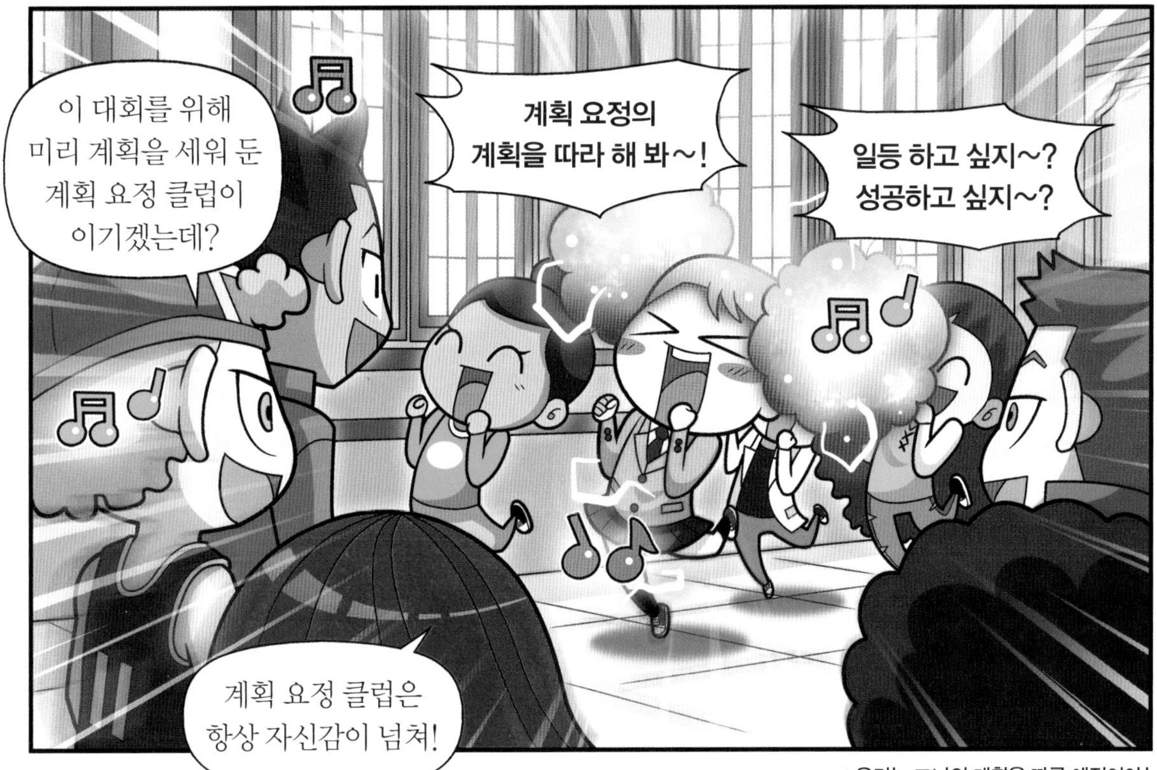
이 대회를 위해 미리 계획을 세워 둔 계획 요정 클럽이 이기겠는데?
계획 요정의 계획을 따라 해 봐~!
일등 하고 싶지~? 성공하고 싶지~?
계획 요정 클럽은 항상 자신감이 넘쳐!

* 우리는 그녀의 계획을 따를 예정이야!

** 우리는 대회에 참가할 예정이지!

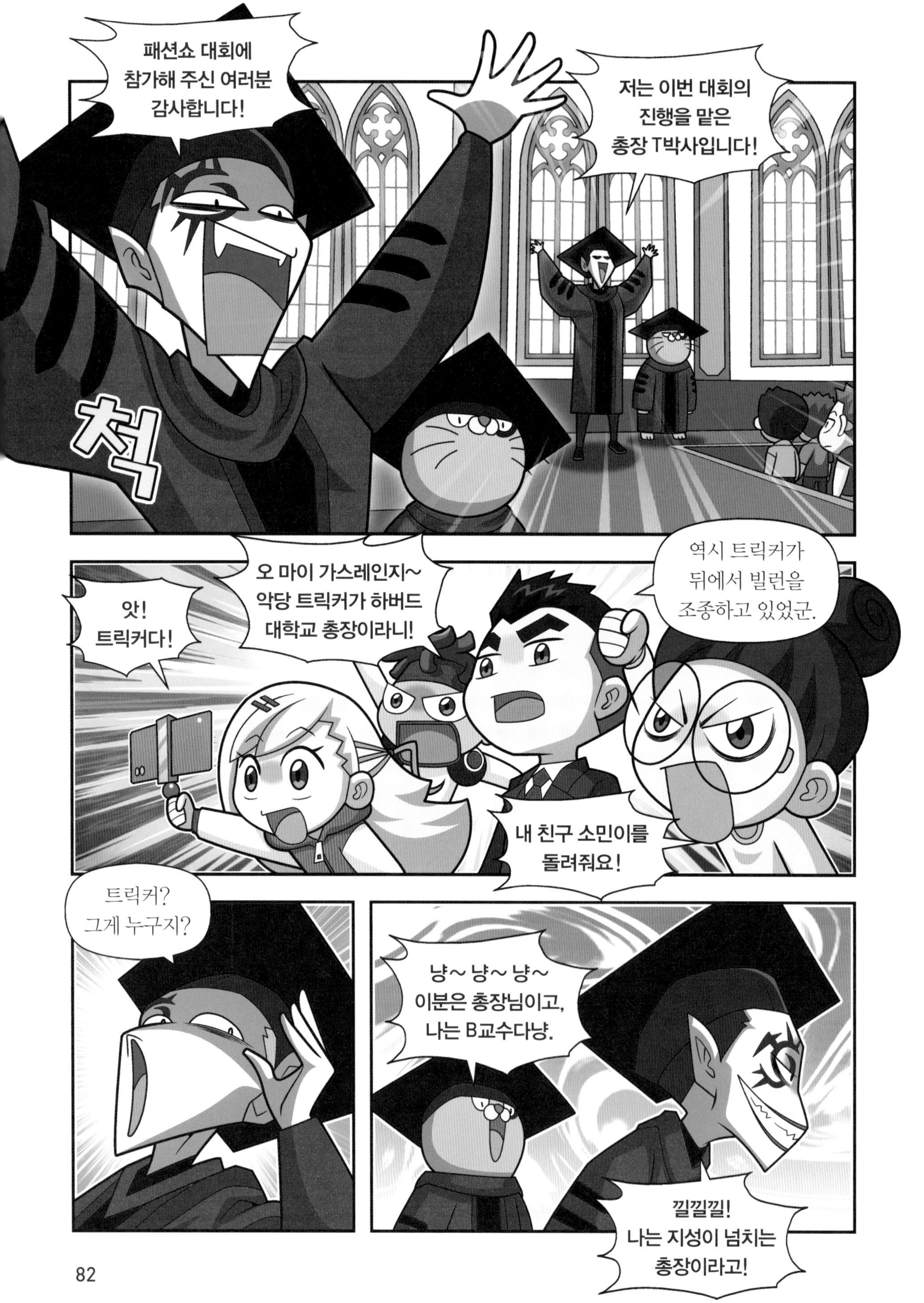

패션쇼 대회에
참가해 주신 여러분
감사합니다!
저는 이번 대회의
진행을 맡은
총장 T박사입니다!
척
앗!
트릭커다!
오 마이 가스레인지~
악당 트릭커가 하버드
대학교 총장이라니!
역시 트릭커가
뒤에서 빌런을
조종하고 있었군.
내 친구 소민이를
돌려줘요!
트릭커?
그게 누구지?
냥~ 냥~ 냥~
이분은 총장님이고,
나는 B교수다냥.
낄낄낄!
나는 지성이 넘치는
총장이라고!

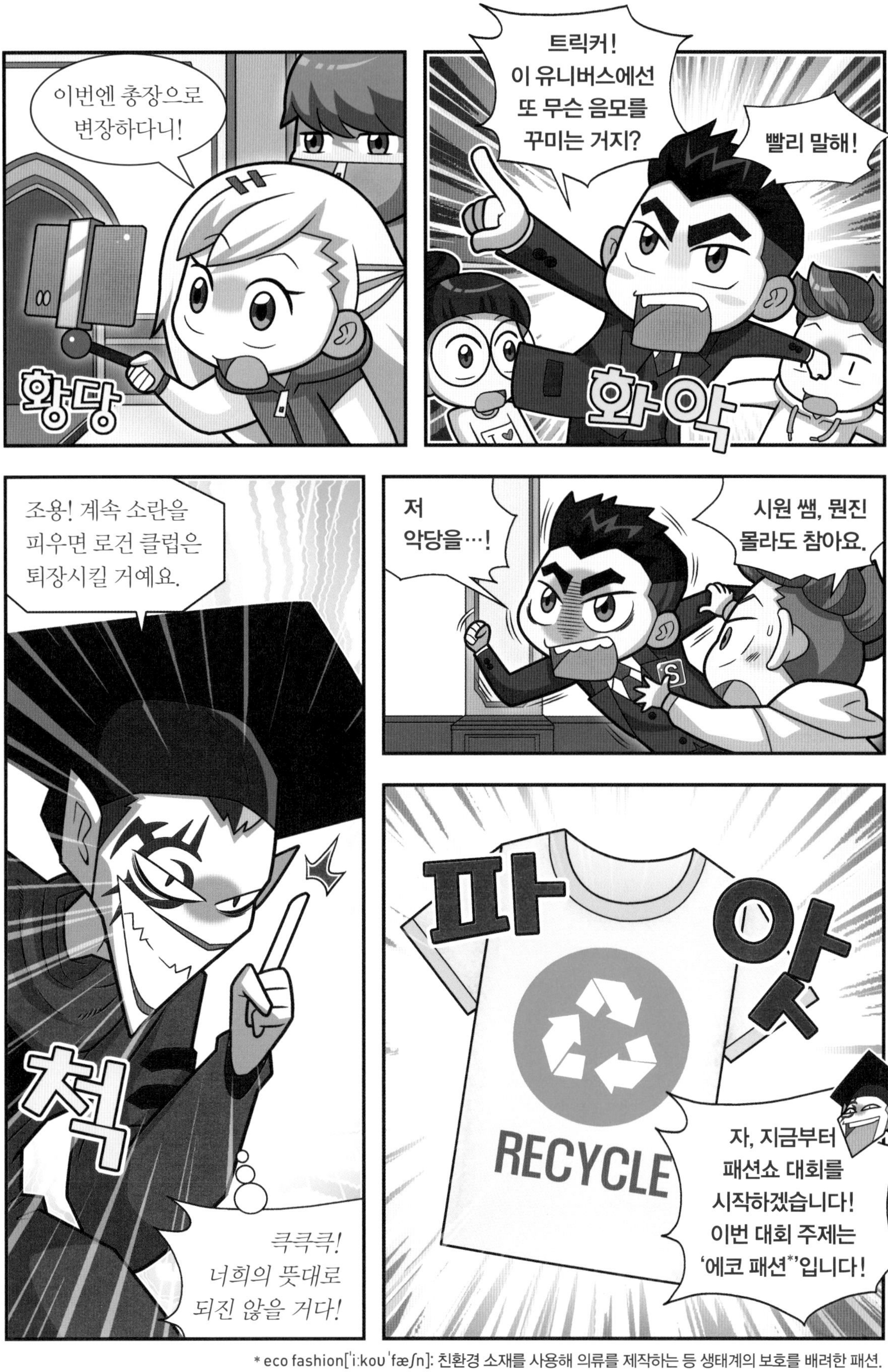
이번엔 총장으로 변장하다니!
황당
트릭커! 이 유니버스에선 또 무슨 음모를 꾸미는 거지?
빨리 말해!
화악
조용! 계속 소란을 피우면 로건 클럽은 퇴장시킬 거예요.
척
크크크! 너희의 뜻대로 되진 않을 거다!
저 악당을…!
시원 쌤, 뭔진 몰라도 참아요.
파아앗
RECYCLE
자, 지금부터 패션쇼 대회를 시작하겠습니다! 이번 대회 주제는 '에코 패션*'입니다!

* eco fashion[ˈiːkoʊˈfæʃn]: 친환경 소재를 사용해 의류를 제작하는 등 생태계의 보호를 배려한 패션.

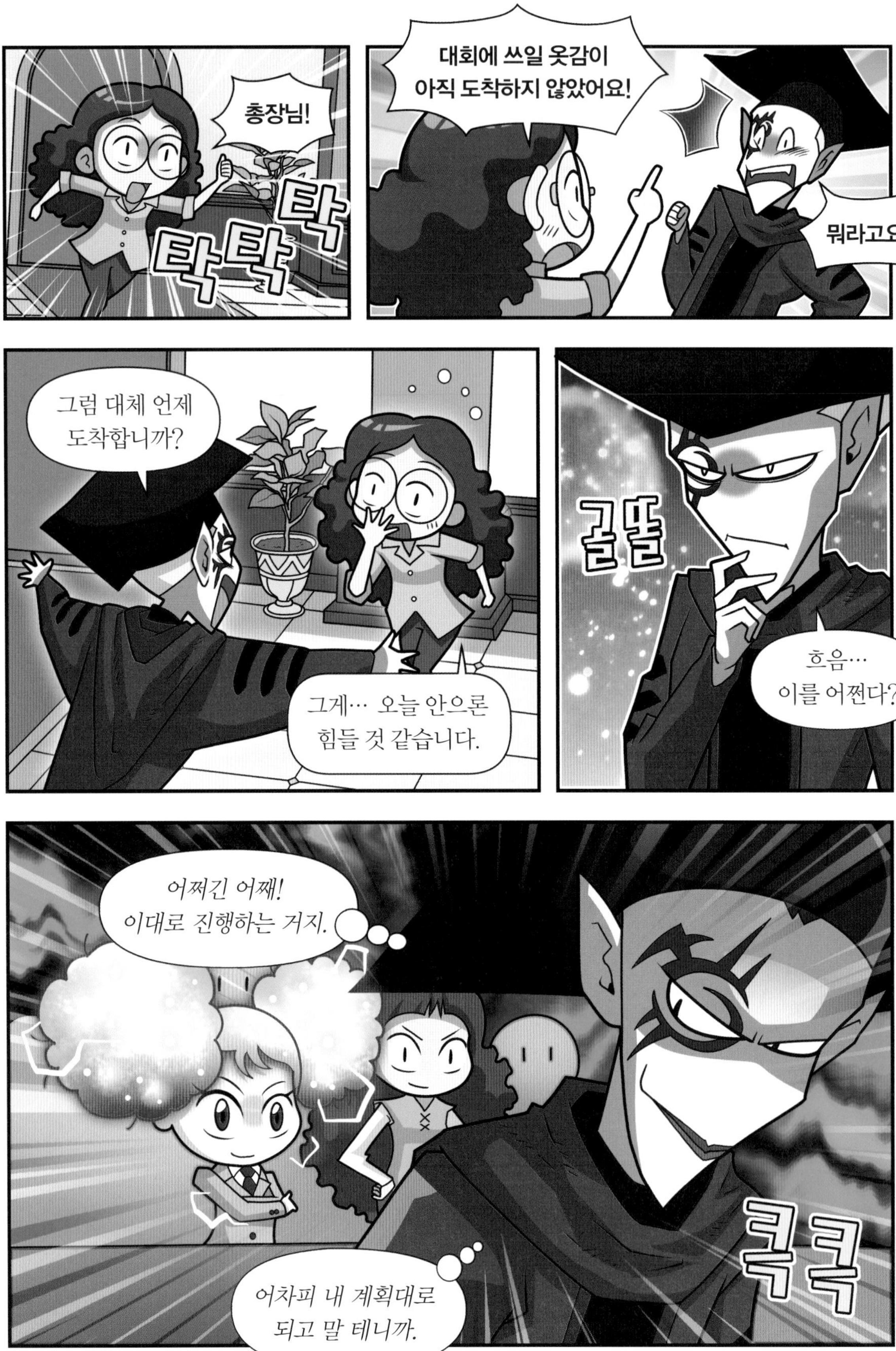
총장님!
탁
탁탁
대회에 쓰일 옷감이 아직 도착하지 않았어요!
뭐라고요?
그럼 대체 언제 도착합니까?
그게… 오늘 안으론 힘들 것 같습니다.
골똘
흐음… 이를 어쩐다?
어쩌긴 어째! 이대로 진행하는 거지.
큭큭
어차피 내 계획대로 되고 말 테니까.

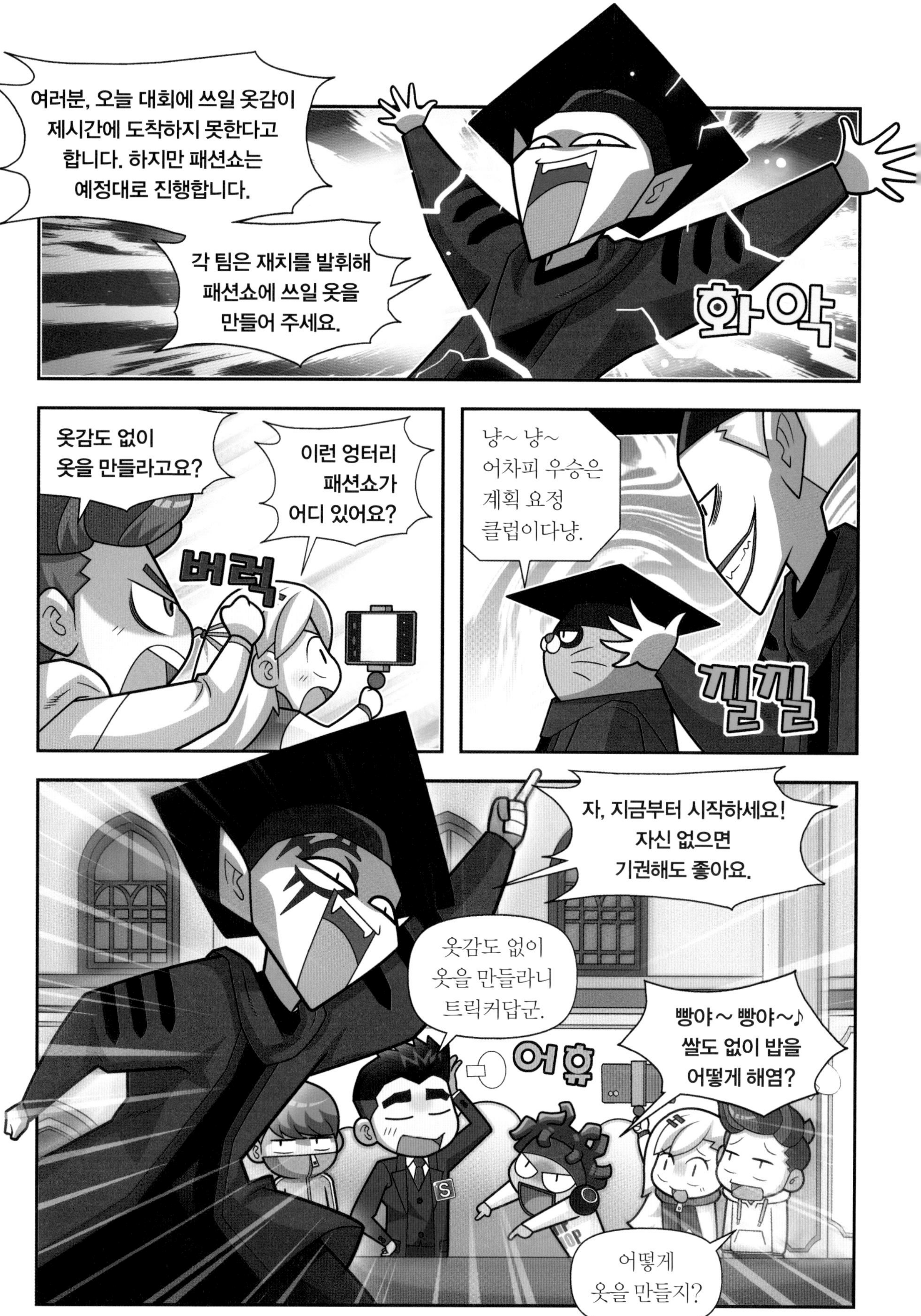

여러분, 오늘 대회에 쓰일 옷감이 제시간에 도착하지 못한다고 합니다. 하지만 패션쇼는 예정대로 진행합니다.
각 팀은 재치를 발휘해 패션쇼에 쓰일 옷을 만들어 주세요.
화악
옷감도 없이 옷을 만들라고요?
이런 엉터리 패션쇼가 어디 있어요?
버럭
냥~ 냥~ 어차피 우승은 계획 요정 클럽이다냥.
낄낄
자, 지금부터 시작하세요! 자신 없으면 기권해도 좋아요.
옷감도 없이 옷을 만들라니 트릭커답군.
빵야~ 빵야~♪ 쌀도 없이 밥을 어떻게 해염?
어휴
어떻게 옷을 만들지?

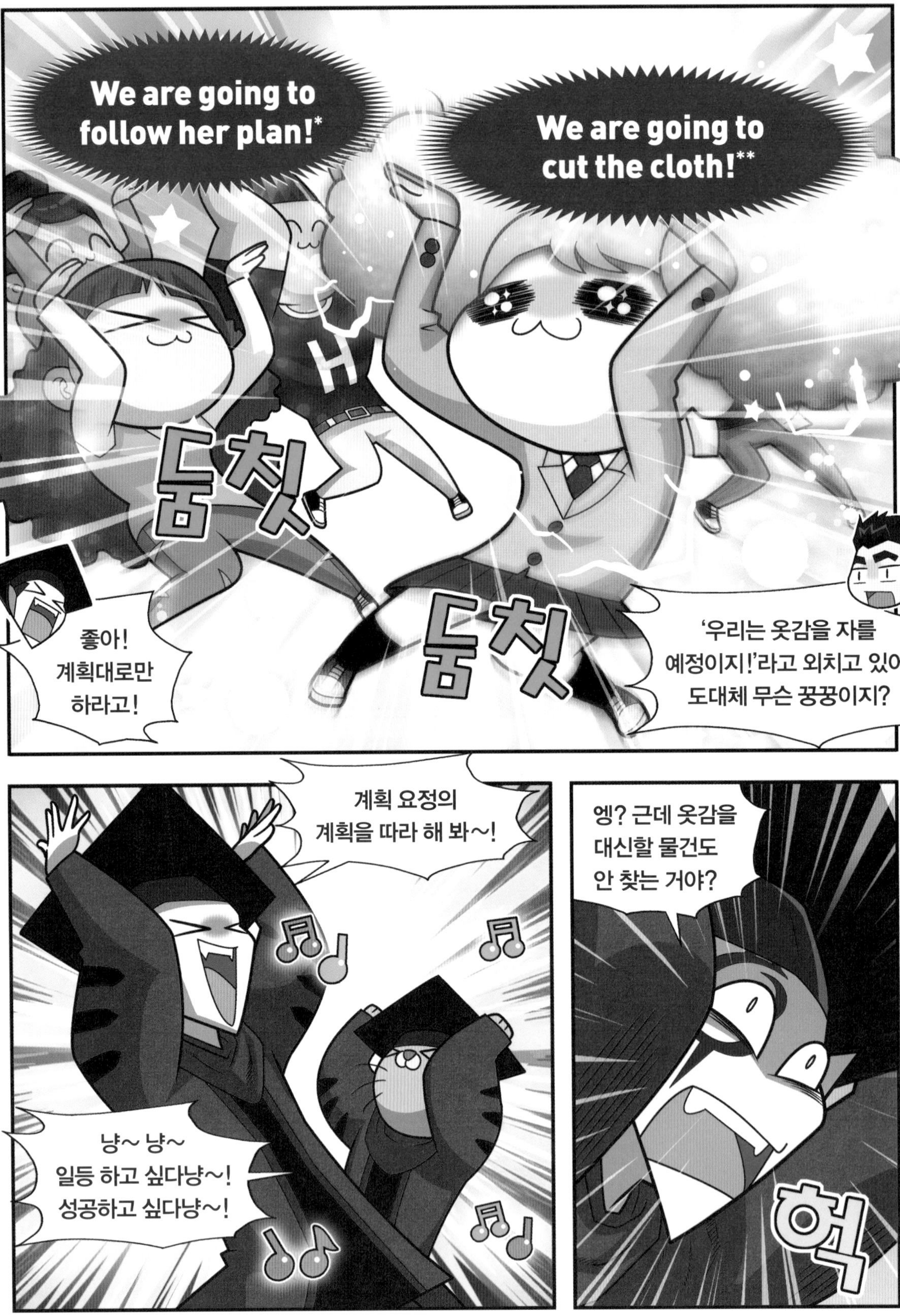
We are going to follow her plan!*
We are going to cut the cloth!**
둠칫
둠칫
좋아! 계획대로만 하라고!
'우리는 옷감을 자를 예정이지!'라고 외치고 있어. 도대체 무슨 꿍꿍이지?
계획 요정의 계획을 따라 해 봐~!
냥~ 냥~ 일등 하고 싶다냥~! 성공하고 싶다냥~!
엥? 근데 옷감을 대신할 물건도 안 찾는 거야?
헉

* 우리는 그녀의 계획을 따를 예정이야!

** 우리는 옷감을 자를 예정이지!

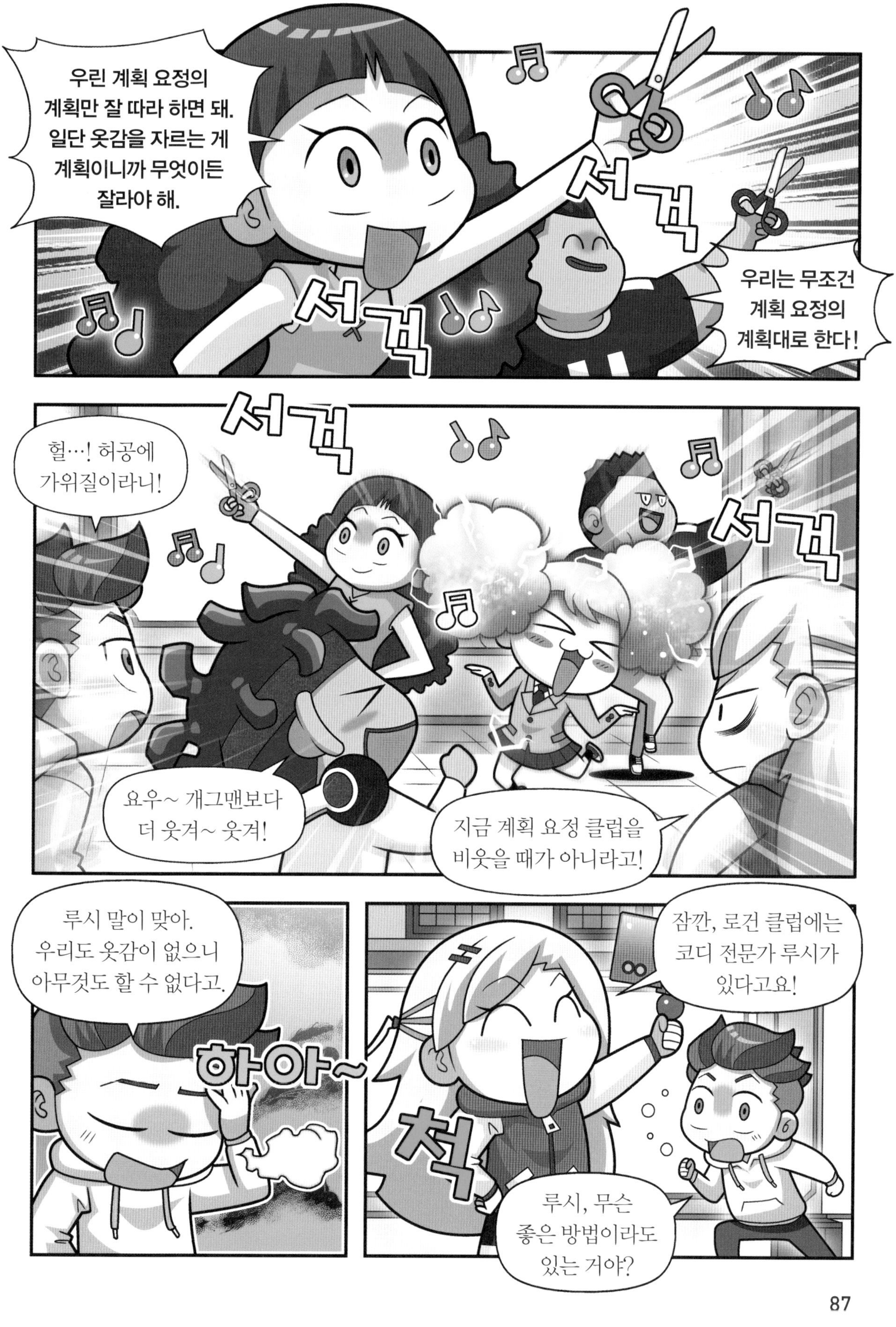
우린 계획 요정의 계획만 잘 따라 하면 돼. 일단 옷감을 자르는 게 계획이니까 무엇이든 잘라야 해.
서걱
서걱
우리는 무조건 계획 요정의 계획대로 한다!
서걱
헐…! 허공에 가위질이라니!
서걱
요우~ 개그맨보다 더 웃겨~ 웃겨!
지금 계획 요정 클럽을 비웃을 때가 아니라고!
루시 말이 맞아. 우리도 옷감이 없으니 아무것도 할 수 없다고.
하아~
잠깐, 로건 클럽에는 코디 전문가 루시가 있다고요!
척
루시, 무슨 좋은 방법이라도 있는 거야?

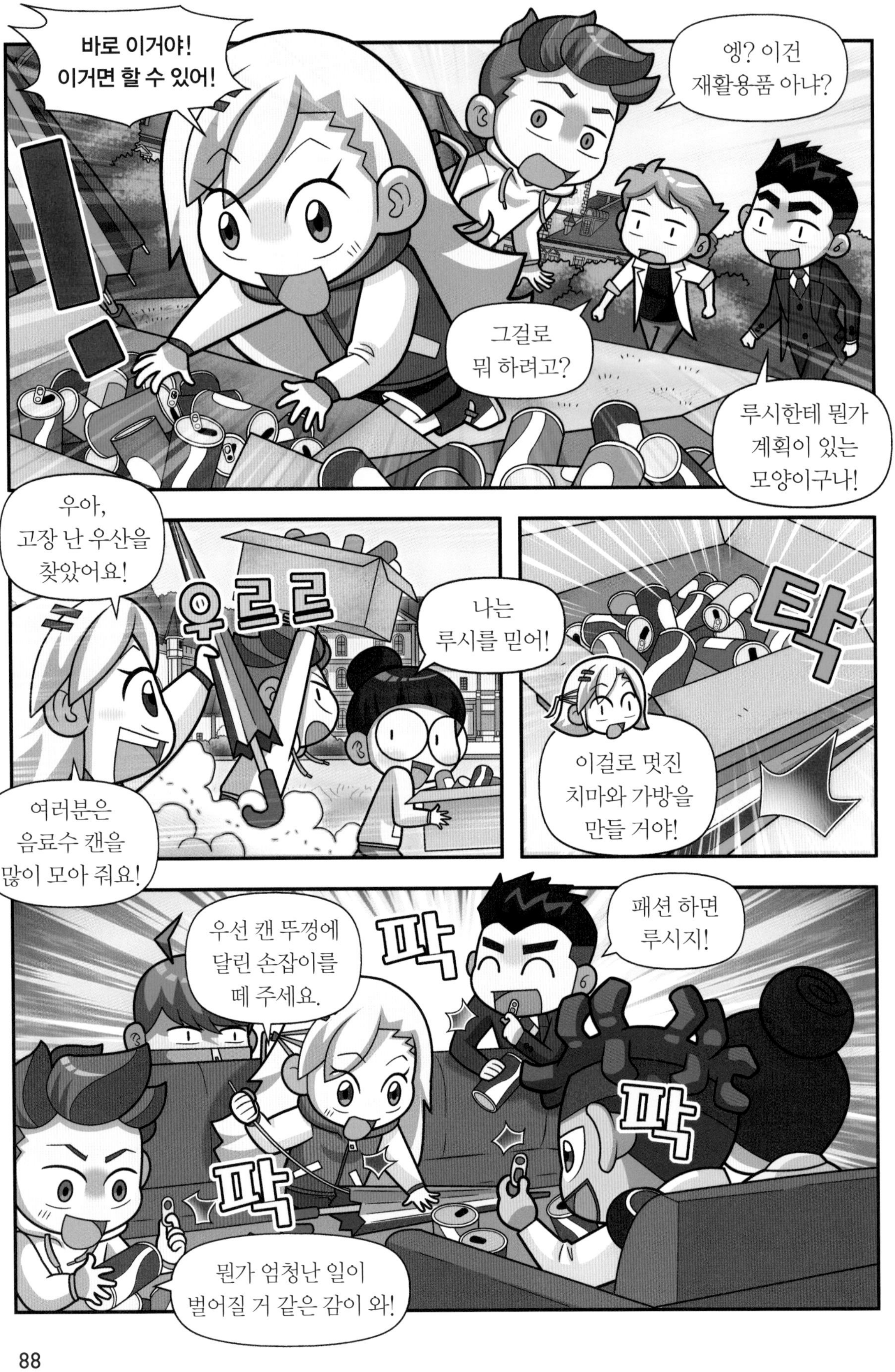

바로 이거야!
이거면 할 수 있어!
엥? 이건 재활용품 아냐?
그걸로 뭐 하려고?
루시한테 뭔가 계획이 있는 모양이구나!
우아, 고장 난 우산을 찾았어요!
우르르
나는 루시를 믿어!
여러분은 음료수 캔을 많이 모아 줘요!
탁
이걸로 멋진 치마와 가방을 만들 거야!
우선 캔 뚜껑에 달린 손잡이를 떼 주세요.
팍
패션 하면 루시지!
팍
팍
뭔가 엄청난 일이 벌어질 거 같은 감이 와!

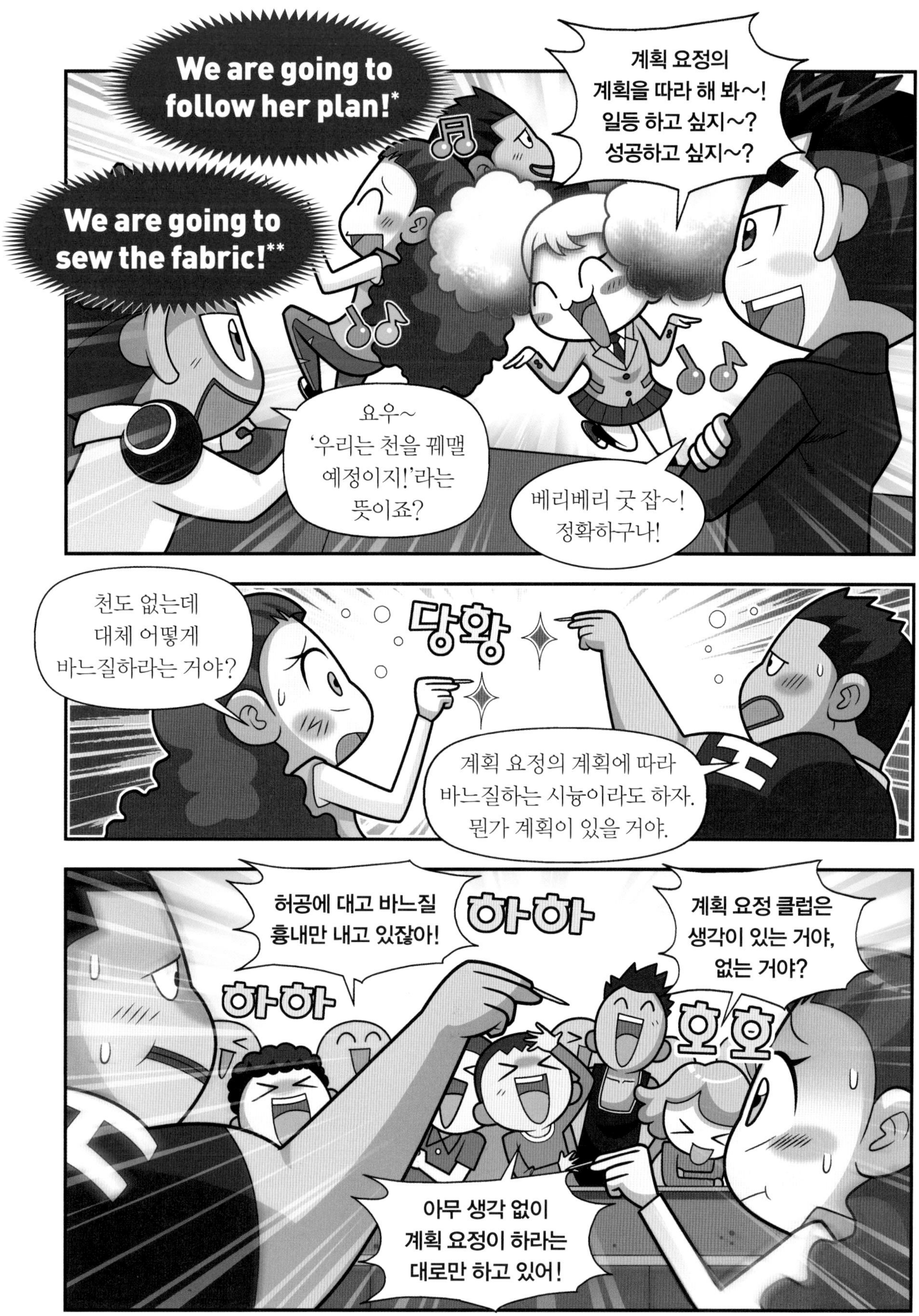

We are going to follow her plan!*
계획 요정의 계획을 따라 해 봐~! 일등 하고 싶지~? 성공하고 싶지~?
We are going to sew the fabric!**
요우~ '우리는 천을 꿰맬 예정이지!'라는 뜻이죠?
베리베리 굿 잡~! 정확하구나!
천도 없는데 대체 어떻게 바느질하라는 거야?
당황
계획 요정의 계획에 따라 바느질하는 시늉이라도 하자. 뭔가 계획이 있을 거야.
허공에 대고 바느질 흉내만 내고 있잖아!
하하
계획 요정 클럽은 생각이 있는 거야, 없는 거야?
하하
호호
아무 생각 없이 계획 요정이 하라는 대로만 하고 있어!

* 우리는 그녀의 계획을 따를 예정이야!

** 우리는 천을 꿰맬 예정이지!

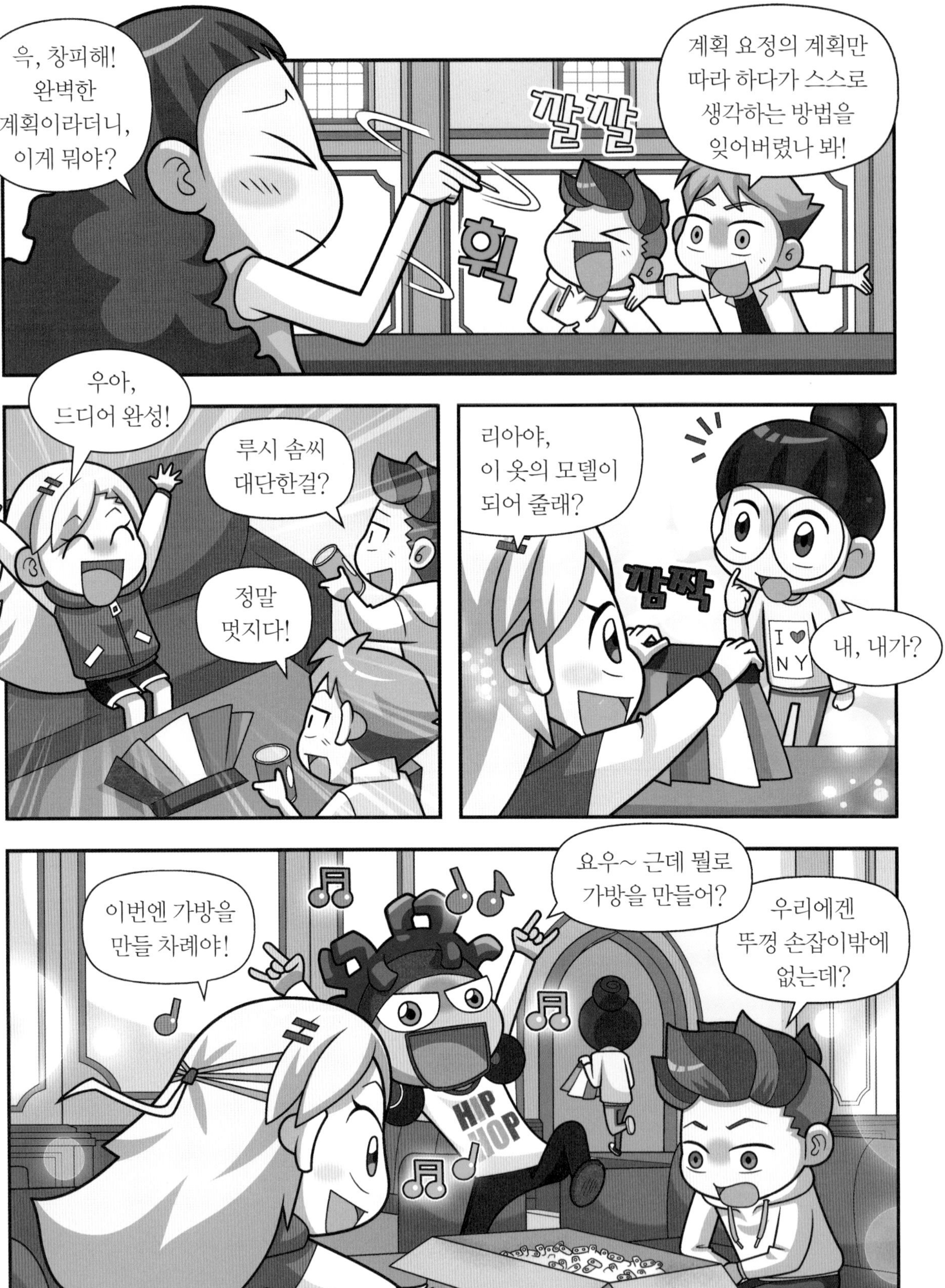

윽, 창피해! 완벽한 계획이라더니, 이게 뭐야?
깔깔
계획 요정의 계획만 따라 하다가 스스로 생각하는 방법을 잊어버렸나 봐!
휙
우아, 드디어 완성!
루시 솜씨 대단한걸?
정말 멋지다!
리아야, 이 옷의 모델이 되어 줄래?
깜짝
내, 내가?
이번엔 가방을 만들 차례야!
요우~ 근데 뭘로 가방을 만들어?
우리에겐 뚜껑 손잡이밖에 없는데?

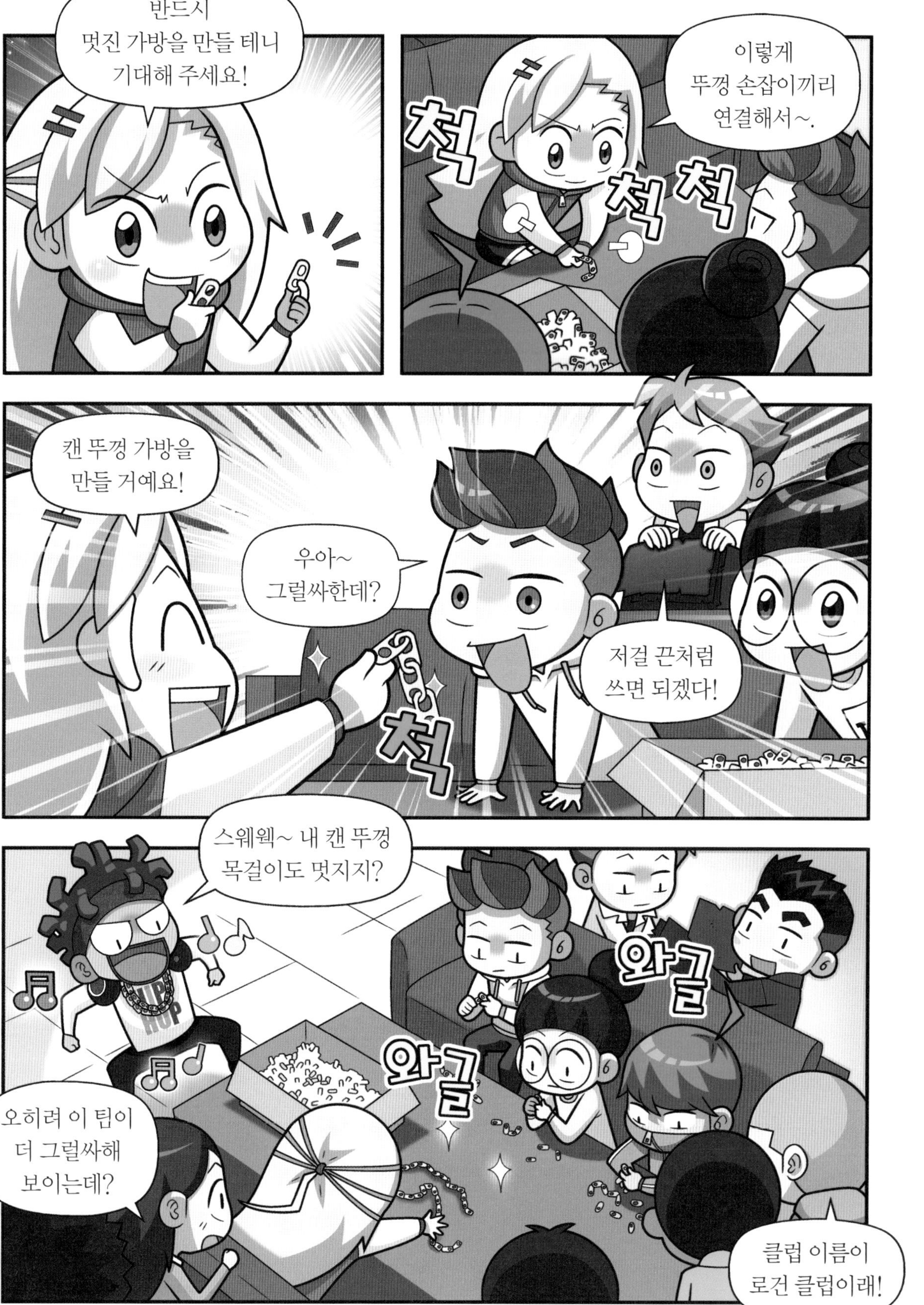
반드시 멋진 가방을 만들 테니 기대해 주세요!
이렇게 뚜껑 손잡이끼리 연결해서~.
척
척 척
캔 뚜껑 가방을 만들 거예요!
우아~ 그럴싸한데?
저걸 끈처럼 쓰면 되겠다!
척
스웨웩~ 내 캔 뚜껑 목걸이도 멋지지?
와글
와글
오히려 이 팀이 더 그럴싸해 보이는데?
클럽 이름이 로건 클럽이래!

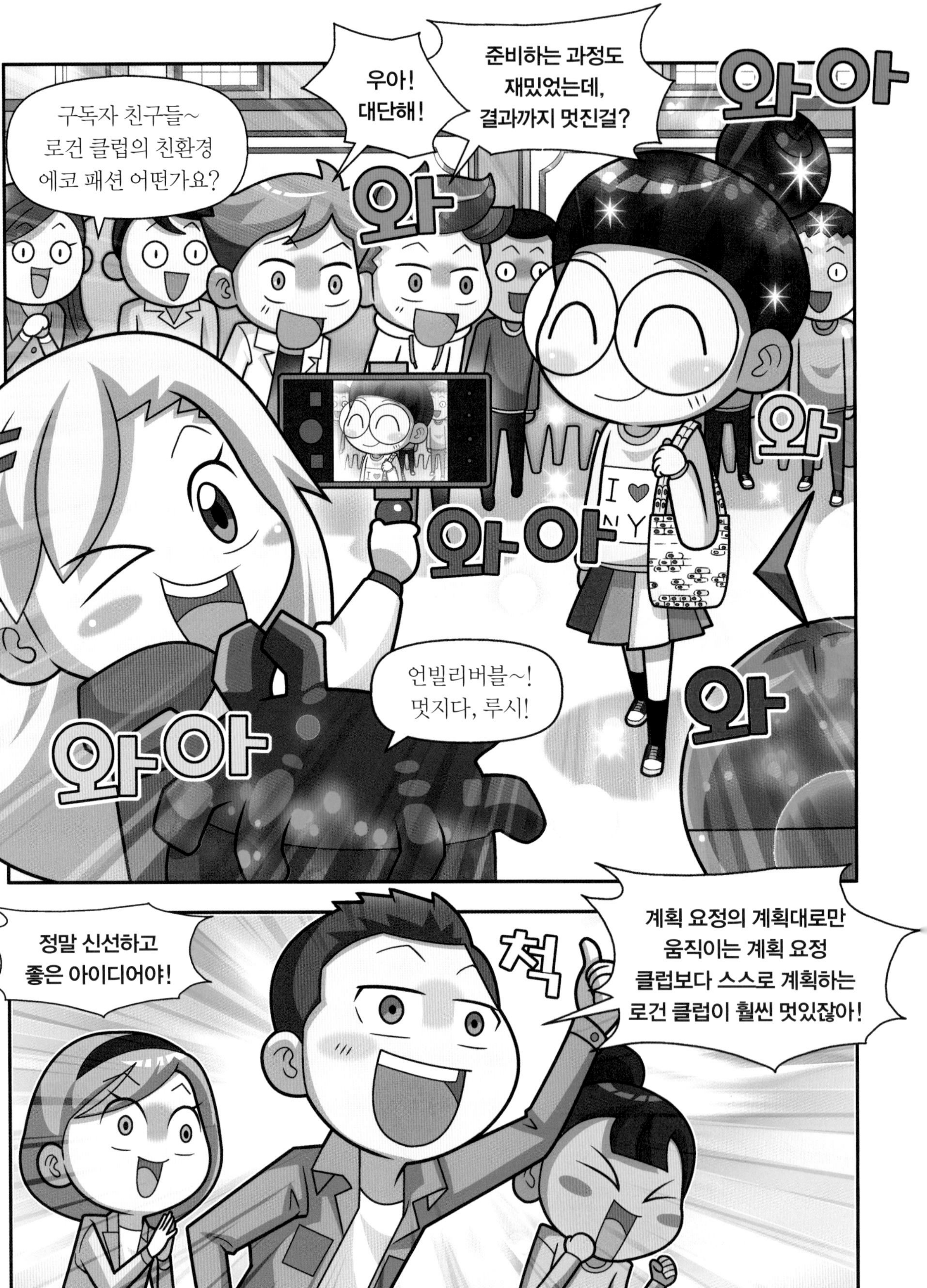
구독자 친구들~
로건 클럽의 친환경
에코 패션 어떤가요?
우아!
대단해!
준비하는 과정도
재밌었는데,
결과까지 멋진걸?
와아
와
와
와아
언빌리버블~!
멋지다, 루시!
와아
와
정말 신선하고
좋은 아이디어야!
척
계획 요정의 계획대로만
움직이는 계획 요정
클럽보다 스스로 계획하는
로건 클럽이 훨씬 멋있잖아!

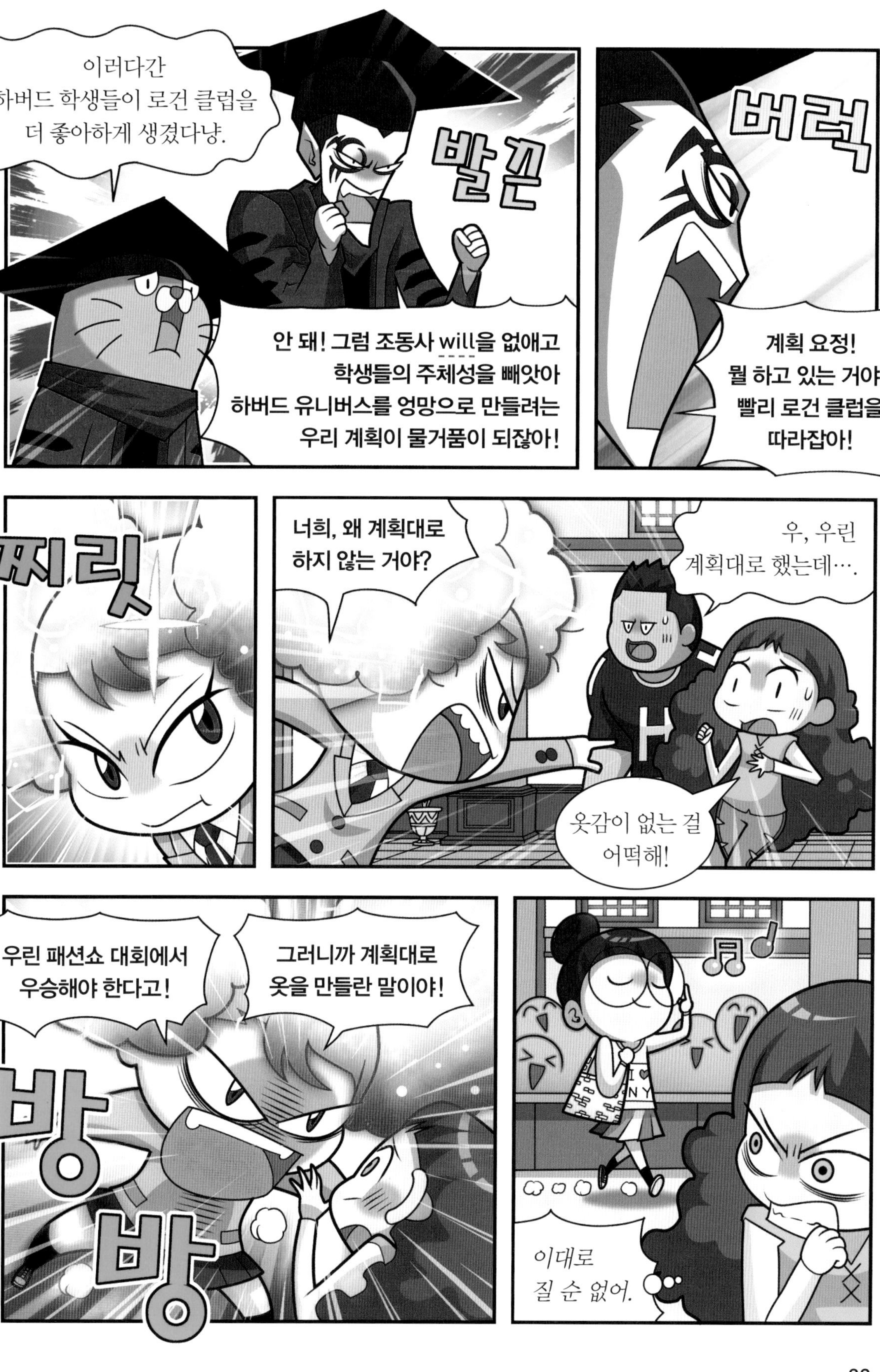
이러다간 하버드 학생들이 로건 클럽을 더 좋아하게 생겼다냥.
발끈
안 돼! 그럼 조동사 will을 없애고 학생들의 주체성을 빼앗아 하버드 유니버스를 엉망으로 만들려는 우리 계획이 물거품이 되잖아!
버럭
계획 요정! 뭘 하고 있는 거야? 빨리 로건 클럽을 따라잡아!
찌릿
너희, 왜 계획대로 하지 않는 거야?
우, 우린 계획대로 했는데….
옷감이 없는 걸 어떡해!
우린 패션쇼 대회에서 우승해야 한다고!
그러니까 계획대로 옷을 만들란 말이야!
방
방
이대로 질 순 없어.

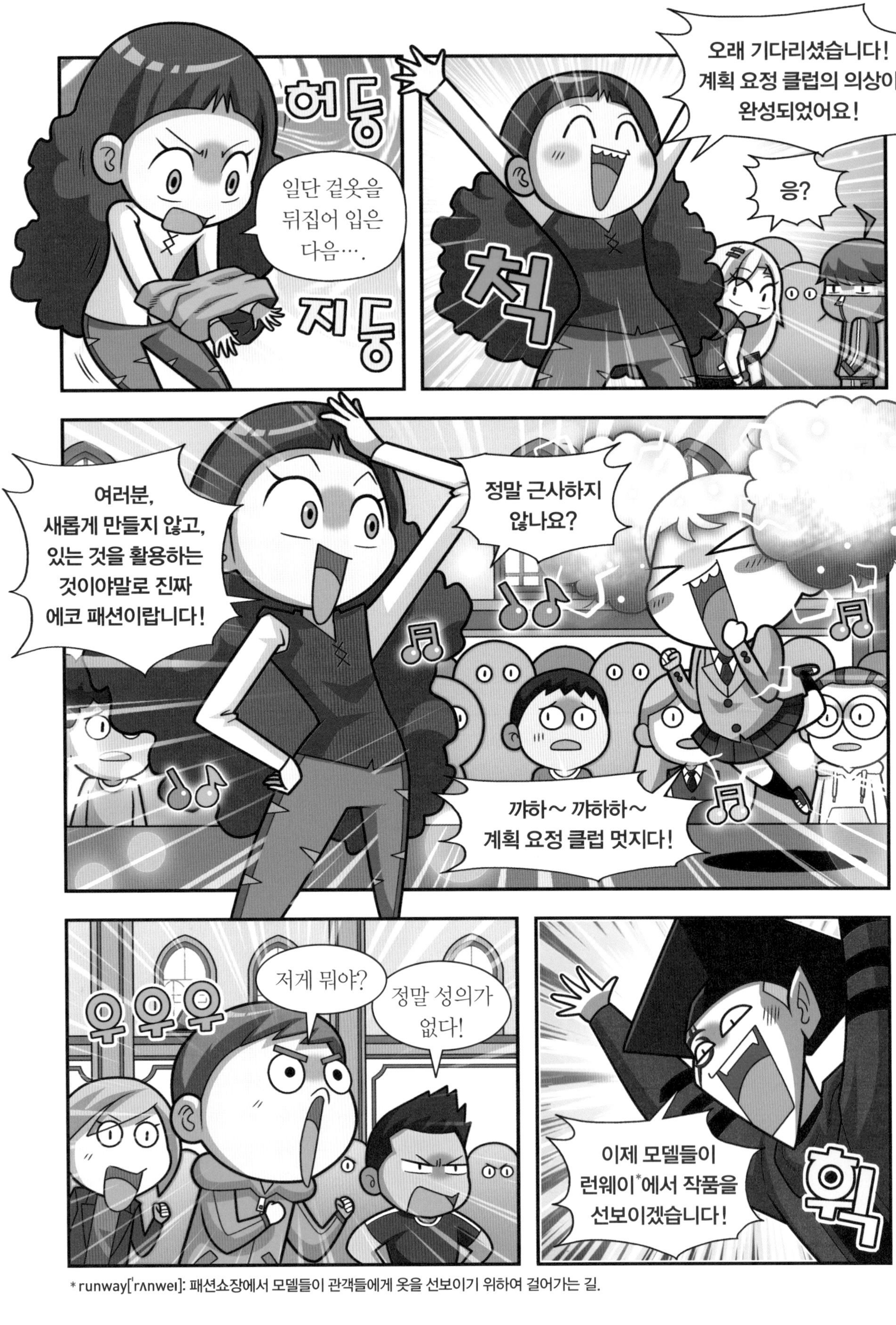
허둥
일단 겉옷을 뒤집어 입은 다음….
지둥
오래 기다리셨습니다! 계획 요정 클럽의 의상이 완성되었어요!
척
응?
여러분, 새롭게 만들지 않고, 있는 것을 활용하는 것이야말로 진짜 에코 패션이랍니다!
정말 근사하지 않나요?
까하~ 까하하~ 계획 요정 클럽 멋지다!
우우우
저게 뭐야?
정말 성의가 없다!
이제 모델들이 런웨이*에서 작품을 선보이겠습니다!
휙

* runway[ˈrʌnweɪ]: 패션쇼장에서 모델들이 관객들에게 옷을 선보이기 위하여 걸어가는 길.

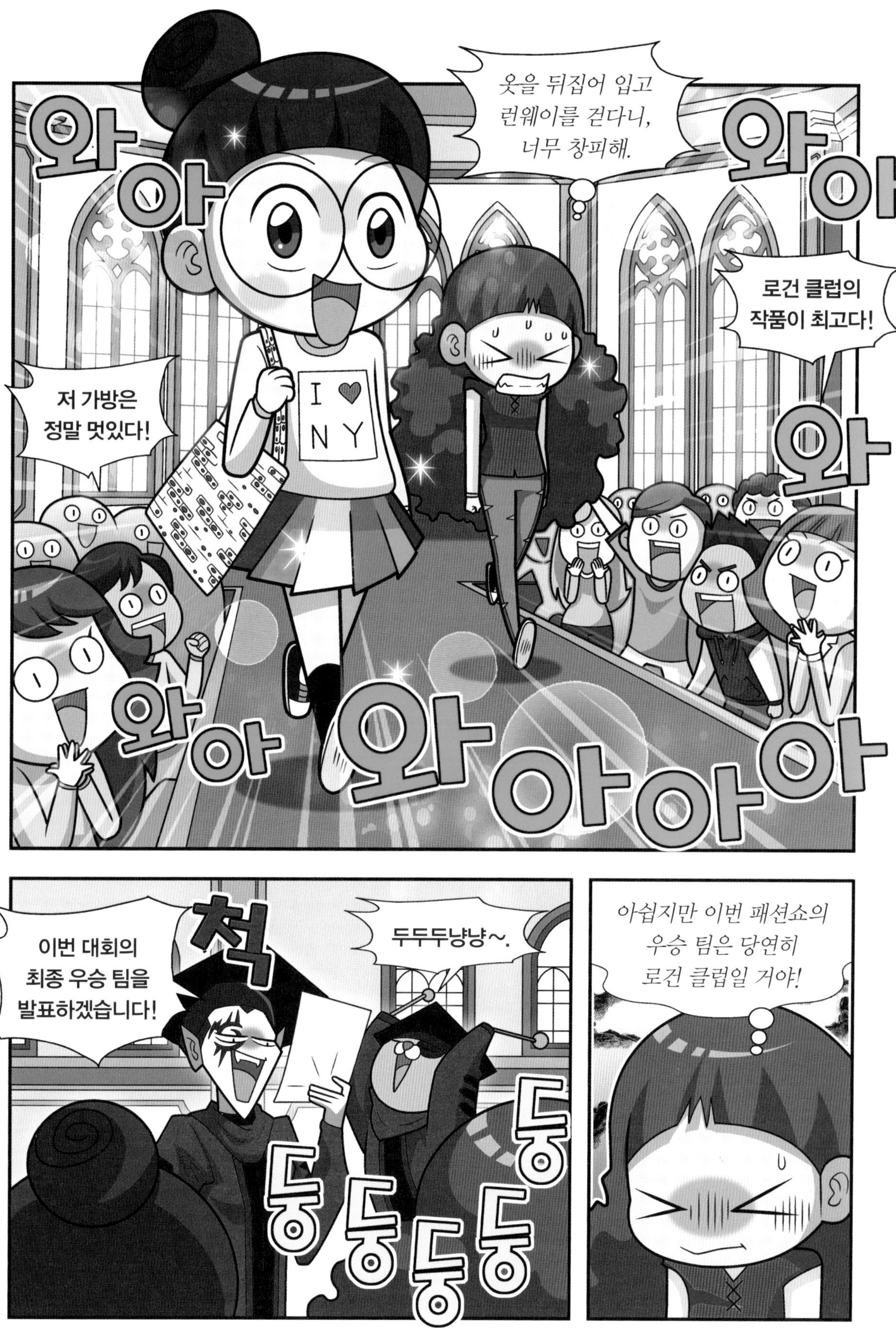
와아
옷을 뒤집어 입고 런웨이를 걷다니, 너무 창피해.
와아
로건 클럽의 작품이 최고다!
저 가방은 정말 멋있다!
와
와아
와아아아
이번 대회의 최종 우승 팀을 발표하겠습니다!
척
두두두냥냥~.
둥둥둥둥둥
아쉽지만 이번 패션쇼의 우승 팀은 당연히 로건 클럽일 거야!

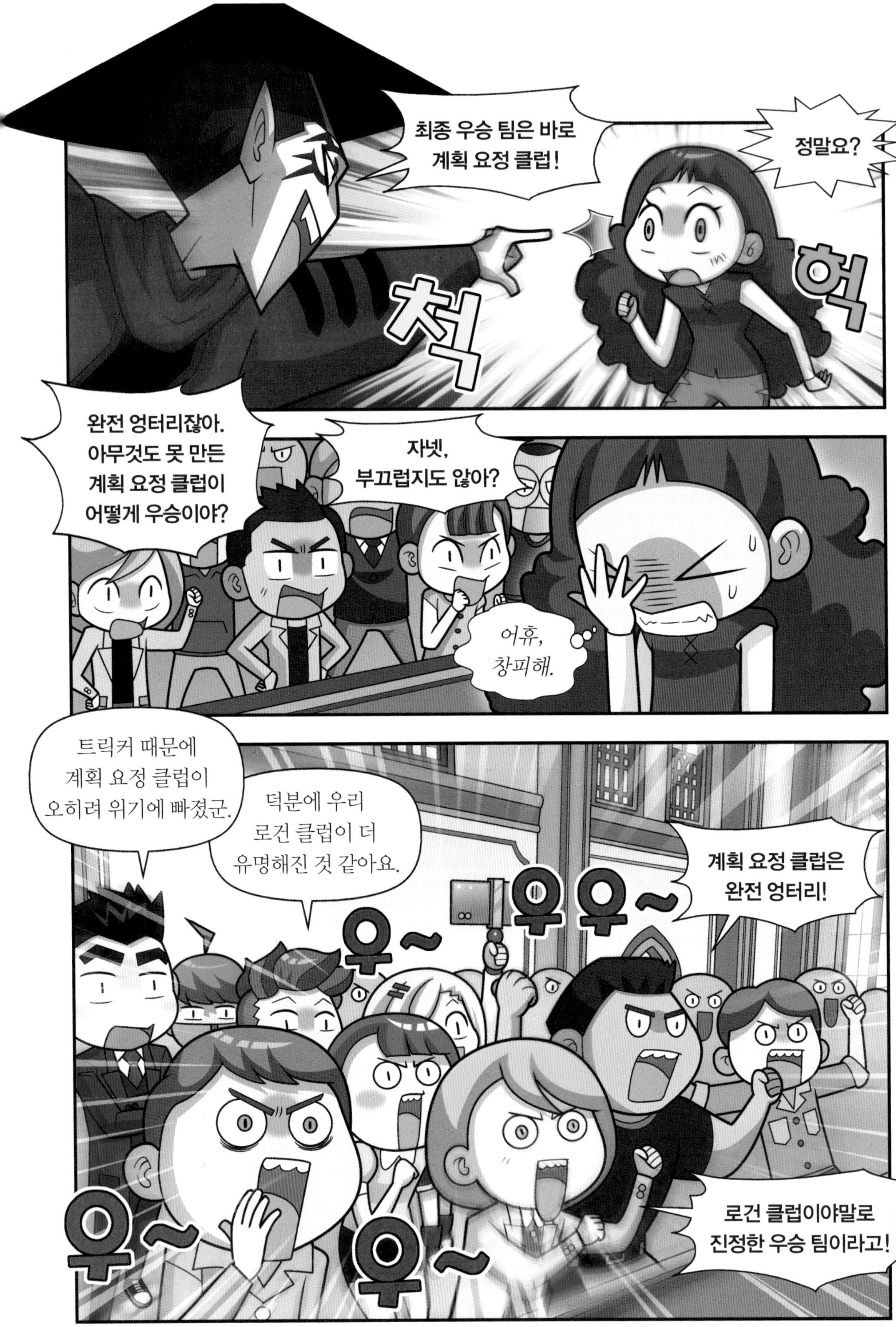

최종 우승 팀은 바로
계획 요정 클럽!
정말요?
척
헉
완전 엉터리잖아.
아무것도 못 만든
계획 요정 클럽이
어떻게 우승이야?
자넷,
부끄럽지도 않아?
어휴,
창피해.
트릭커 때문에
계획 요정 클럽이
오히려 위기에 빠졌군.
덕분에 우리
로건 클럽이 더
유명해진 것 같아요.
계획 요정 클럽은
완전 엉터리!
우~
우우~
로건 클럽이야말로
진정한 우승 팀이라고!
우~
우~

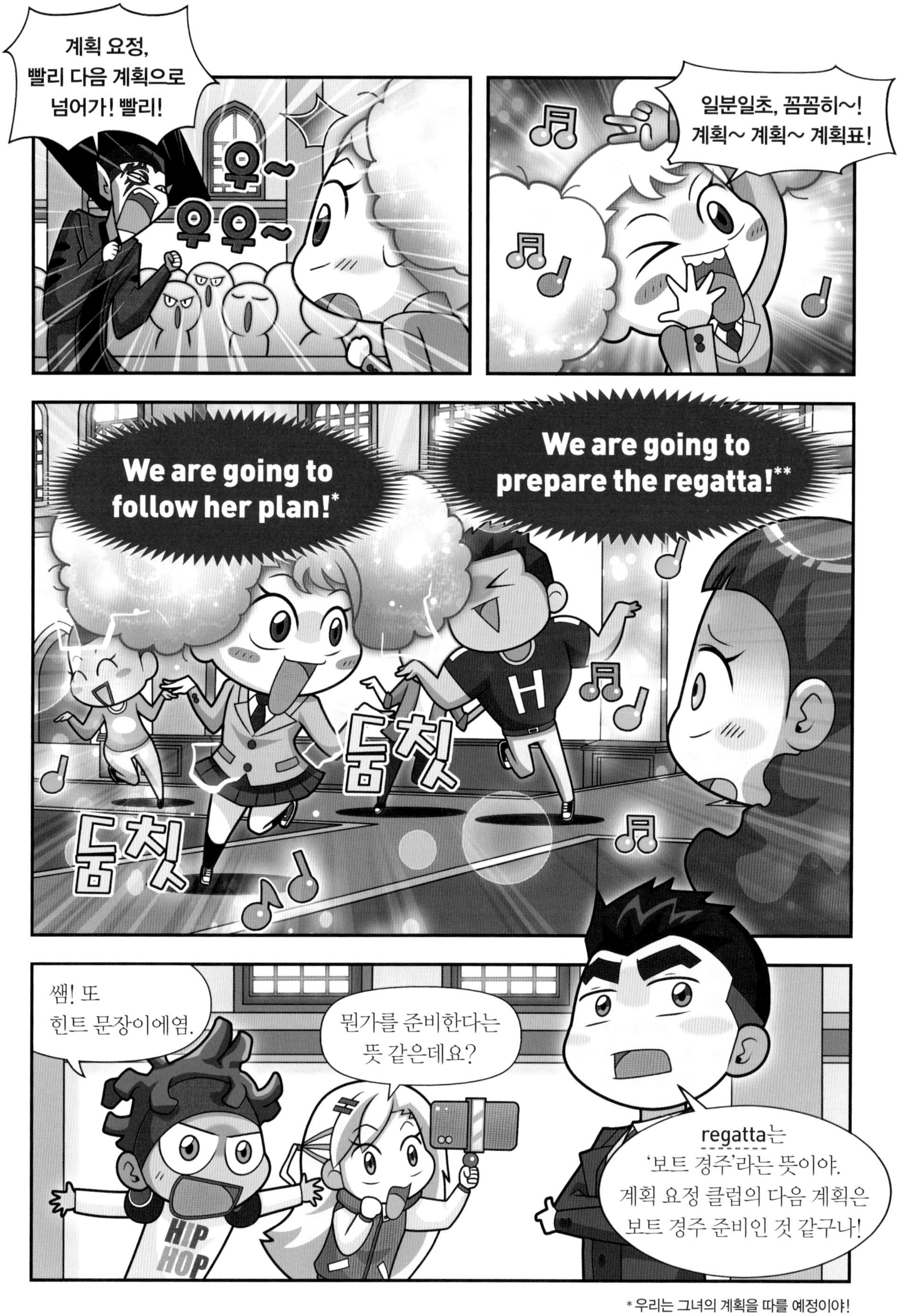
계획 요정,
빨리 다음 계획으로
넘어가! 빨리!
우~
우우~
일분일초, 꼼꼼히~!
계획~ 계획~ 계획표!
We are going to
follow her plan!*
We are going to
prepare the regatta!**
둠칫
둠칫
H
쌤! 또
힌트 문장이에염.
뭔가를 준비한다는
뜻 같은데요?
regatta는
'보트 경주'라는 뜻이야.
계획 요정 클럽의 다음 계획은
보트 경주 준비인 것 같구나!
HIP
HOP

* 우리는 그녀의 계획을 따를 예정이야!
** 우리는 보트 경주를 준비할 예정이지!

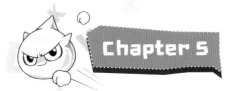

Chapter 5

보트 경주 대회

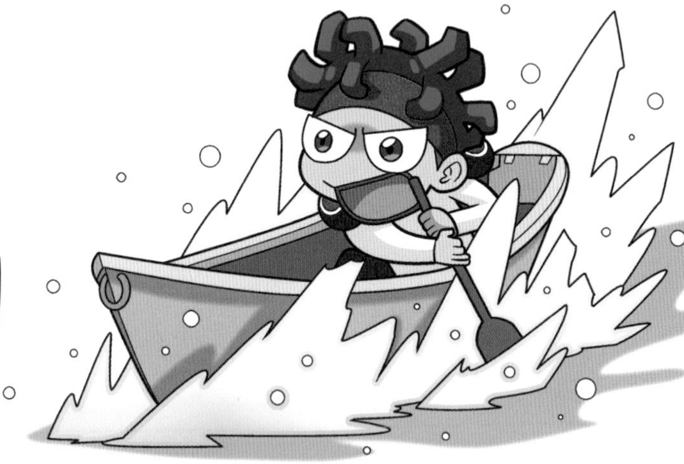

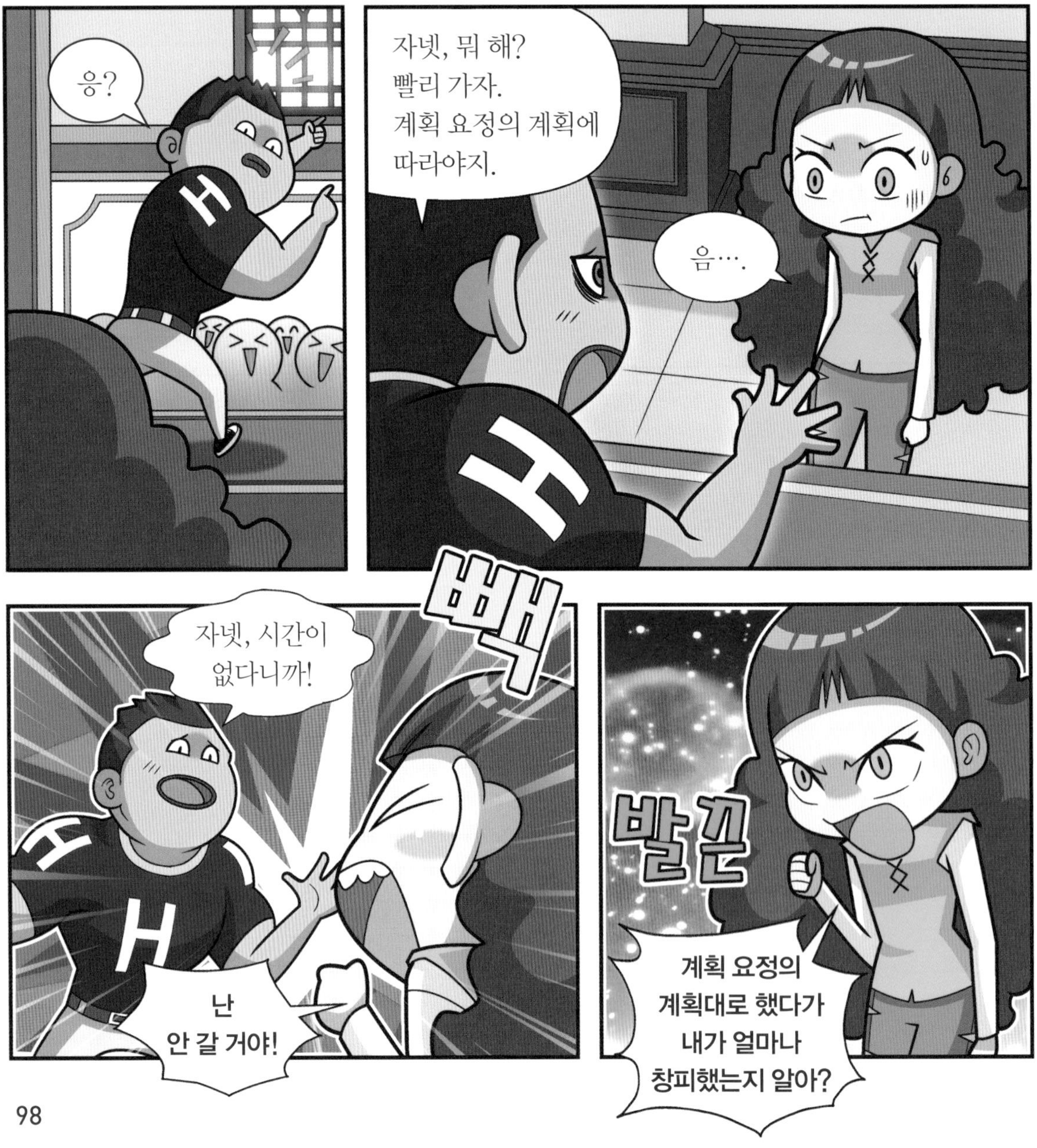

응?
자넷, 뭐 해? 빨리 가자. 계획 요정의 계획에 따라야지.
음….
빽
자넷, 시간이 없다니까!
난 안 갈 거야!
발끈
계획 요정의 계획대로 했다가 내가 얼마나 창피했는지 알아?

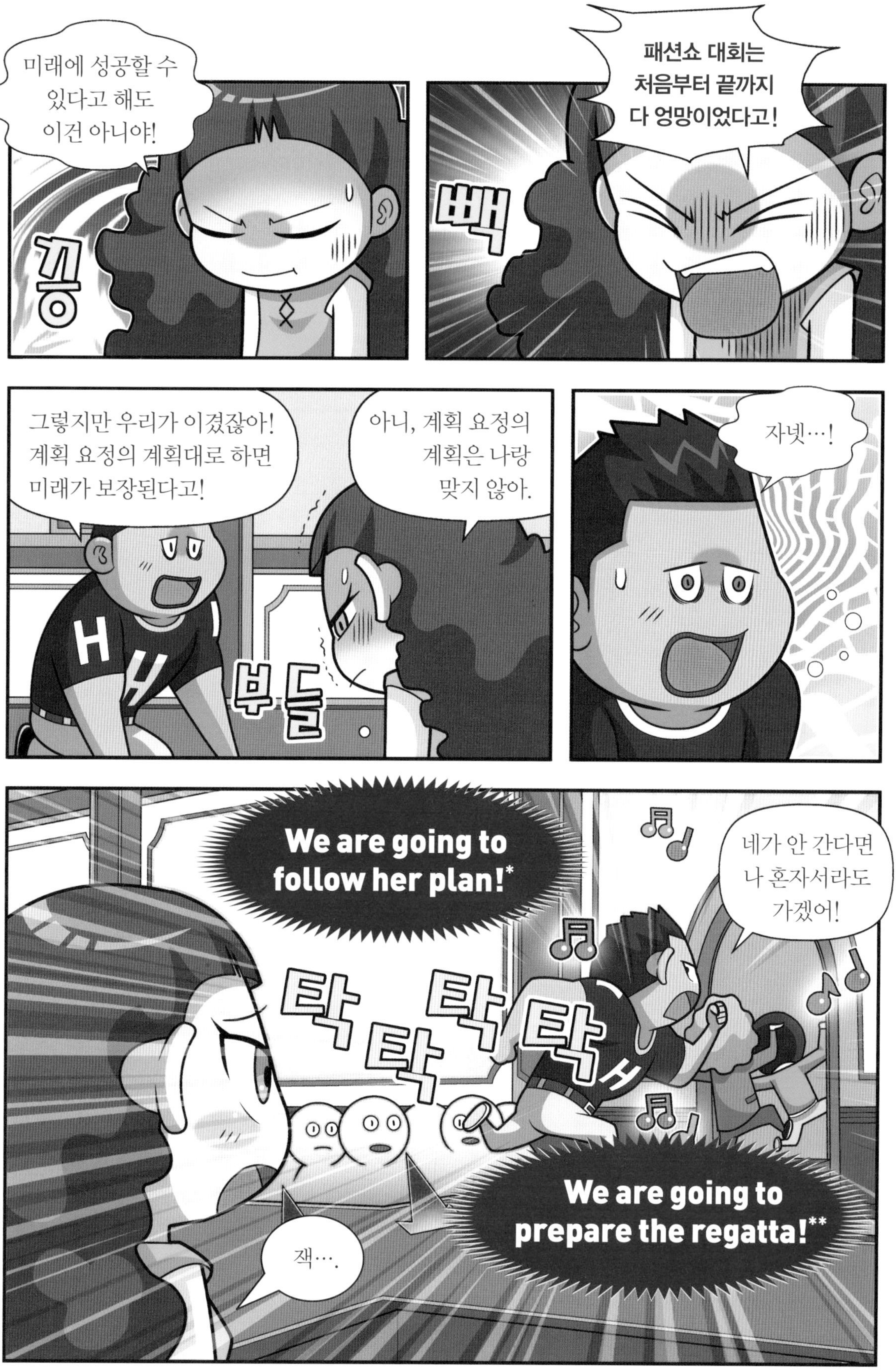
미래에 성공할 수 있다고 해도 이건 아니야!
끙
패션쇼 대회는 처음부터 끝까지 다 엉망이었다고!
빽
그렇지만 우리가 이겼잖아! 계획 요정의 계획대로 하면 미래가 보장된다고!
아니, 계획 요정의 계획은 나랑 맞지 않아.
부들
자넷…!
We are going to follow her plan!*
네가 안 간다면 나 혼자서라도 가겠어!
탁 탁 탁 탁
We are going to prepare the regatta!**
잭….

* 우리는 그녀의 계획을 따를 예정이야!

** 우리는 보트 경주를 준비할 예정이지!

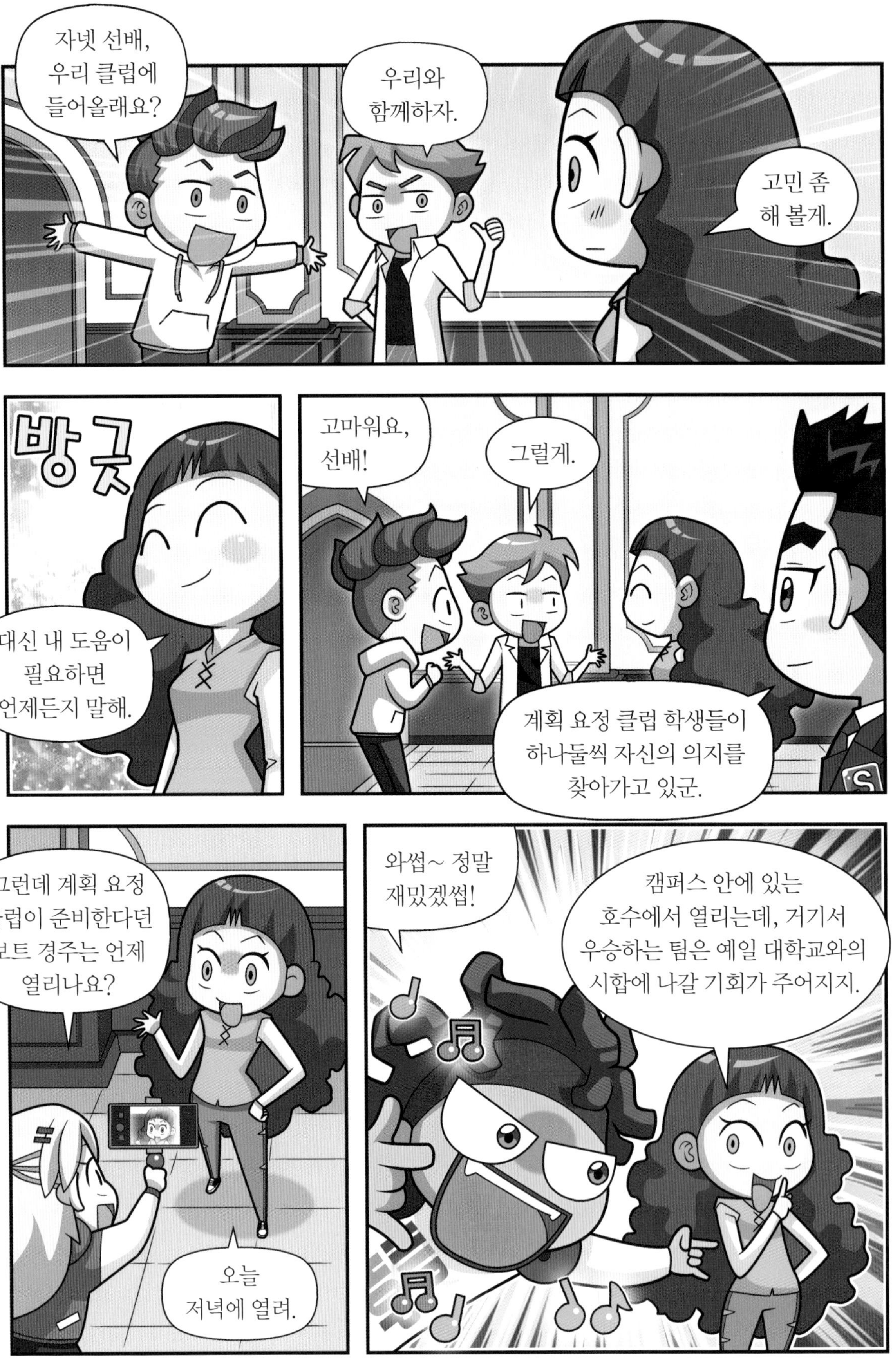
자넷 선배,
우리 클럽에
들어올래요?
우리와
함께하자.
고민 좀
해 볼게.
방긋
대신 내 도움이
필요하면
언제든지 말해.
고마워요,
선배!
그럴게.
계획 요정 클럽 학생들이
하나둘씩 자신의 의지를
찾아가고 있군.
그런데 계획 요정
클럽이 준비한다던
보트 경주는 언제
열리나요?
오늘
저녁에 열려.
와썹~ 정말
재밌겠썹!
캠퍼스 안에 있는
호수에서 열리는데, 거기서
우승하는 팀은 예일 대학교와의
시합에 나갈 기회가 주어지지.

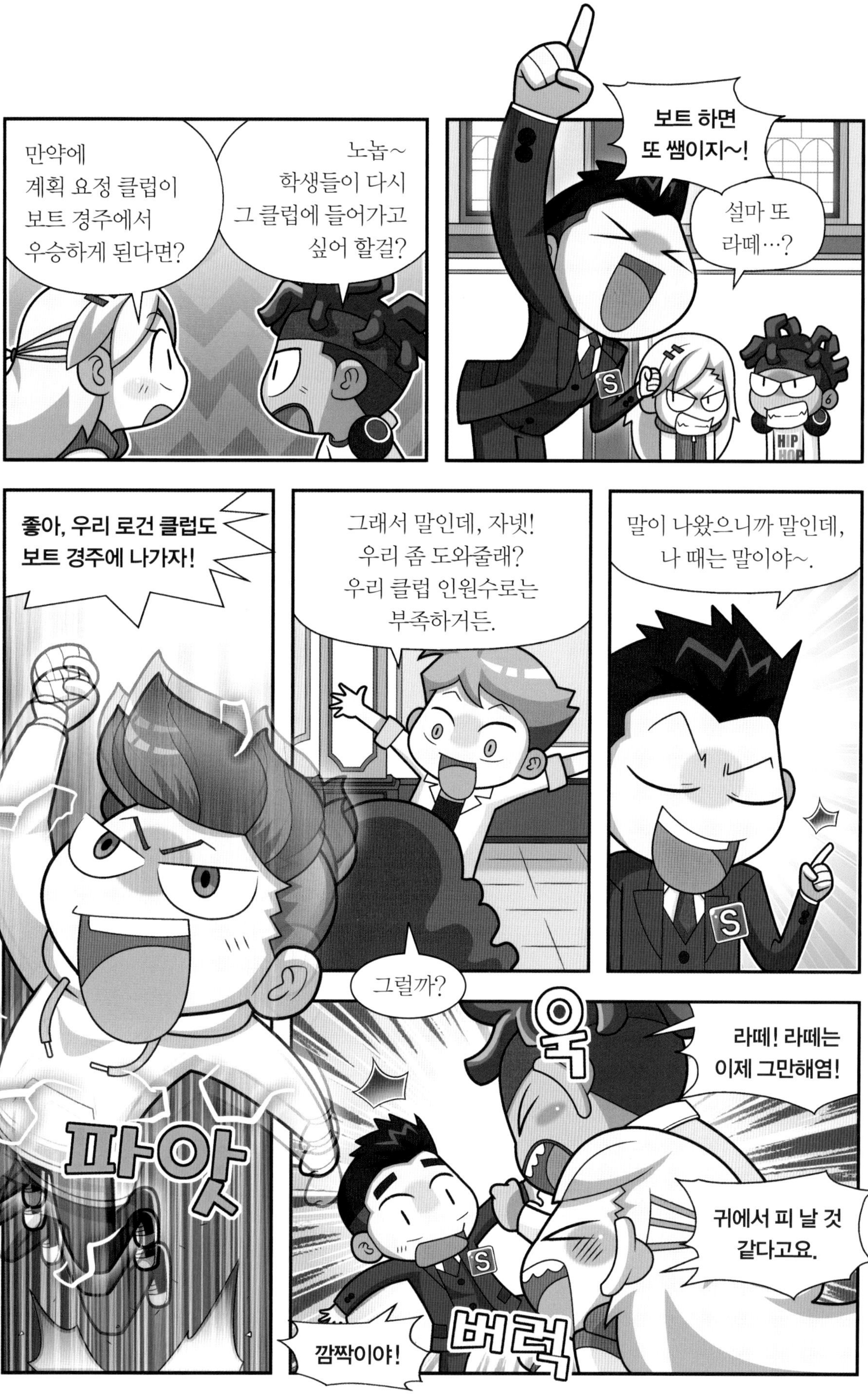
만약에 계획 요정 클럽이 보트 경주에서 우승하게 된다면?
노놉~ 학생들이 다시 그 클럽에 들어가고 싶어 할걸?
보트 하면 또 쌤이지~!
설마 또 라떼…?
좋아, 우리 로건 클럽도 보트 경주에 나가자!
그래서 말인데, 자넷! 우리 좀 도와줄래? 우리 클럽 인원수로는 부족하거든.
말이 나왔으니까 말인데, 나 때는 말이야~.
그럴까?
파앗
욱
라떼! 라떼는 이제 그만해염!
귀에서 피 날 것 같다고요.
깜짝이야!
버럭

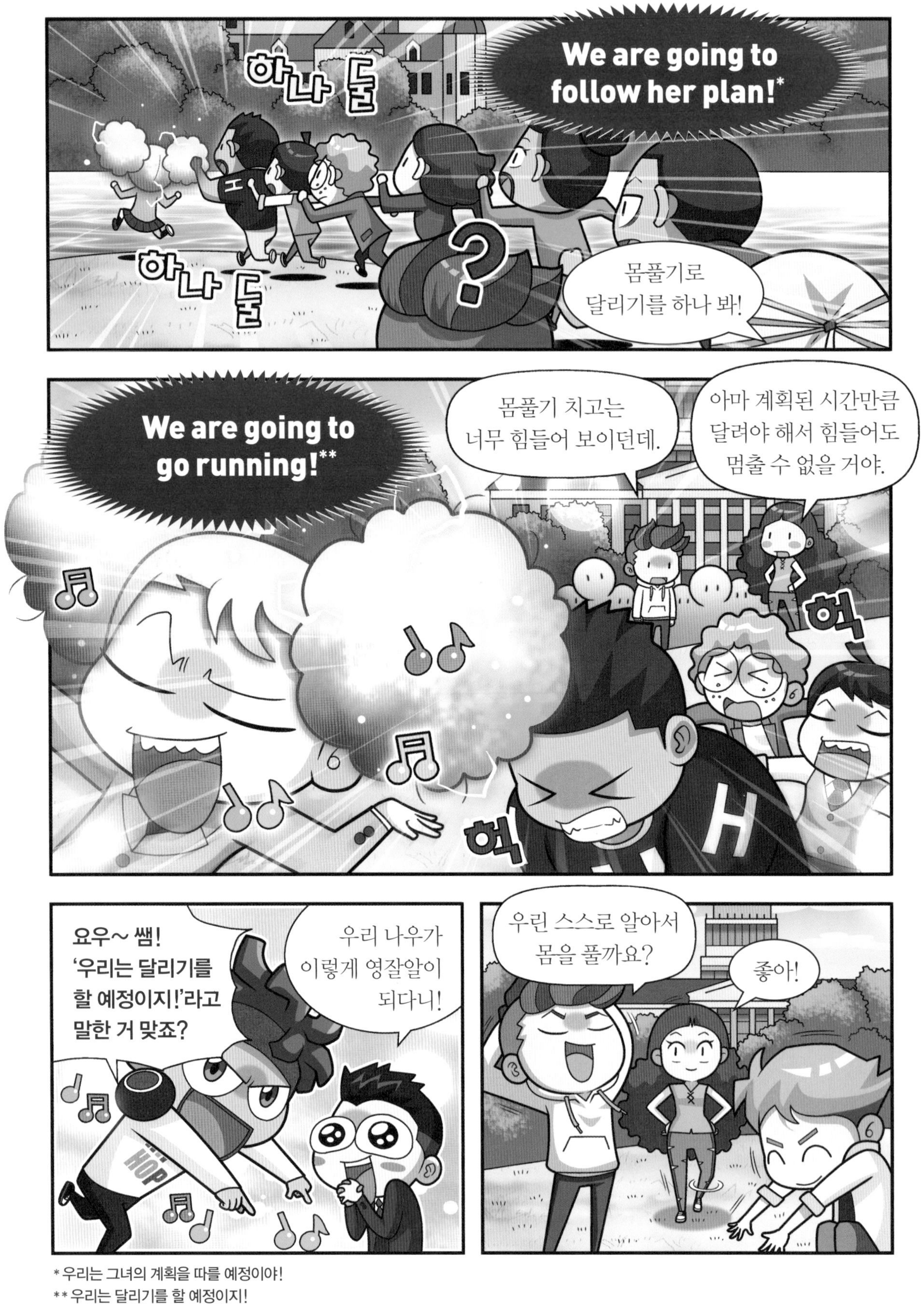
하나 둘
We are going to follow her plan!*
하나 둘
몸풀기로 달리기를 하나 봐!
We are going to go running!**
몸풀기 치고는 너무 힘들어 보이던데.
아마 계획된 시간만큼 달려야 해서 힘들어도 멈출 수 없을 거야.
헉
헉
요우~ 쌤! '우리는 달리기를 할 예정이지!'라고 말한 거 맞죠?
우리 나우가 이렇게 영잘알이 되다니!
HOP
우린 스스로 알아서 몸을 풀까요?
좋아!

* 우리는 그녀의 계획을 따를 예정이야!

** 우리는 달리기를 할 예정이지!

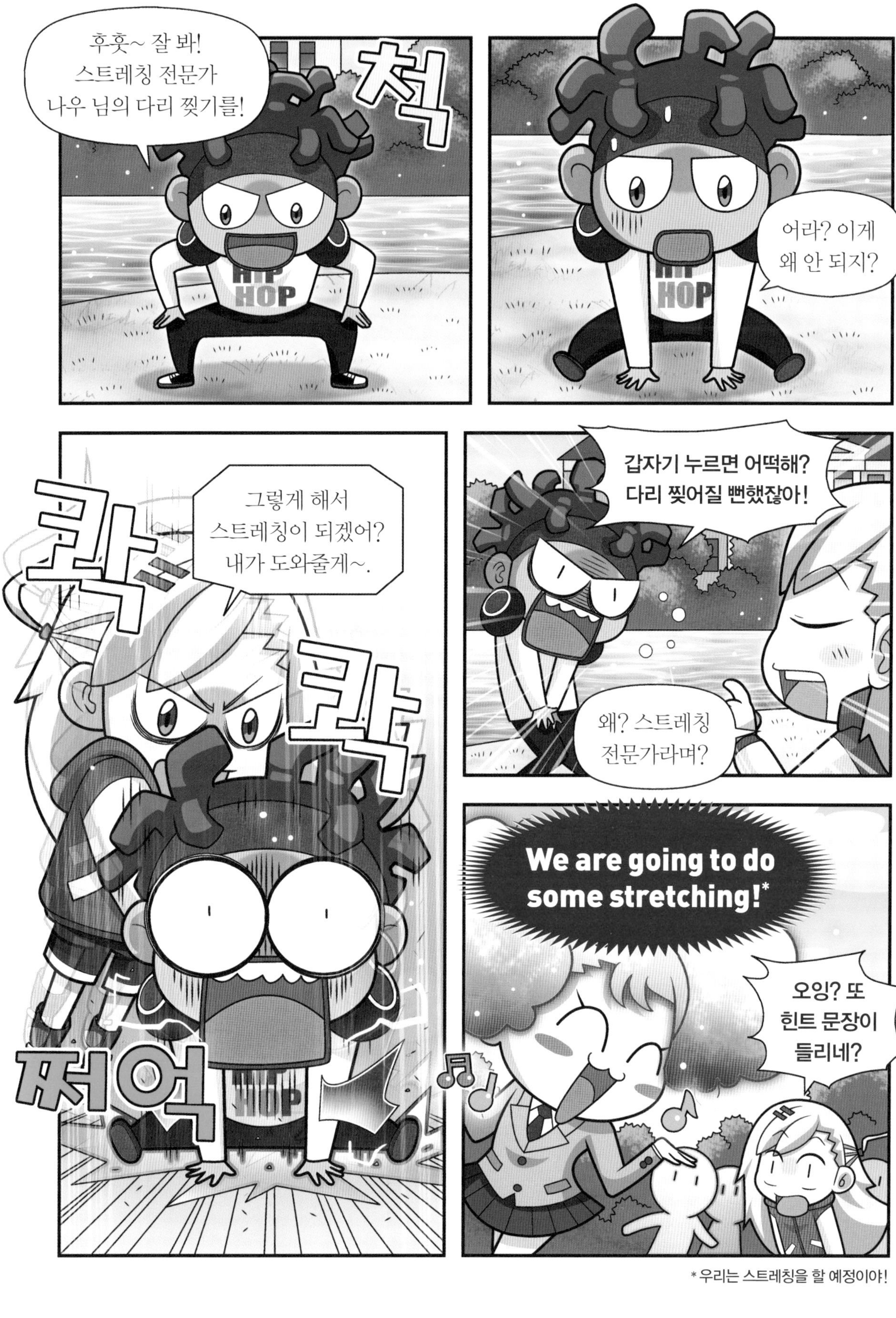
후훗~ 잘 봐!
스트레칭 전문가
나우 님의 다리 찢기를!
척
어라? 이게
왜 안 되지?
그렇게 해서
스트레칭이 되겠어?
내가 도와줄게~.
콱
콱
쩌억
갑자기 누르면 어떡해?
다리 찢어질 뻔했잖아!
왜? 스트레칭
전문가라며?
We are going to do
some stretching!*
오잉? 또
힌트 문장이
들리네?

* 우리는 스트레칭을 할 예정이야!

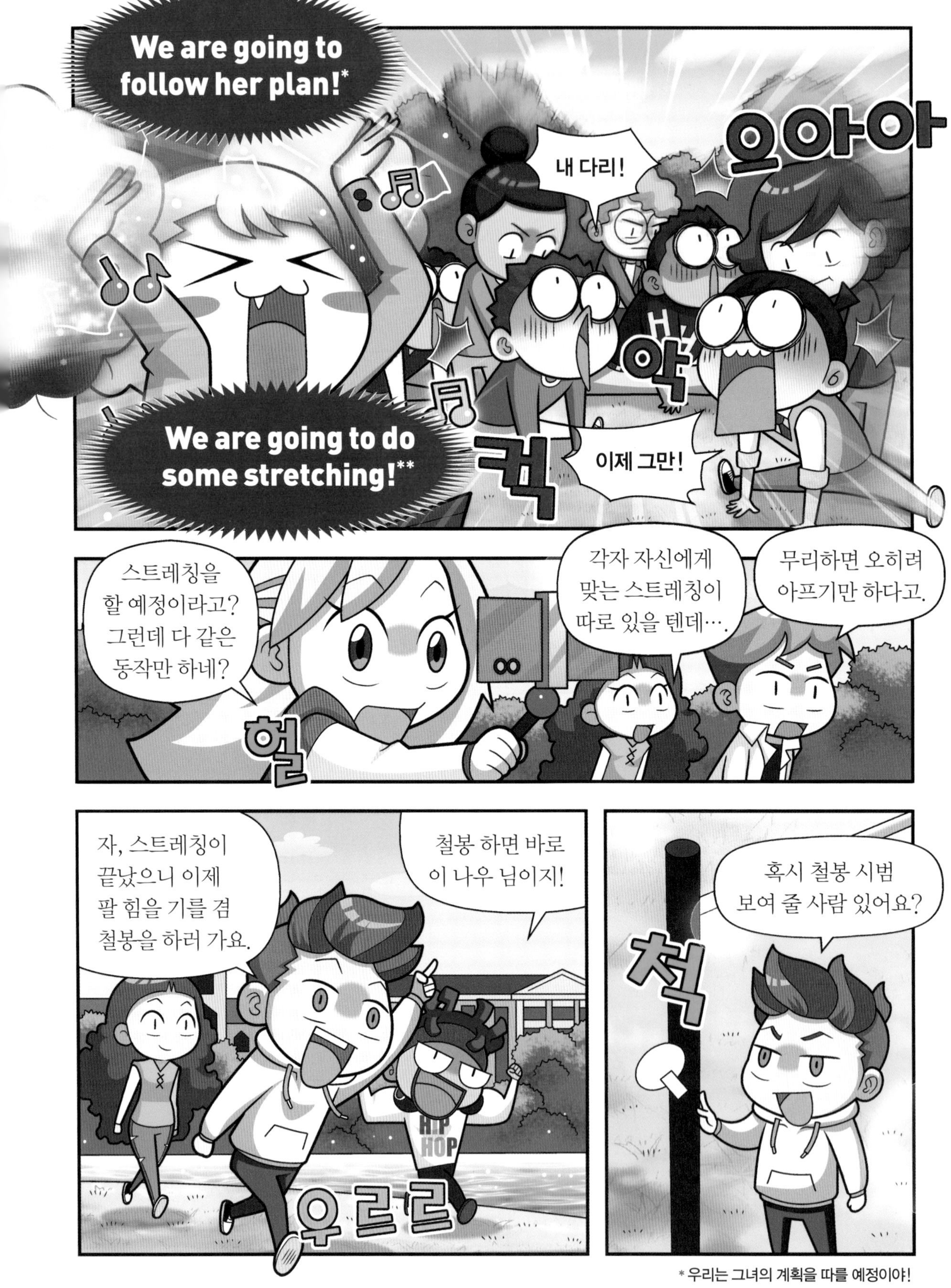

We are going to follow her plan!*
내 다리!
오아아
약
We are going to do some stretching!**
컥
이제 그만!
스트레칭을 할 예정이라고? 그런데 다 같은 동작만 하네?
헐
각자 자신에게 맞는 스트레칭이 따로 있을 텐데….
무리하면 오히려 아프기만 하다고.
자, 스트레칭이 끝났으니 이제 팔 힘을 기를 겸 철봉을 하러 가요.
철봉 하면 바로 이 나우 님이지!
HIP HOP
우르르
혹시 철봉 시범 보여 줄 사람 있어요?
척

* 우리는 그녀의 계획을 따를 예정이야!
** 우리는 스트레칭을 할 예정이지!

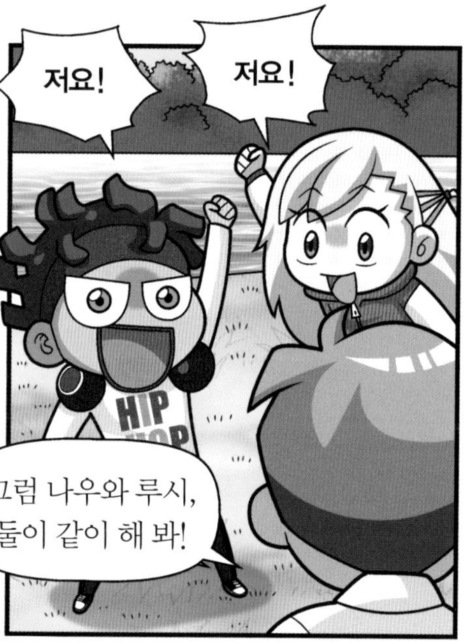
저요!
저요!
그럼 나우와 루시,
둘이 같이 해 봐!

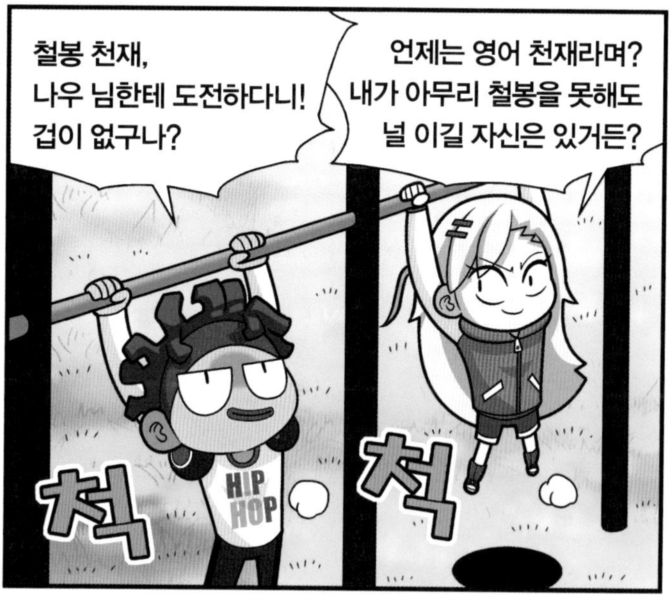
철봉 천재,
나우 님한테 도전하다니!
겁이 없구나?
언제는 영어 천재라며?
내가 아무리 철봉을 못해도
널 이길 자신은 있거든?
척
척

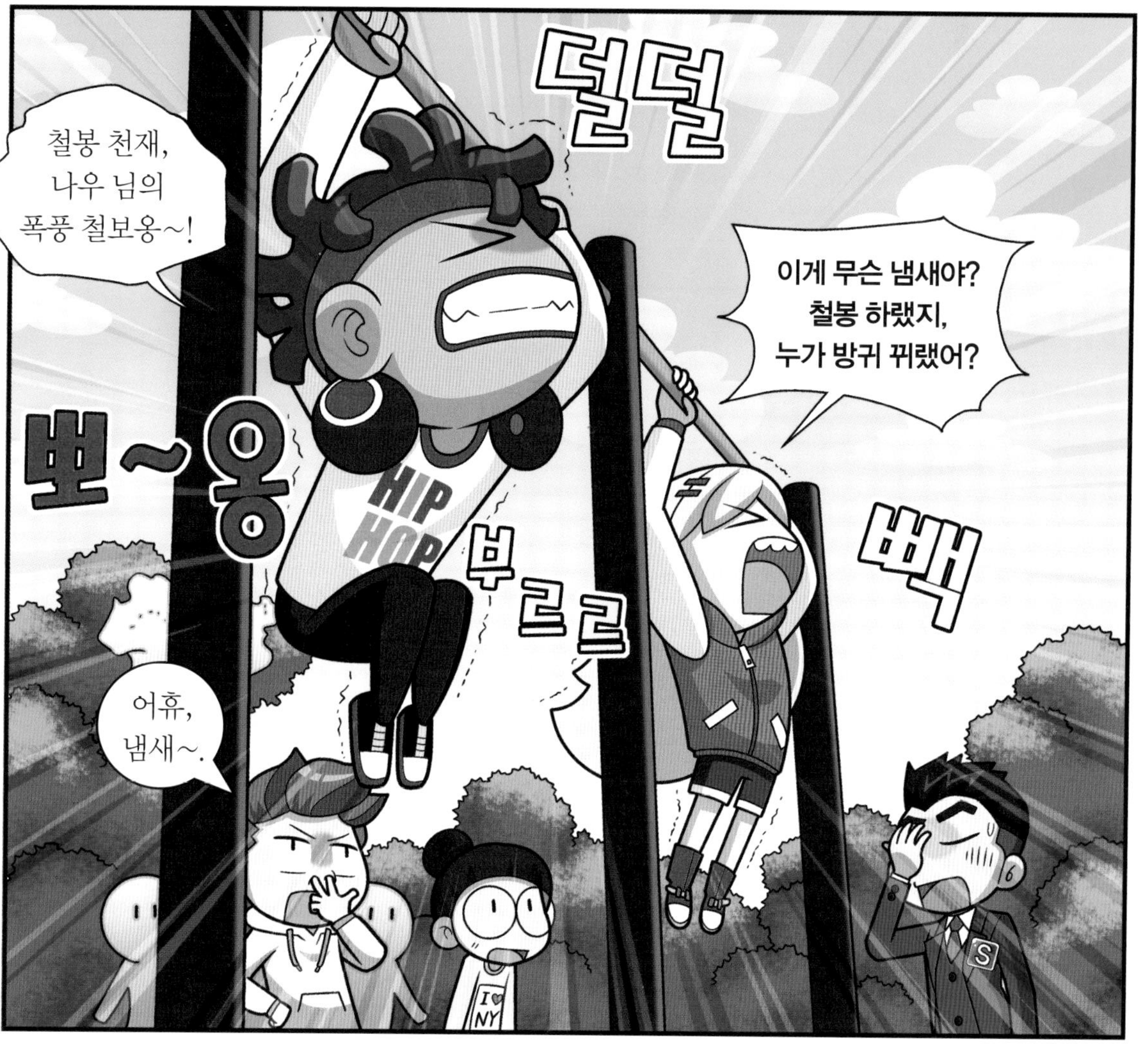
덜덜
철봉 천재,
나우 님의
폭풍 철보옹~!
이게 무슨 냄새야?
철봉 하랬지,
누가 방귀 뀌랬어?
뽀~옹
부르르
빽
어휴,
냄새~.

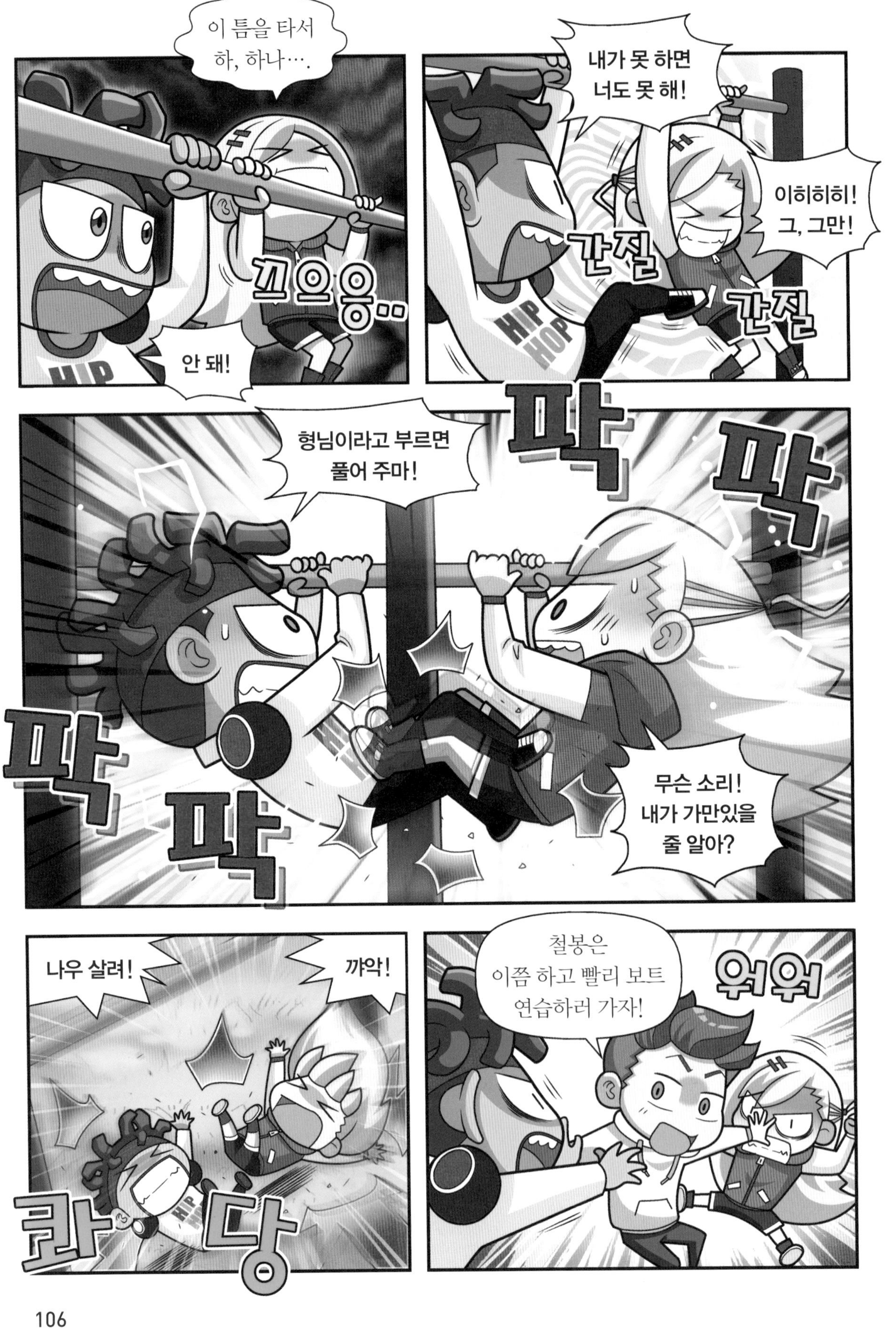
이 틈을 타서
하, 하나….
끄으응..
안 돼!
내가 못 하면
너도 못 해!
이히히히!
그, 그만!
간질
간질
HIP HOP
형님이라고 부르면
풀어 주마!
파
파
파
파
무슨 소리!
내가 가만있을
줄 알아?
나우 살려!
까악!
콰
당
철봉은
이쯤 하고 빨리 보트
연습하러 가자!
워워

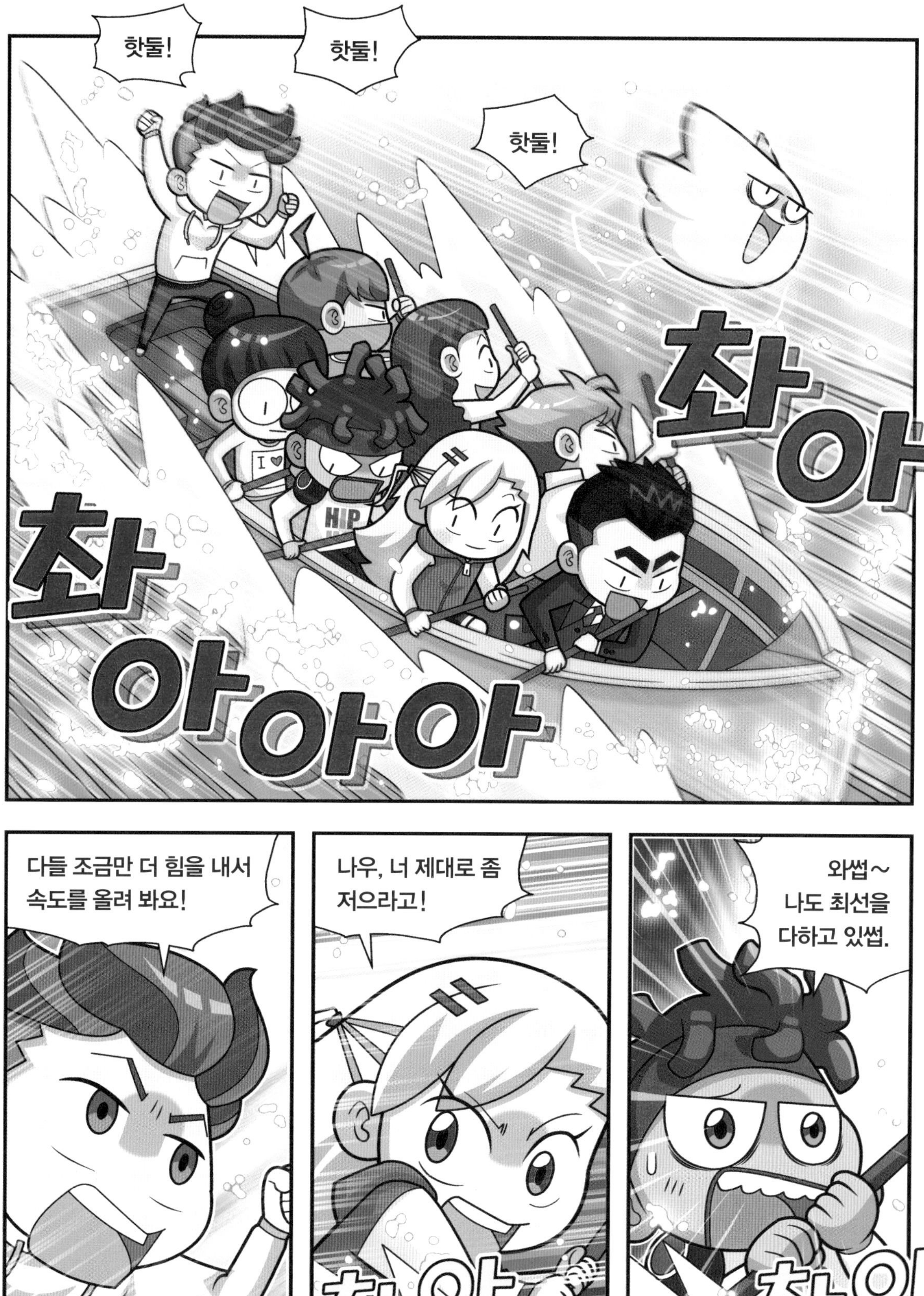
핫둘!
핫둘!
핫둘!
촤아
촤아아아아
다들 조금만 더 힘을 내서 속도를 올려 봐요!
나우, 너 제대로 좀 저으라고!
촤악
와썹~ 나도 최선을 다하고 있썹.
촤악

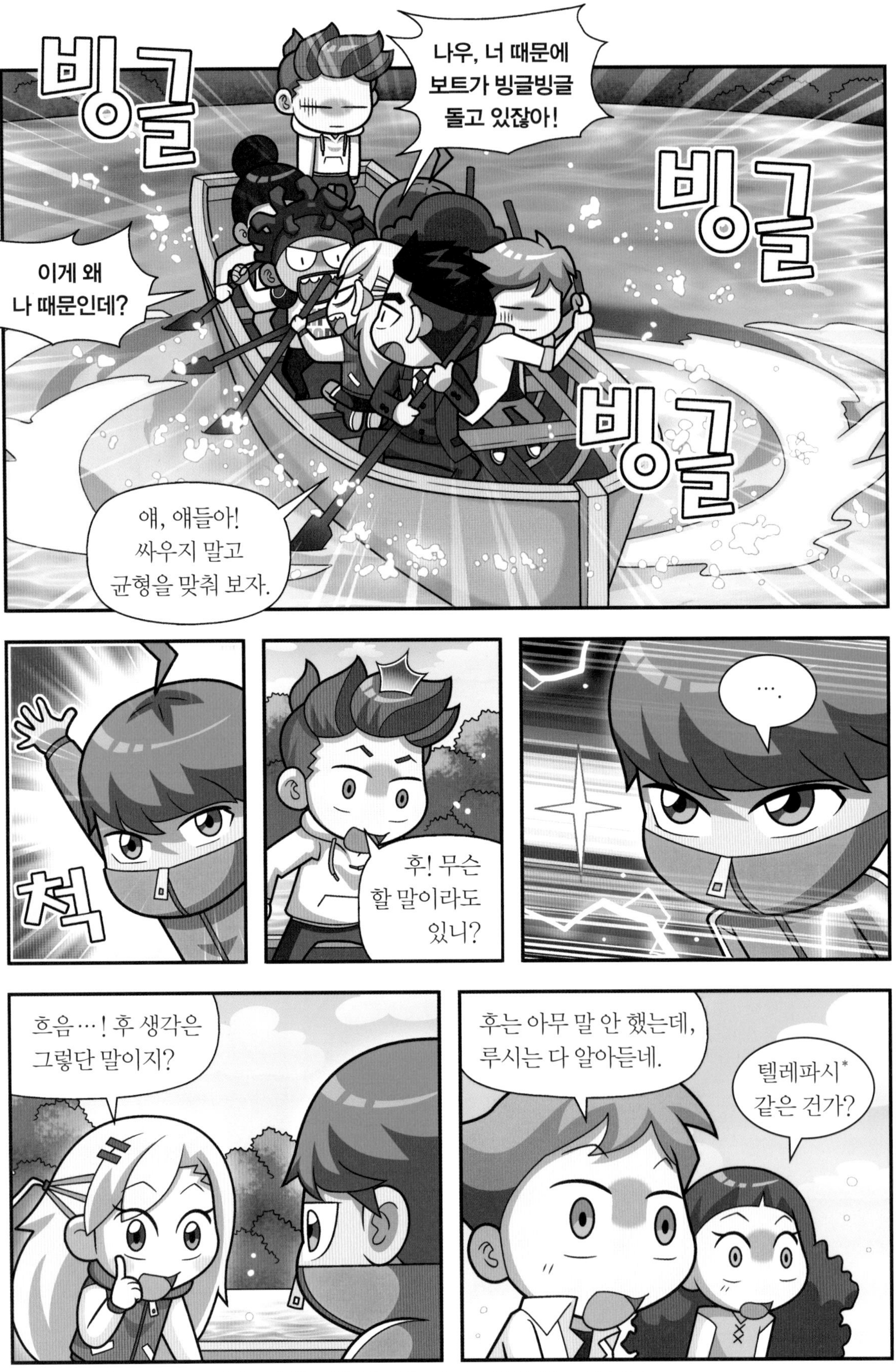
빙글
나우, 너 때문에 보트가 빙글빙글 돌고 있잖아!
빙글
이게 왜 나 때문인데?
빙글
얘, 얘들아! 싸우지 말고 균형을 맞춰 보자.
척
후! 무슨 할 말이라도 있니?
….
흐음…! 후 생각은 그렇단 말이지?
후는 아무 말 안 했는데, 루시는 다 알아듣네.
텔레파시* 같은 건가?

* telepathy[təˈlepəθi]: 한 사람의 사고, 말, 행동 따위가 멀리 있는 다른 사람에게 전이되는 심령 현상.

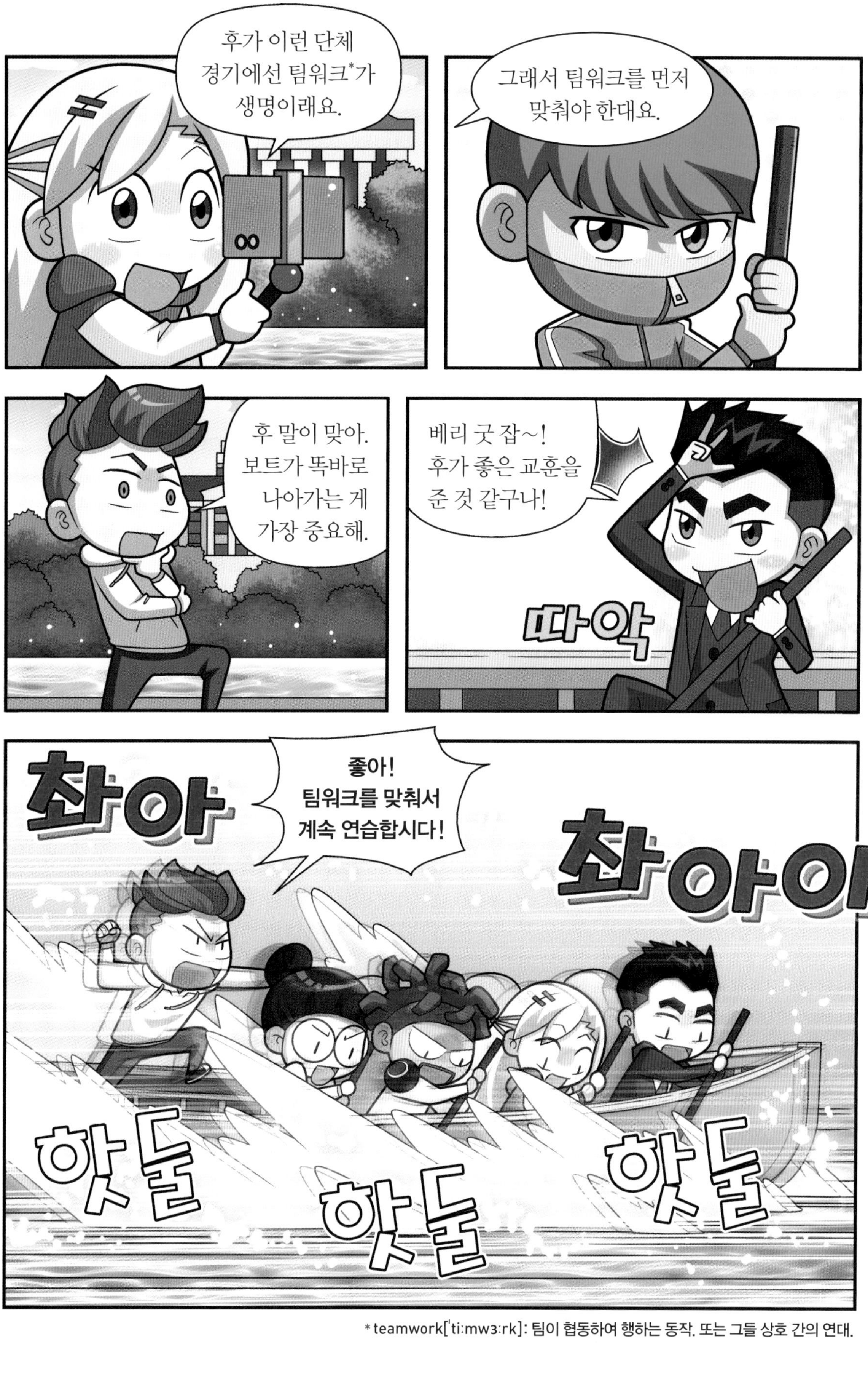
후가 이런 단체 경기에선 팀워크*가 생명이래요.
그래서 팀워크를 먼저 맞춰야 한대요.
후 말이 맞아. 보트가 똑바로 나아가는 게 가장 중요해.
베리 굿 잡~! 후가 좋은 교훈을 준 것 같구나!
따악
좋아! 팀워크를 맞춰서 계속 연습합시다!
촤아
촤아아
핫둘
핫둘
핫둘

* teamwork['ti:mwɜ:rk]: 팀이 협동하여 행하는 동작. 또는 그들 상호 간의 연대.

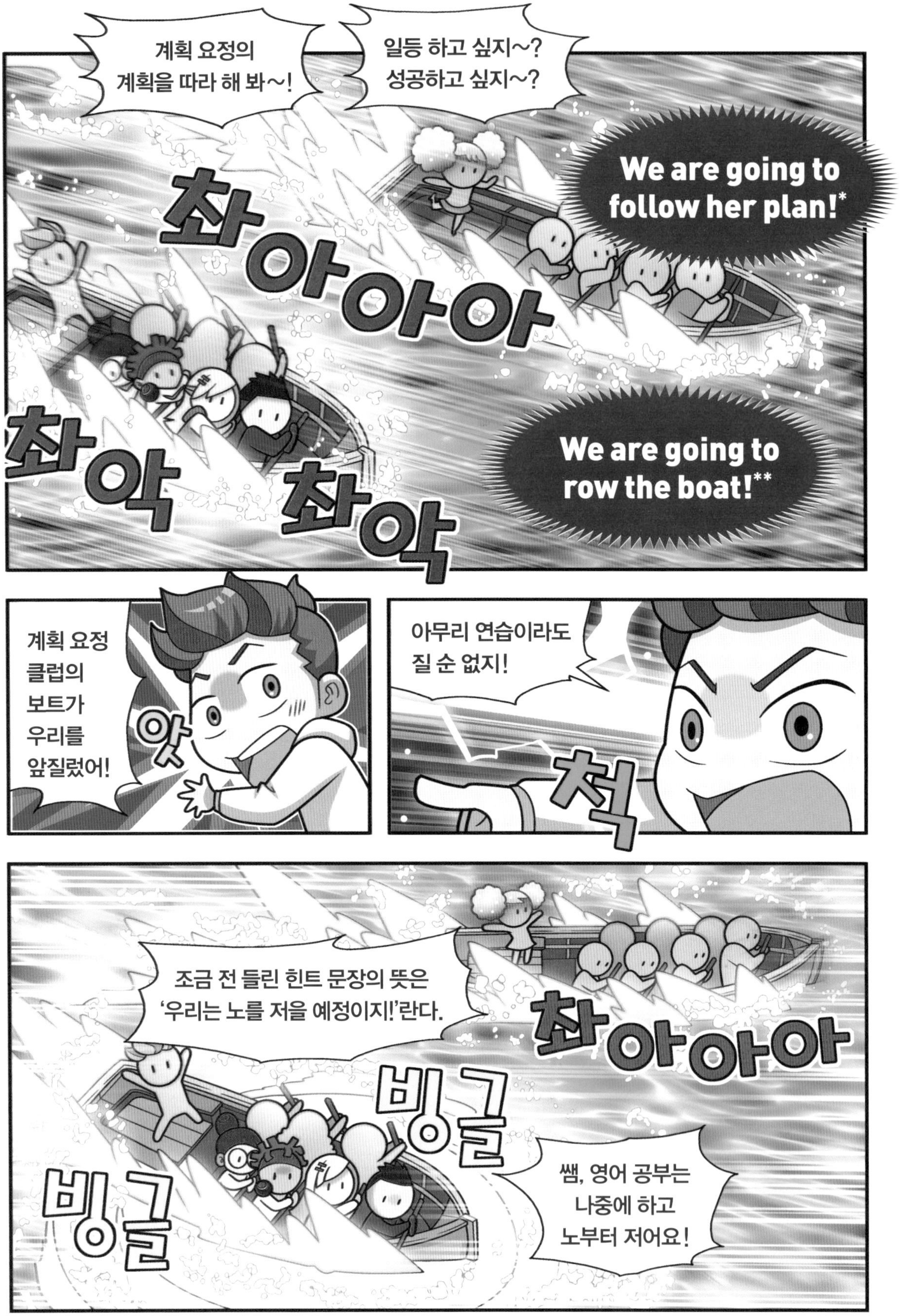

계획 요정의
계획을 따라 해 봐~!
일등 하고 싶지~?
성공하고 싶지~?
We are going to
follow her plan!*
좌아아아
We are going to
row the boat!**
좌악 좌악
계획 요정
클럽의
보트가
우리를
앞질렀어!
앗
아무리 연습이라도
질 순 없지!
척
조금 전 들린 힌트 문장의 뜻은
'우리는 노를 저을 예정이지!'란다.
좌아아아
빙글 빙글
쌤, 영어 공부는
나중에 하고
노부터 저어요!

*우리는 그녀의 계획을 따를 예정이야!

**우리는 노를 저을 예정이지!

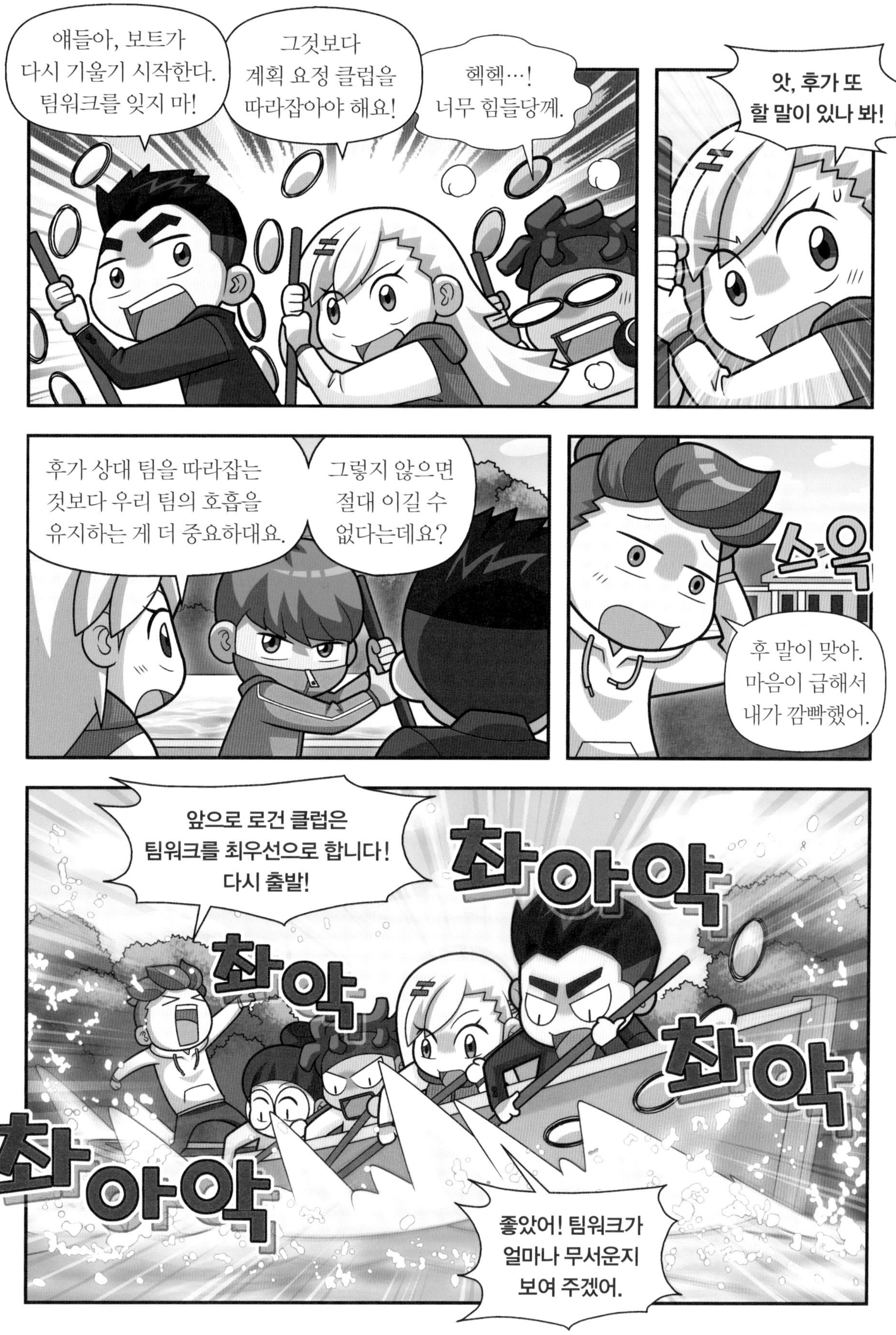

얘들아, 보트가 다시 기울기 시작한다. 팀워크를 잊지 마!
그것보다 계획 요정 클럽을 따라잡아야 해요!
헥헥…! 너무 힘들당께.
앗, 후가 또 할 말이 있나 봐!
후가 상대 팀을 따라잡는 것보다 우리 팀의 호흡을 유지하는 게 더 중요하대요.
그렇지 않으면 절대 이길 수 없다는데요?
스윽
후 말이 맞아. 마음이 급해서 내가 깜빡했어.
앞으로 로건 클럽은 팀워크를 최우선으로 합니다! 다시 출발!
촤아악
촤악
촤악
촤아악
좋았어! 팀워크가 얼마나 무서운지 보여 주겠어.

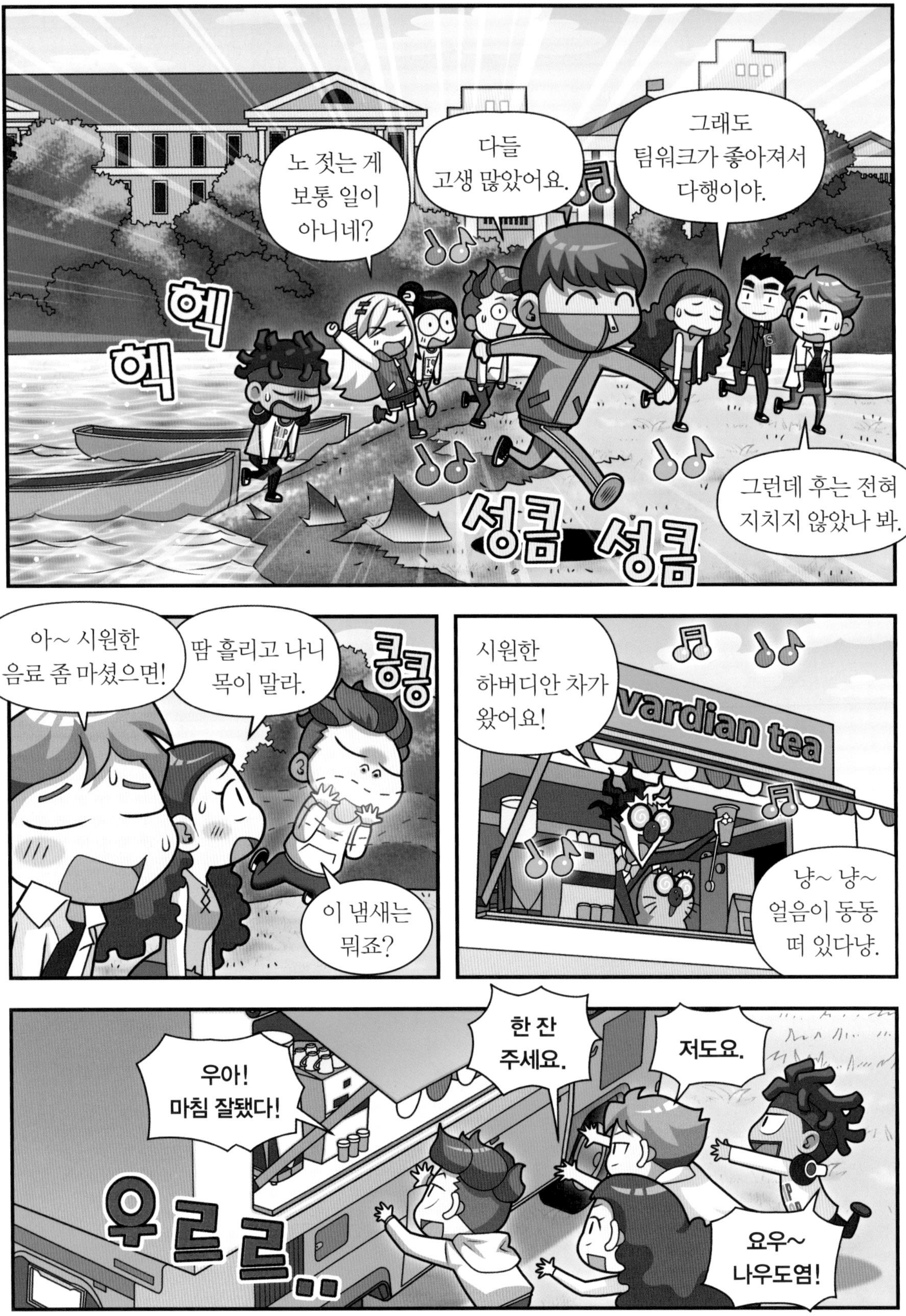
헥 헥
노 젓는 게 보통 일이 아니네?
다들 고생 많았어요.
그래도 팀워크가 좋아져서 다행이야.
성큼 성큼
그런데 후는 전혀 지치지 않았나 봐.
아~ 시원한 음료 좀 마셨으면!
땀 흘리고 나니 목이 말라.
킁킁
이 냄새는 뭐죠?
시원한 하버디안 차가 왔어요!
vardian tea
냥~ 냥~ 얼음이 동동 떠 있다냥.
우르르..
우아! 마침 잘됐다!
한 잔 주세요.
저도요.
요우~ 나우도염!

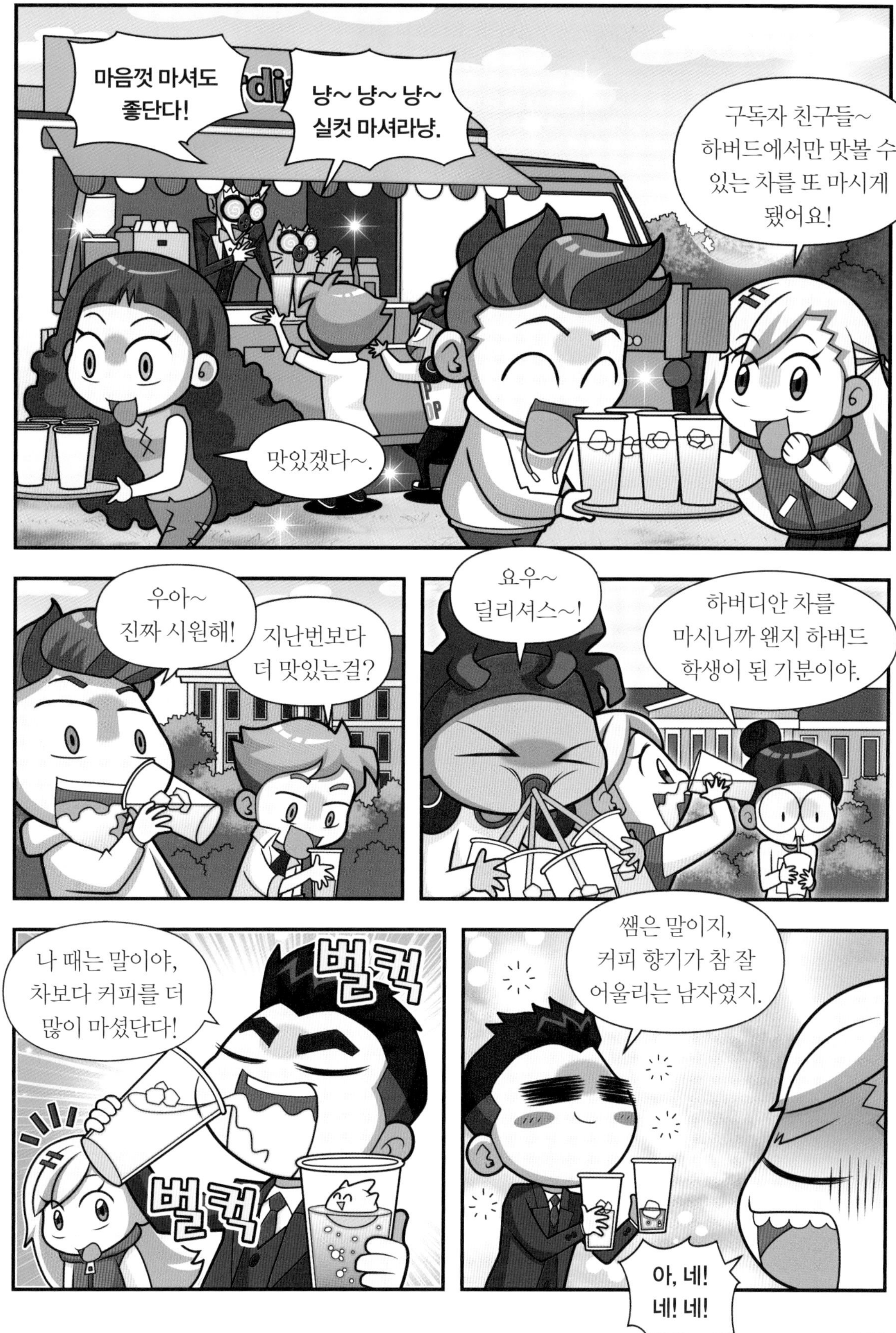
마음껏 마셔도 좋단다!
냥~ 냥~ 냥~ 실컷 마셔라냥.
구독자 친구들~ 하버드에서만 맛볼 수 있는 차를 또 마시게 됐어요!
맛있겠다~.
우아~ 진짜 시원해!
지난번보다 더 맛있는걸?
요우~ 딜리셔스~!
하버디안 차를 마시니까 왠지 하버드 학생이 된 기분이야.
나 때는 말이야, 차보다 커피를 더 많이 마셨단다!
벌컥
벌컥
쌤은 말이지, 커피 향기가 참 잘 어울리는 남자였지.
아, 네! 네! 네!

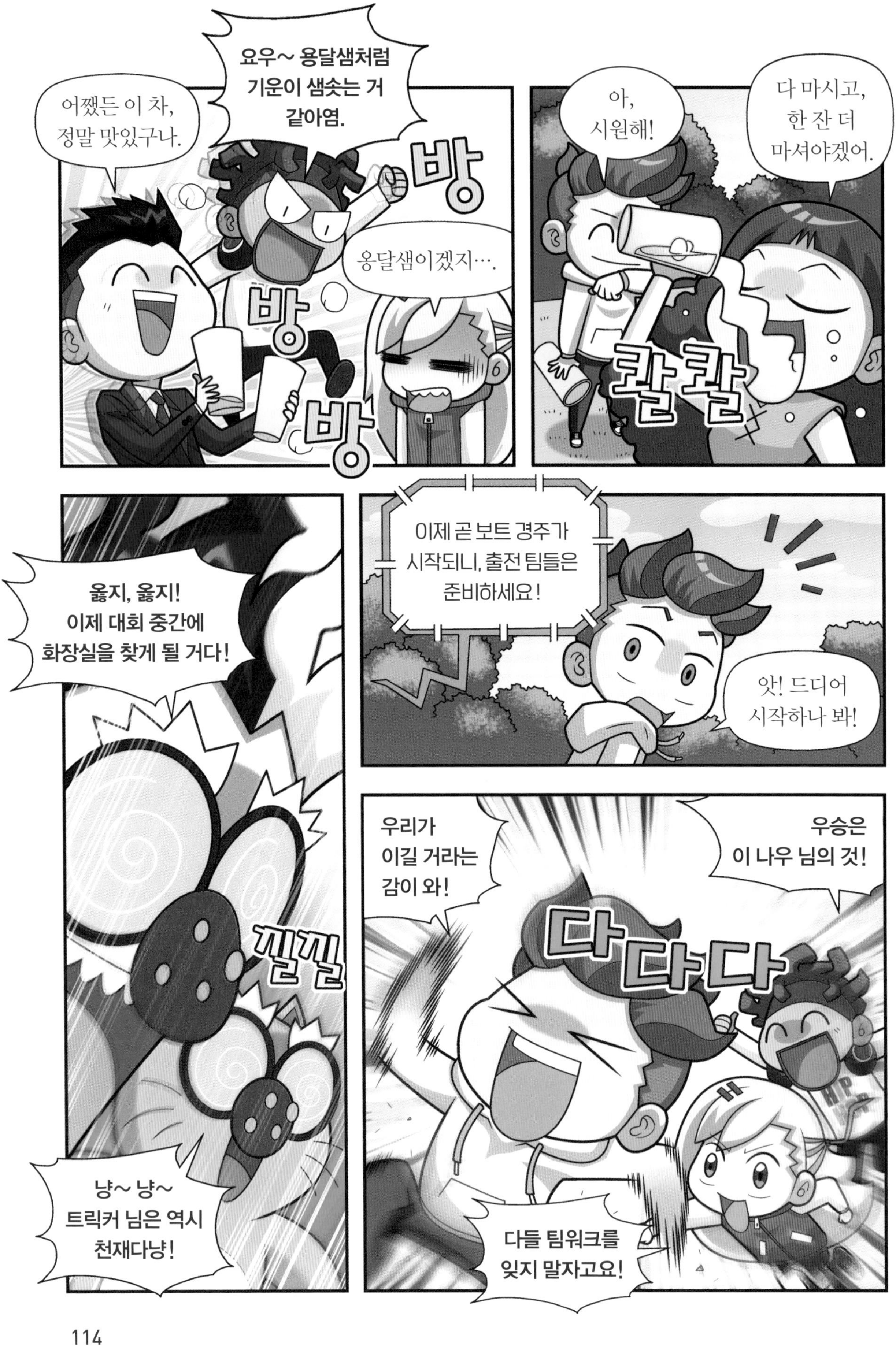
어쨌든 이 차,
정말 맛있구나.
요우~ 용달샘처럼 기운이 샘솟는 거 같아염.
방
방
방
옹달샘이겠지….
아,
시원해!
다 마시고,
한 잔 더
마셔야겠어.
콸콸
옳지, 옳지!
이제 대회 중간에
화장실을 찾게 될 거다!
찔찔
냥~ 냥~
트릭커 님은 역시
천재다냥!
이제 곧 보트 경주가
시작되니, 출전 팀들은
준비하세요!
앗! 드디어
시작하나 봐!
우리가
이길 거라는
감이 와!
우승은
이 나우 님의 것!
다다다
다들 팀워크를
잊지 말자고요!

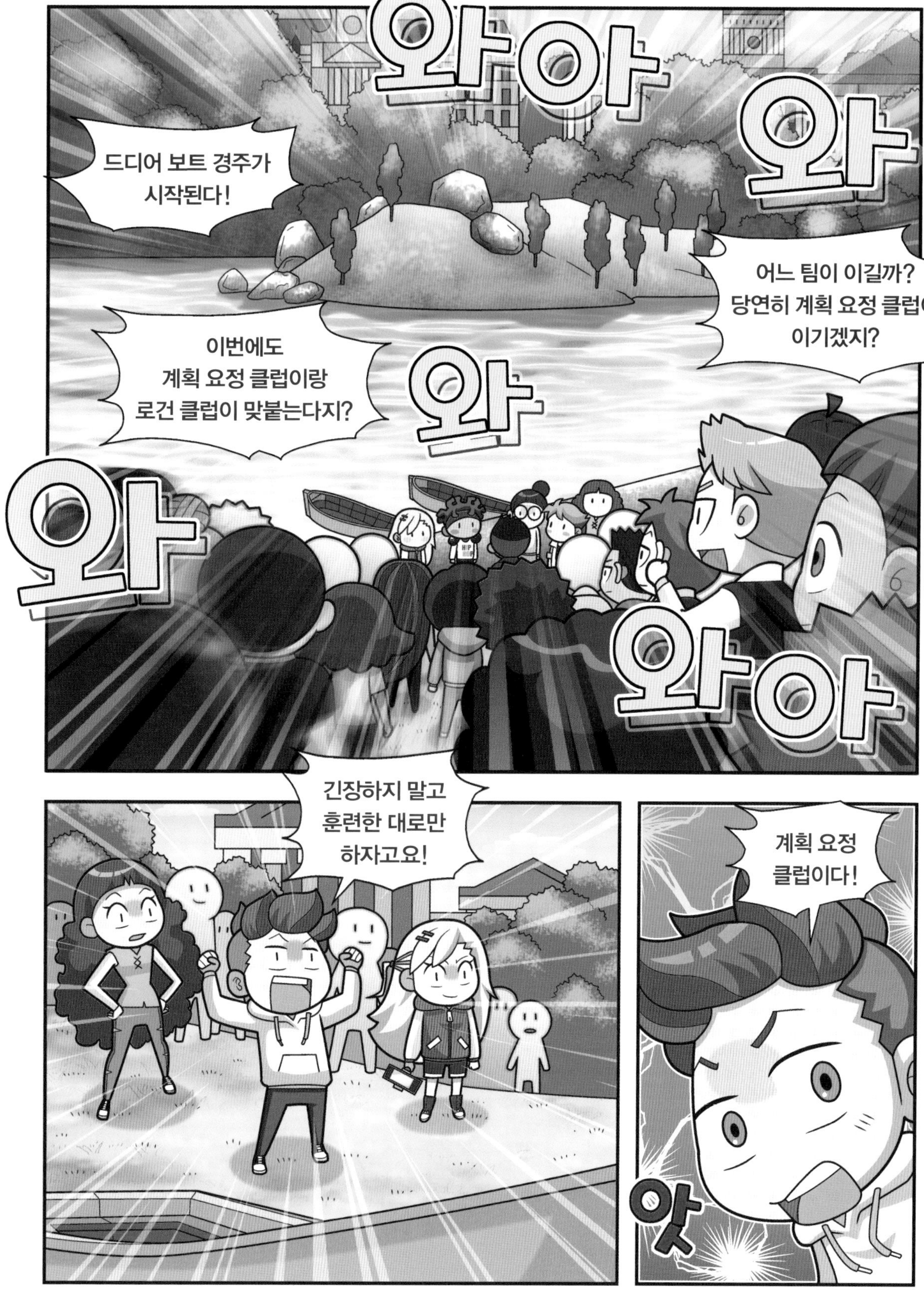

와아
와
드디어 보트 경주가 시작된다!
어느 팀이 이길까? 당연히 계획 요정 클럽이 이기겠지?
이번에도 계획 요정 클럽이랑 로건 클럽이 맞붙는다지?
와
와
와아
긴장하지 말고 훈련한 대로만 하자고요!
계획 요정 클럽이다!
앗

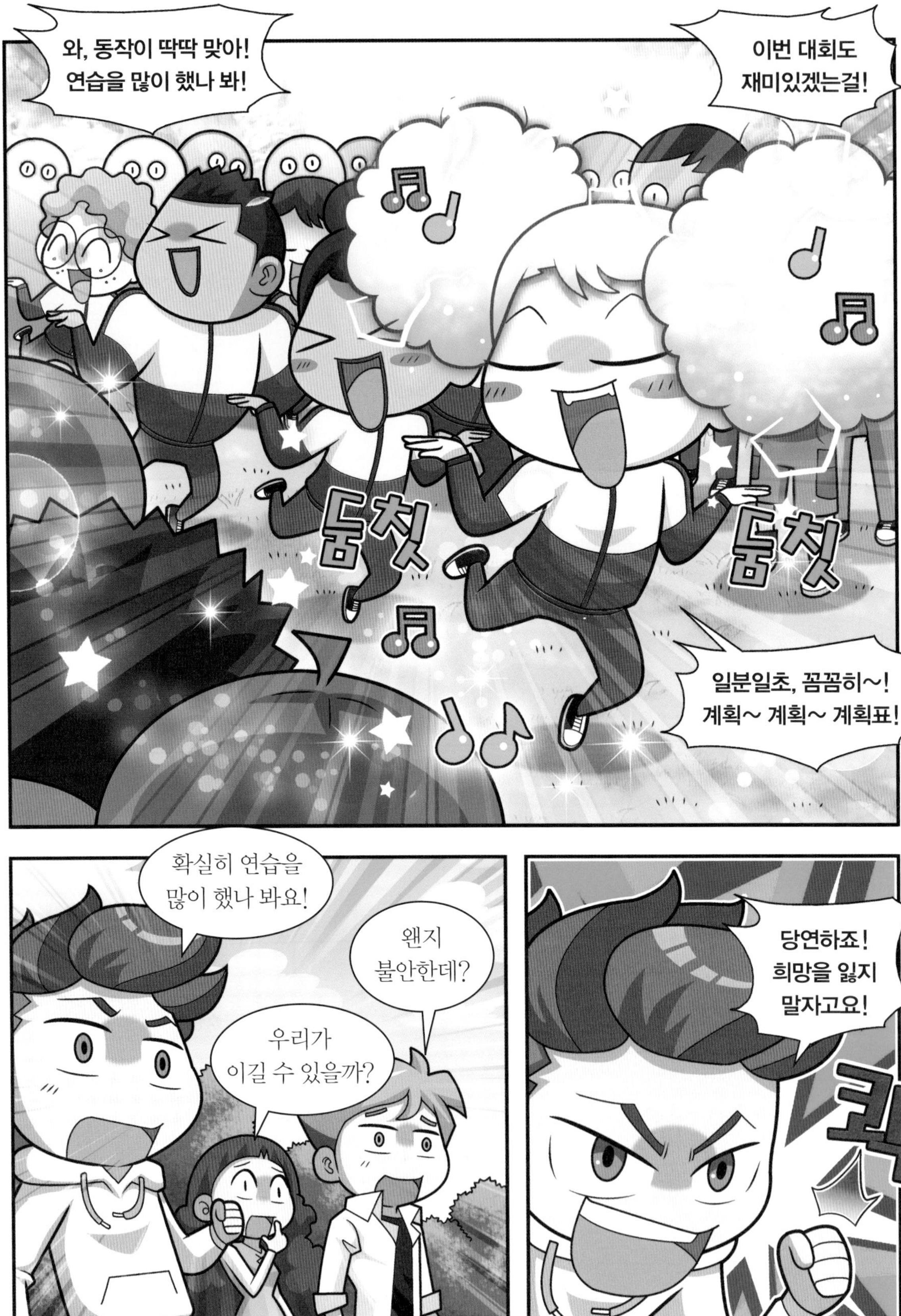

와, 동작이 딱딱 맞아!
연습을 많이 했나 봐!
이번 대회도
재미있겠는걸!
둠칫
둠칫
일분일초, 꼼꼼히~!
계획~ 계획~ 계획표!
확실히 연습을
많이 했나 봐요!
왠지
불안한데?
우리가
이길 수 있을까?
당연하죠!
희망을 잃지
말자고요!
콱

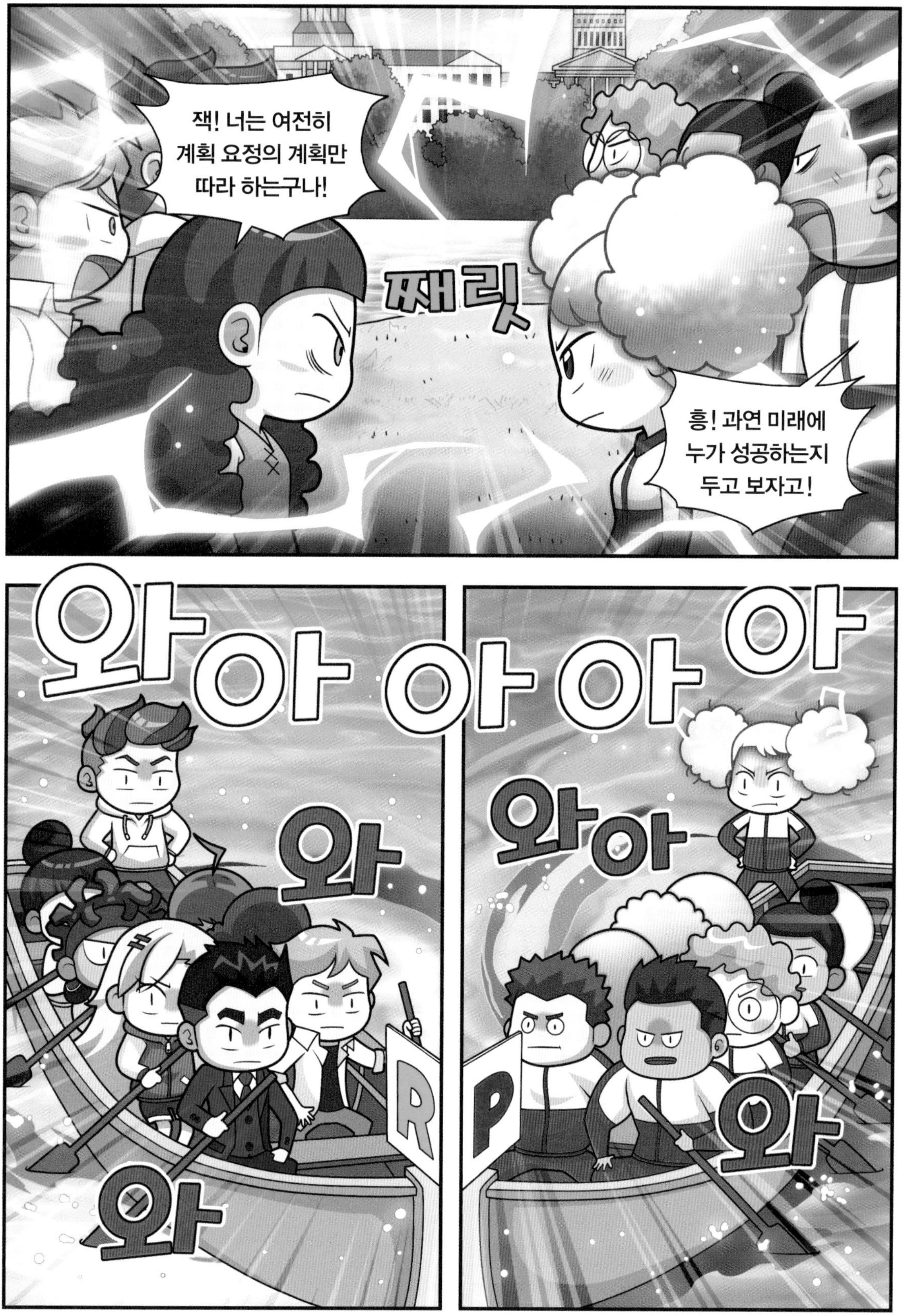
잭! 너는 여전히
계획 요정의 계획만
따라 하는구나!
째릿
흥! 과연 미래에
누가 성공하는지
두고 보자고!
와아아아아
와
와
R
P
와아
와

Chapter 6

스스로 만드는 미래

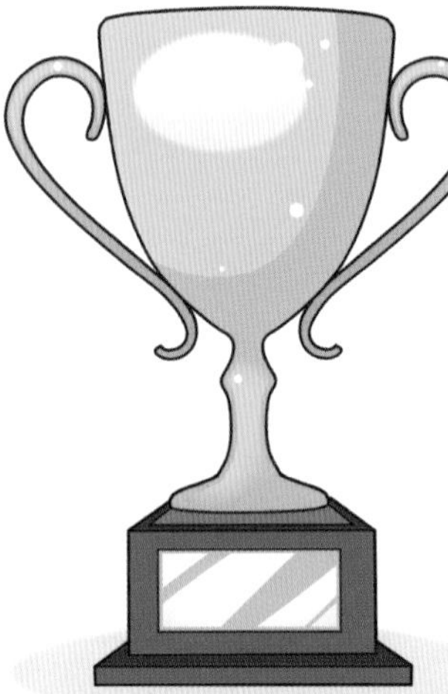

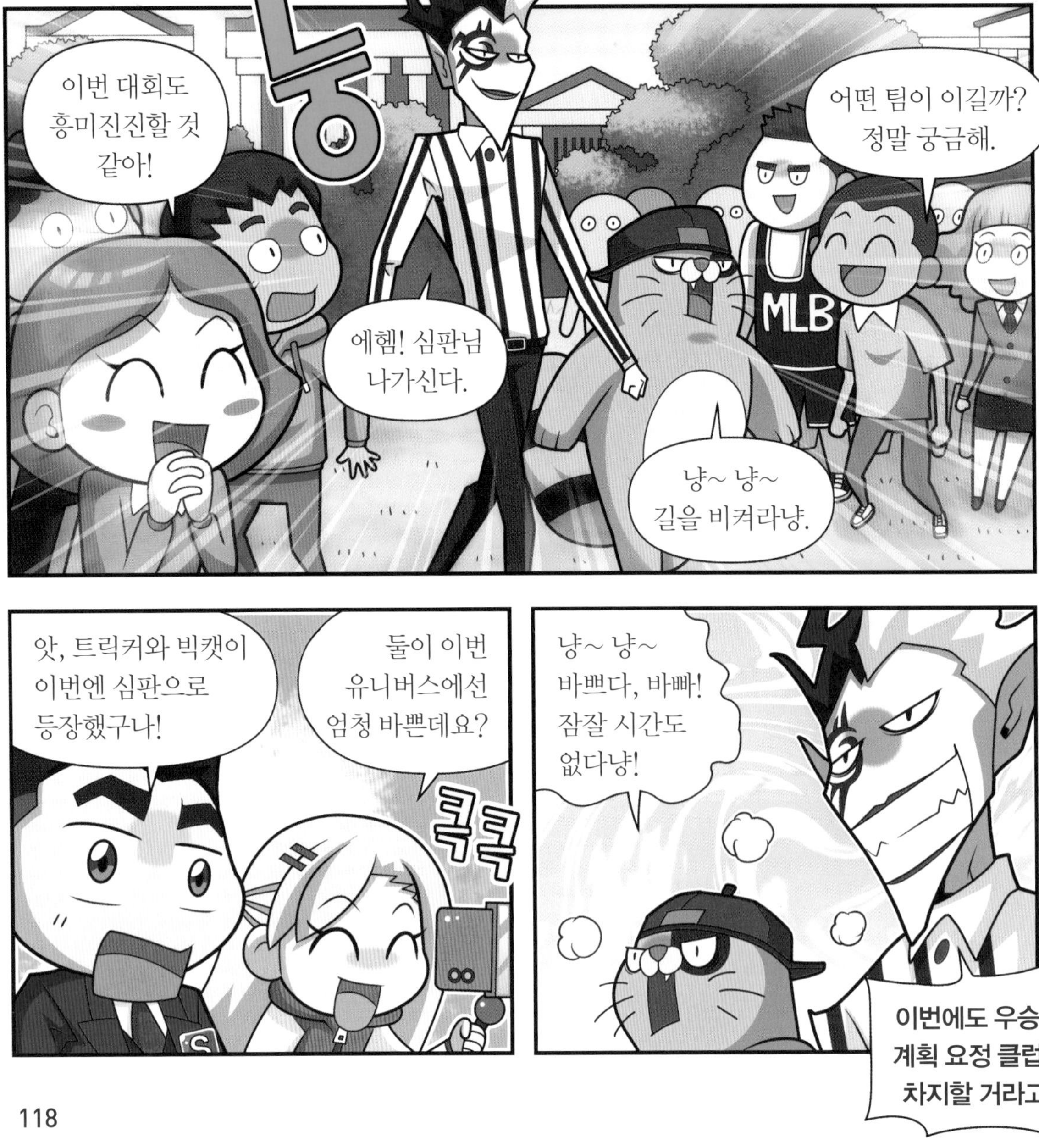

둥
이번 대회도 흥미진진할 것 같아!
에헴! 심판님 나가신다.
어떤 팀이 이길까? 정말 궁금해.
MLB
냥~ 냥~ 길을 비켜라냥.
앗, 트릭커와 빅캣이 이번엔 심판으로 등장했구나!
둘이 이번 유니버스에선 엄청 바쁜데요?
큭큭
냥~ 냥~ 바쁘다, 바빠! 잠잘 시간도 없다냥!
이번에도 우승은 계획 요정 클럽이 차지할 거라고!

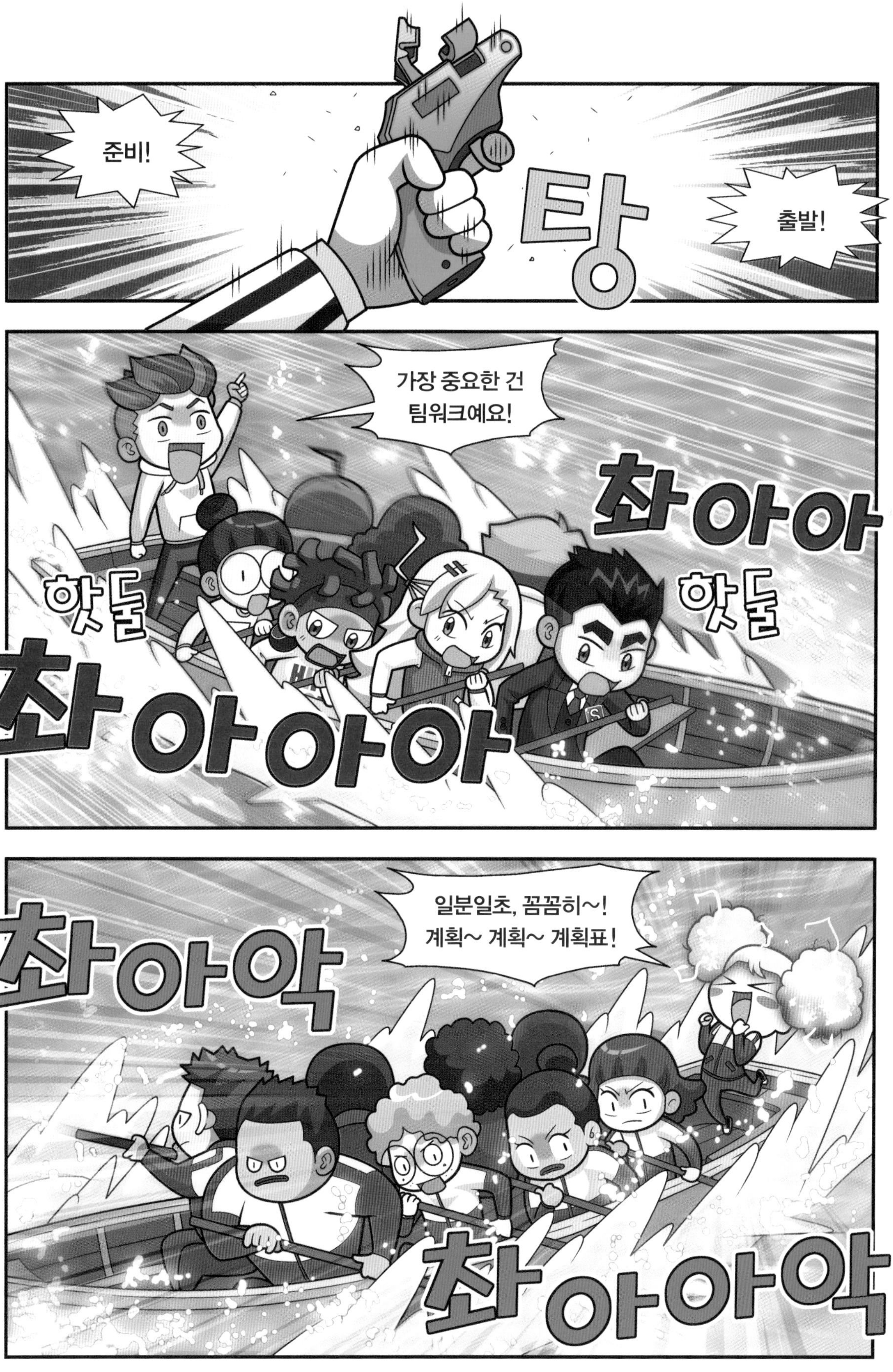
준비!
탕
출발!
가장 중요한 건 팀워크예요!
촤아아
핫둘
핫둘
촤아아아
촤아악
일분일초, 꼼꼼히~! 계획~ 계획~ 계획표!
촤아아악

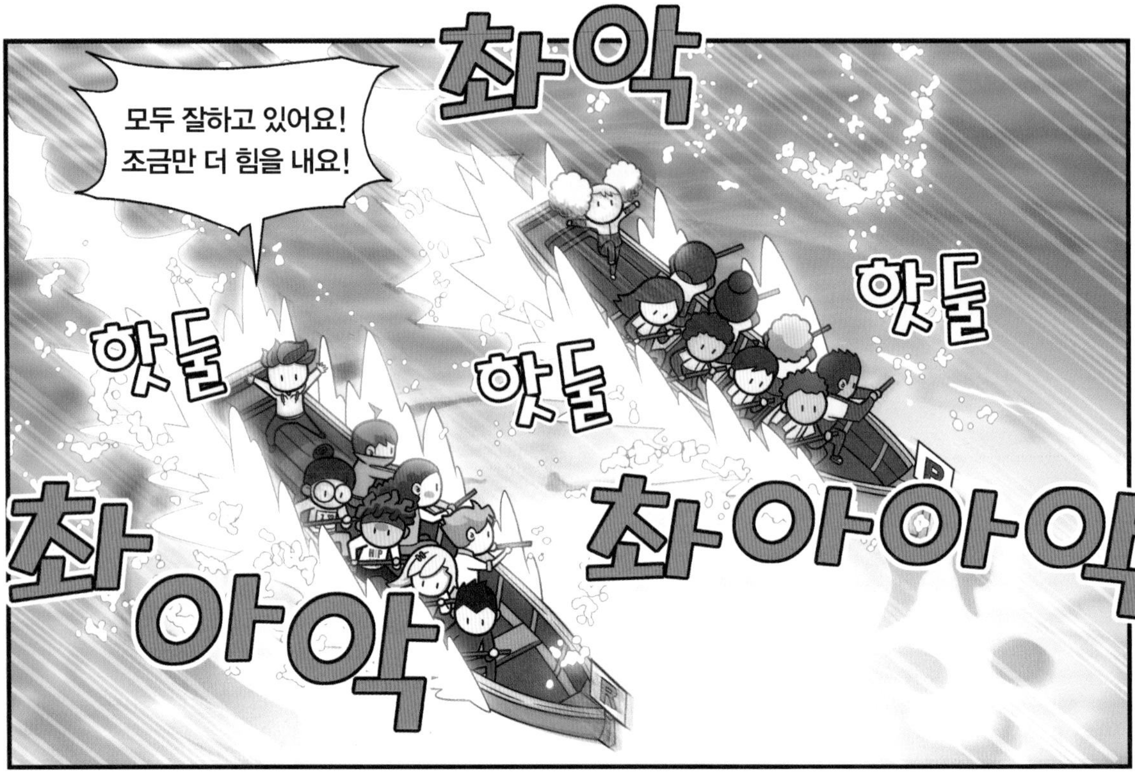
촤악
모두 잘하고 있어요! 조금만 더 힘을 내요!
핫둘
핫둘
핫둘
촤아악
촤아아악
R
P

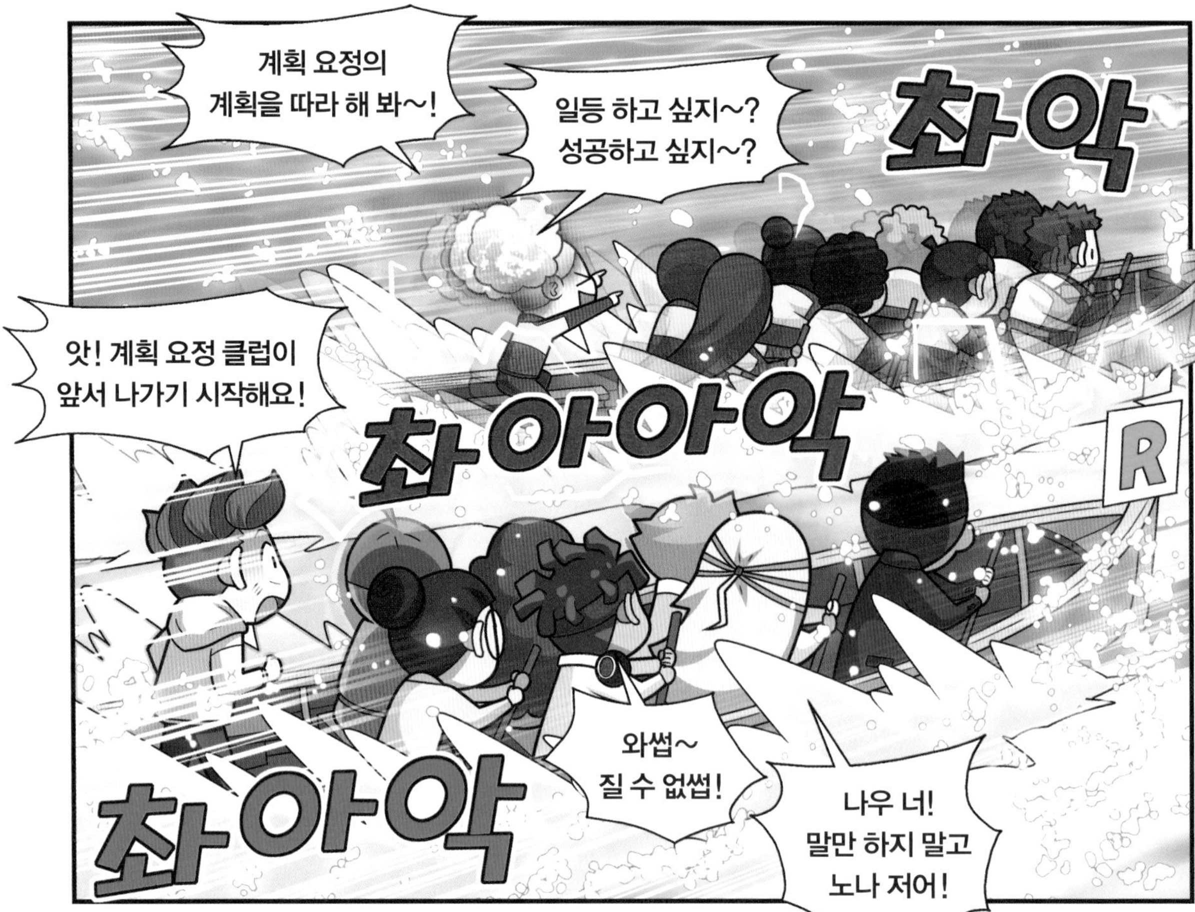
계획 요정의 계획을 따라 해 봐~!
일등 하고 싶지~? 성공하고 싶지~?
촤악
P
앗! 계획 요정 클럽이 앞서 나가기 시작해요!
촤아아악
R
와썹~ 질 수 없썹!
촤아악
나우 너! 말만 하지 말고 노나 저어!

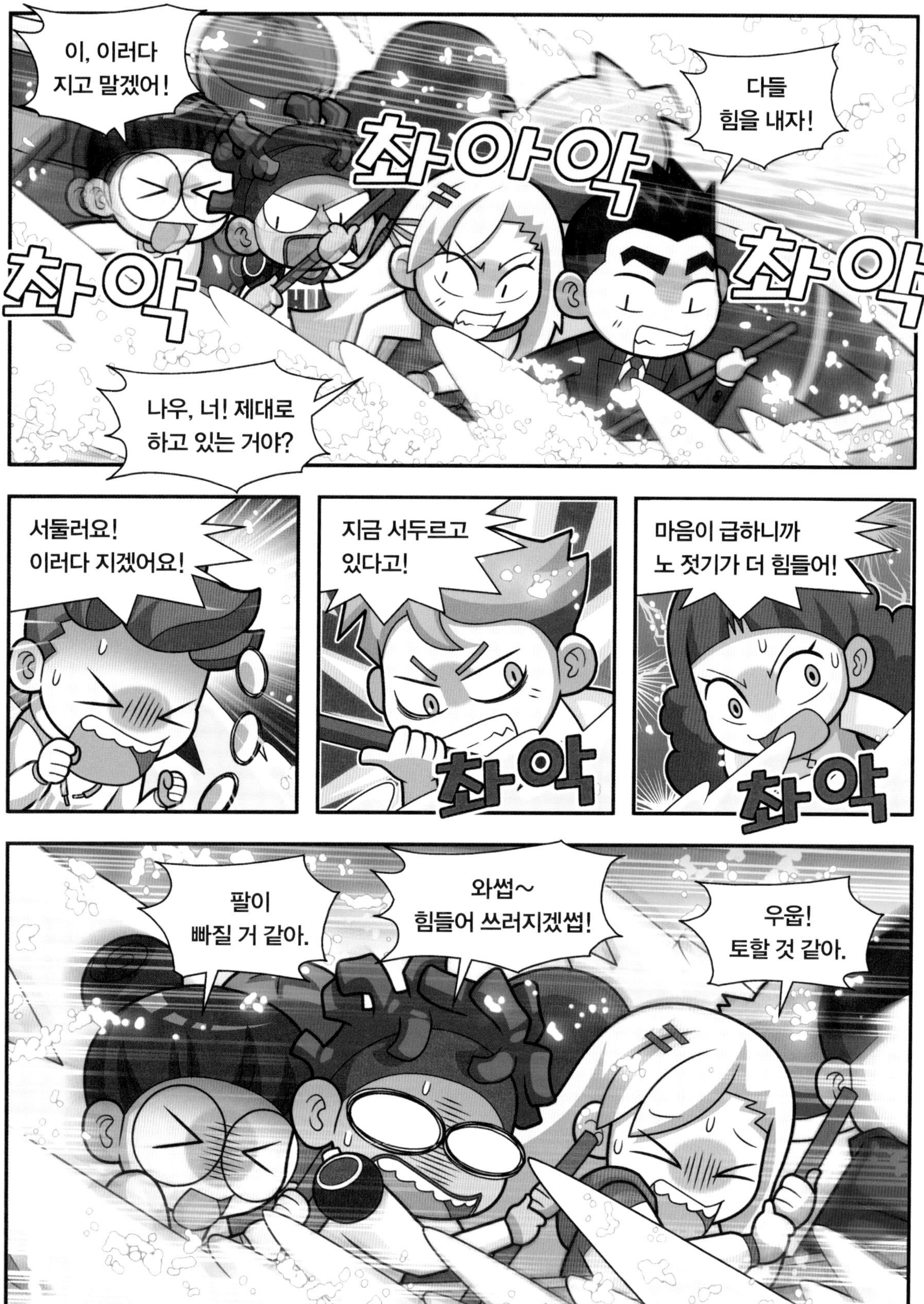
이, 이러다
지고 말겠어!
다들
힘을 내자!
촤아악
촤악
촤악
나우, 너! 제대로
하고 있는 거야?
서둘러요!
이러다 지겠어요!
지금 서두르고
있다고!
촤악
마음이 급하니까
노 젓기가 더 힘들어!
촤악
팔이
빠질 거 같아.
와썹~
힘들어 쓰러지겠썹!
우웁!
토할 것 같아.

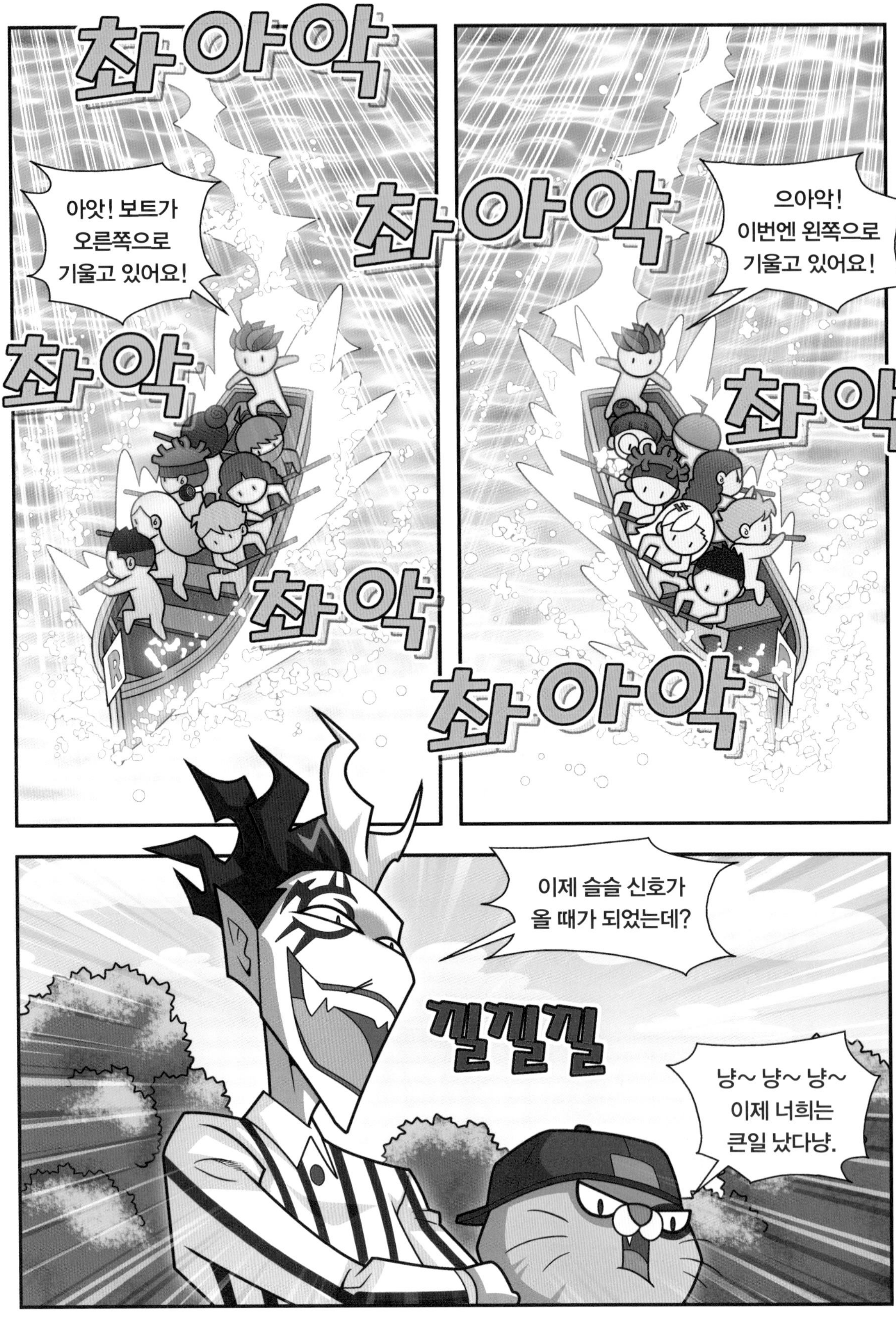
촤아악
아앗! 보트가 오른쪽으로 기울고 있어요!
촤악
촤악
촤아악
으아악! 이번엔 왼쪽으로 기울고 있어요!
촤악
촤아악
이제 슬슬 신호가 올 때가 되었는데?
낄낄낄
냥~ 냥~ 냥~ 이제 너희는 큰일 났다냥.

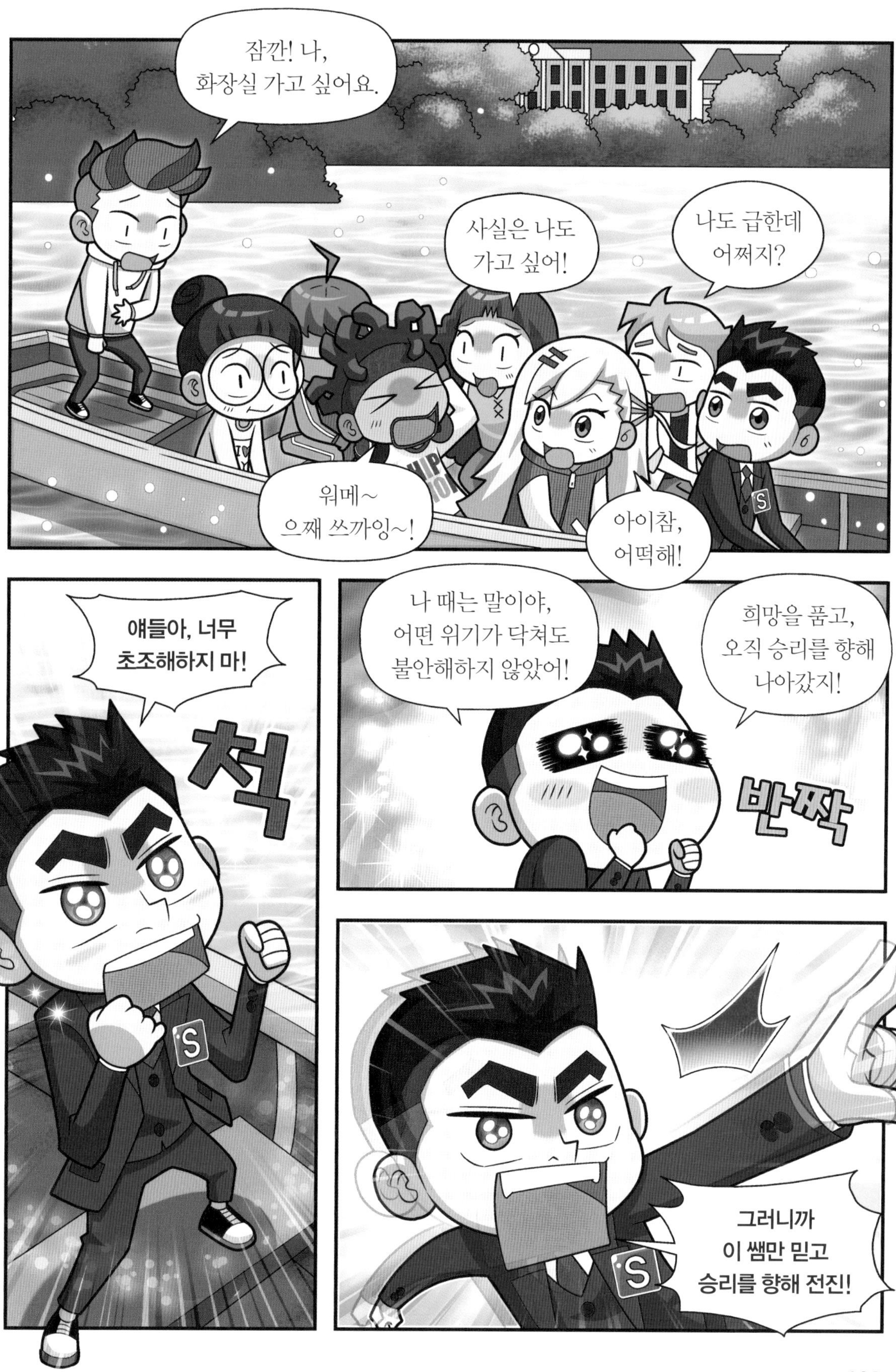

잠깐! 나,
화장실 가고 싶어요.
사실은 나도
가고 싶어!
나도 급한데
어쩌지?
워메~
으째 쓰까잉~!
아이참,
어떡해!
얘들아, 너무
초조해하지 마!
척
나 때는 말이야,
어떤 위기가 닥쳐도
불안해하지 않았어!
희망을 품고,
오직 승리를 향해
나아갔지!
반짝
그러니까
이 쌤만 믿고
승리를 향해 전진!

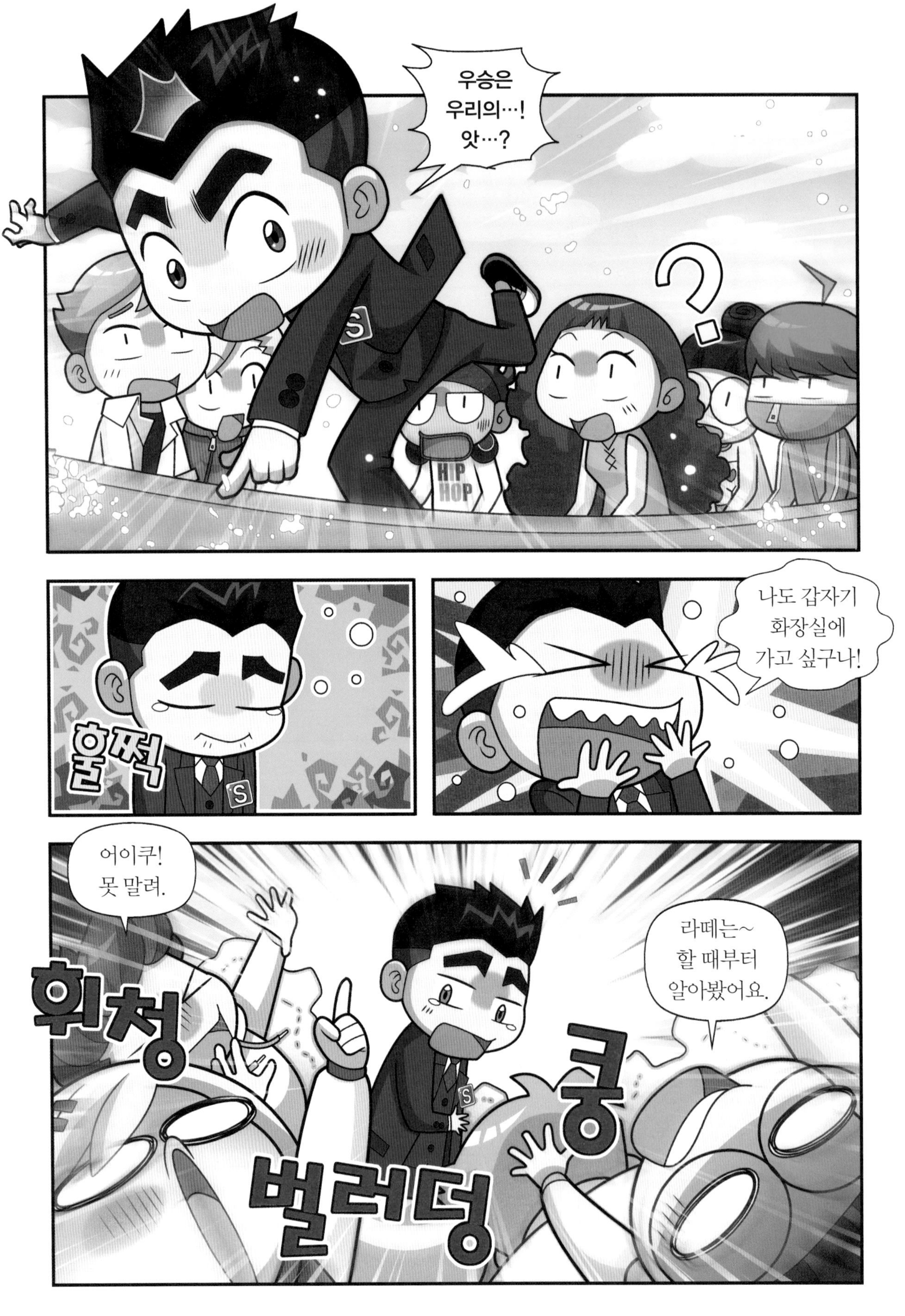
우승은 우리의…! 앗…?
?
HIP HOP
훌쩍
나도 갑자기 화장실에 가고 싶구나!
어이쿠! 못 말려.
라떼는~ 할 때부터 알아봤어요.
휘청
쿵
벌러덩

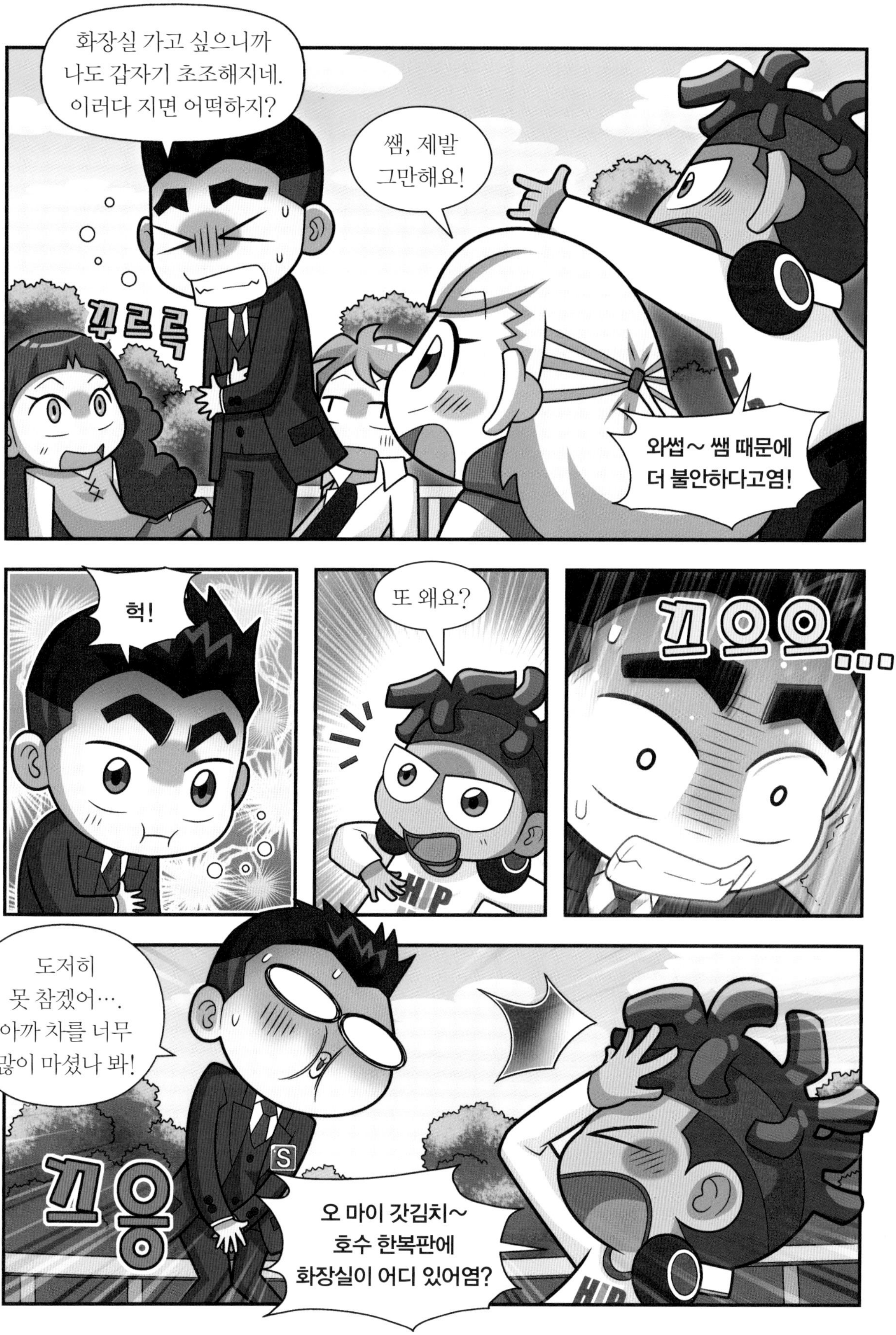
화장실 가고 싶으니까
나도 갑자기 초조해지네.
이러다 지면 어떡하지?
쌤, 제발
그만해요!
꾸르륵
와썹~ 쌤 때문에
더 불안하다고염!
헉!
또 왜요?
끄으으...
도저히
못 참겠어….
아까 차를 너무
많이 마셨나 봐!
끄응
오 마이 갓김치~
호수 한복판에
화장실이 어디 있어염?

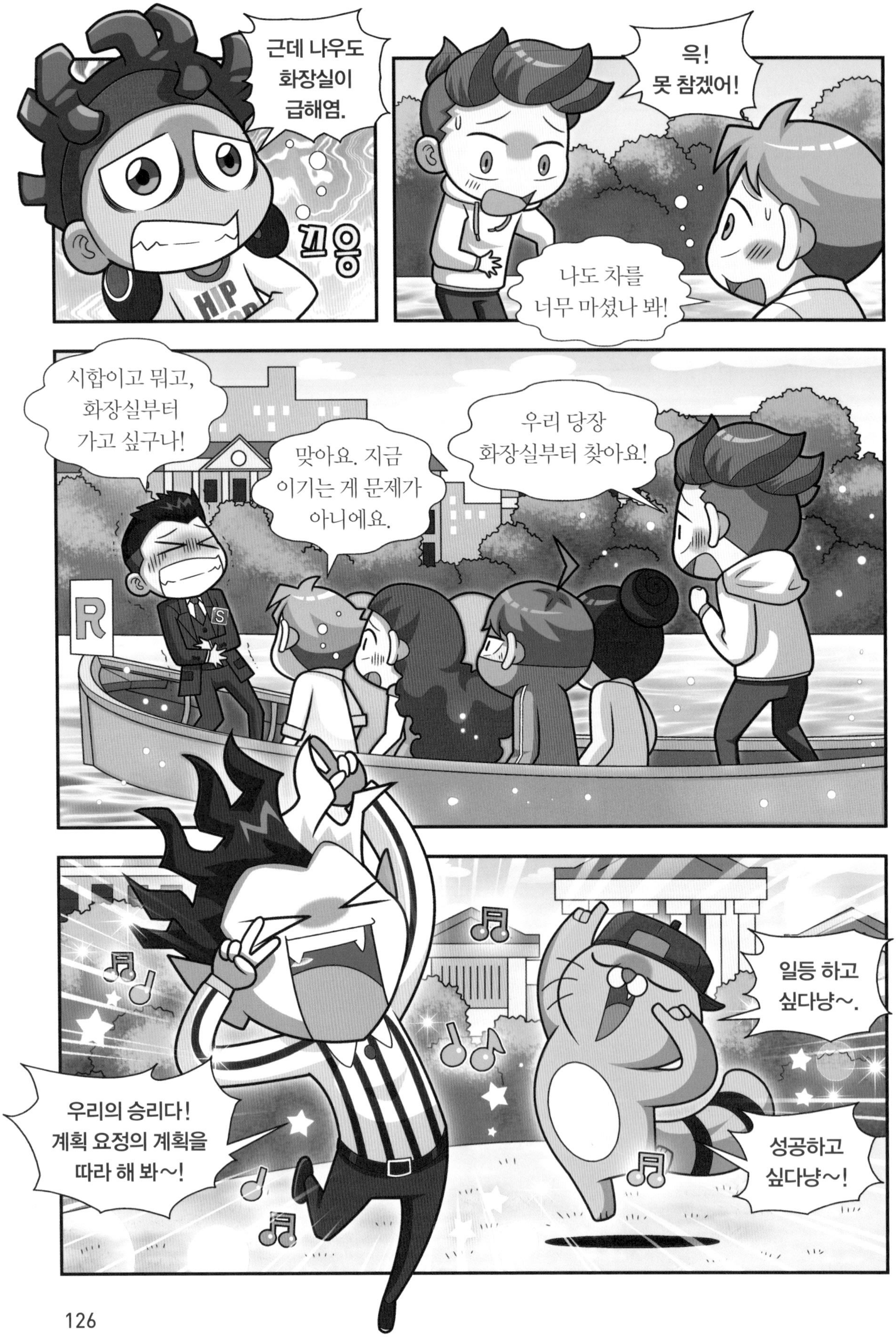
근데 나우도
화장실이
급해염.
끄응
윽!
못 참겠어!
나도 차를
너무 마셨나 봐!
시합이고 뭐고,
화장실부터
가고 싶구나!
맞아요. 지금
이기는 게 문제가
아니에요.
우리 당장
화장실부터 찾아요!
R
일등 하고
싶다냥~.
우리의 승리다!
계획 요정의 계획을
따라 해 봐~!
성공하고
싶다냥~!

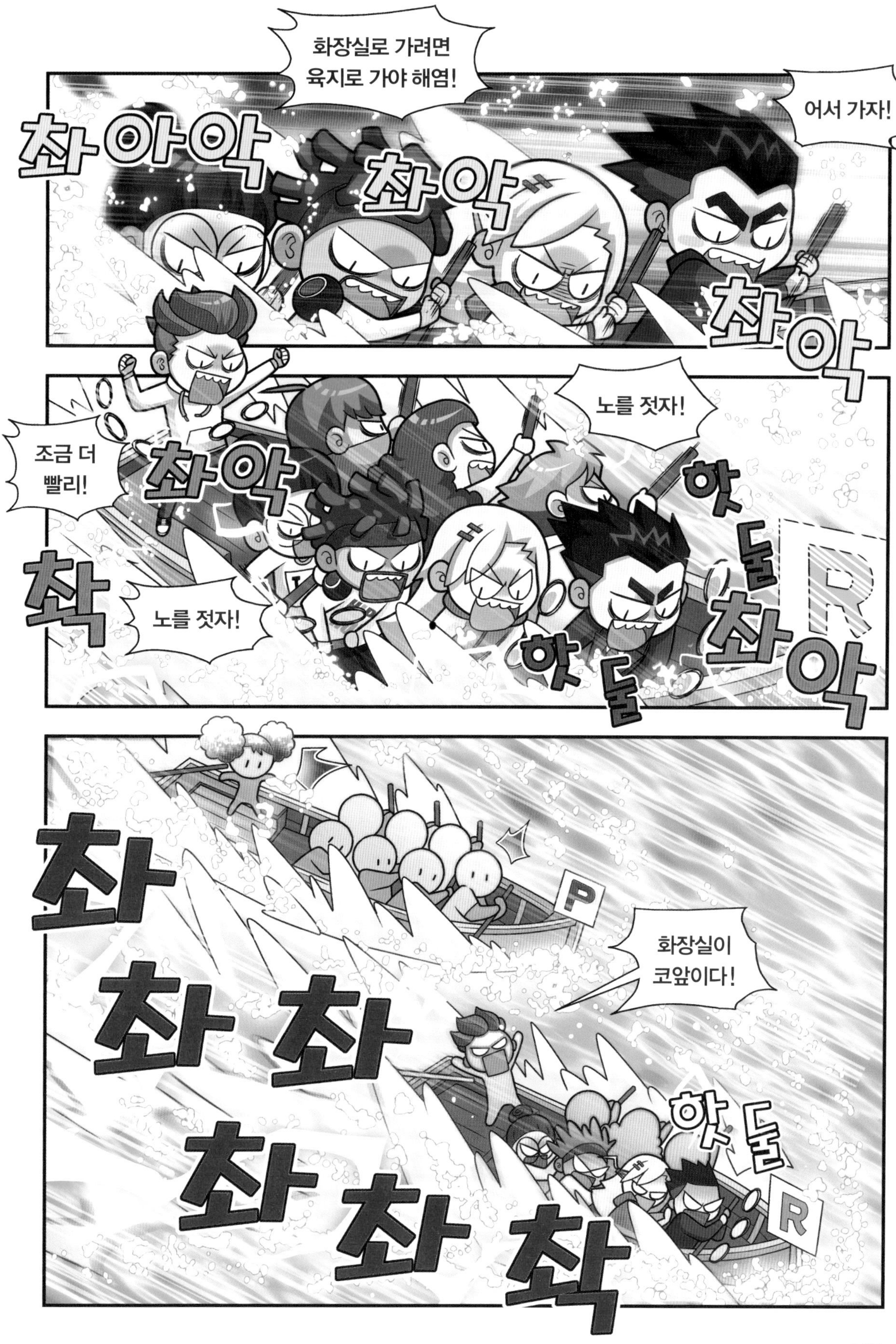
화장실로 가려면
육지로 가야 해염!
촤아악
촤악
어서 가자!
촤악
노를 젓자!
조금 더
빨리!
촤악
촥
노를 젓자!
핫 둘
촤악
핫 둘
촤
화장실이
코앞이다!
촤 촤
촤 촤 촥
핫 둘

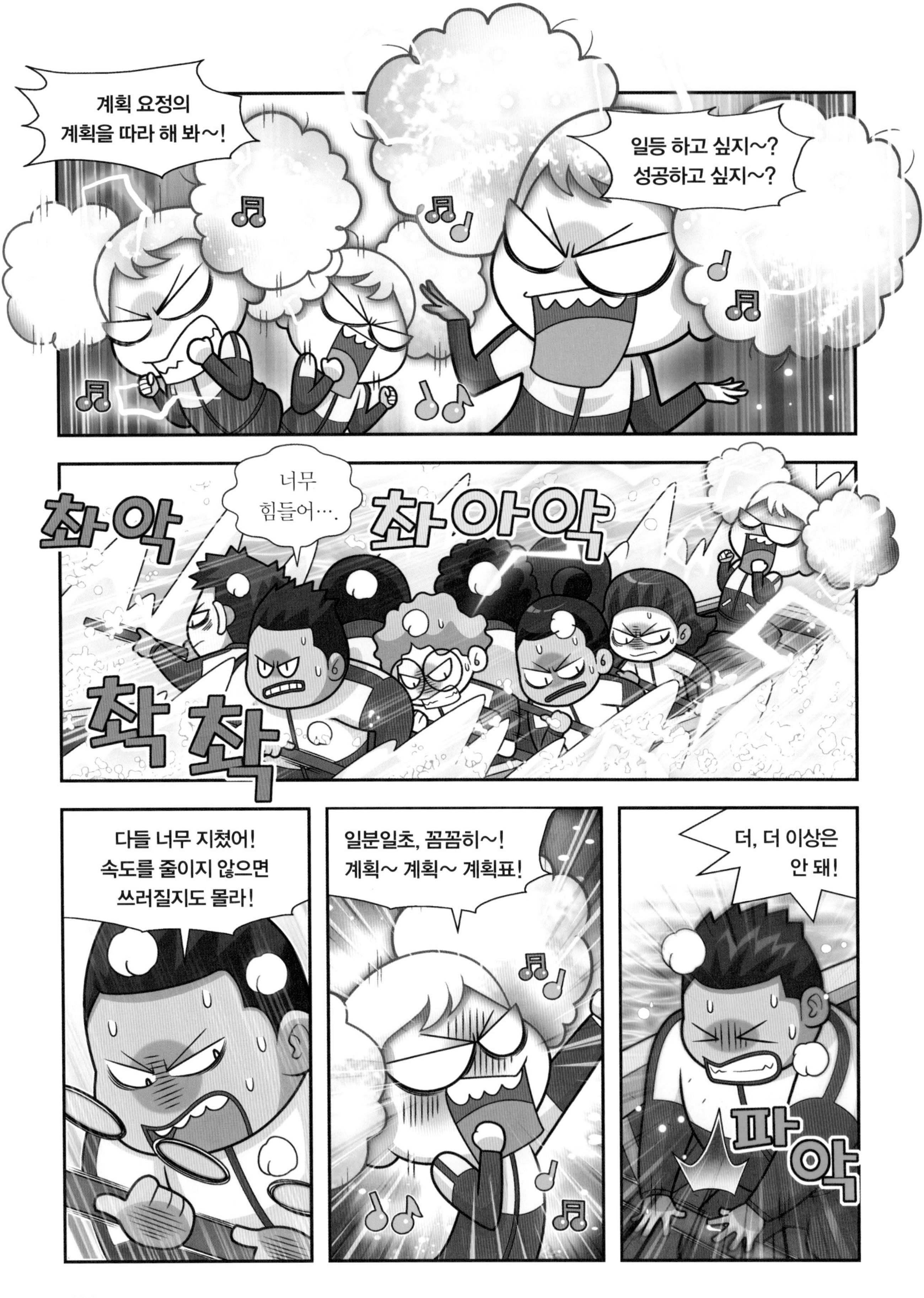
계획 요정의
계획을 따라 해 봐~!
일등 하고 싶지~?
성공하고 싶지~?
촤악
너무
힘들어….
촤아악
착 착
다들 너무 지쳤어!
속도를 줄이지 않으면
쓰러질지도 몰라!
일분일초, 꼼꼼히~!
계획~ 계획~ 계획표!
더, 더 이상은
안 돼!
파악

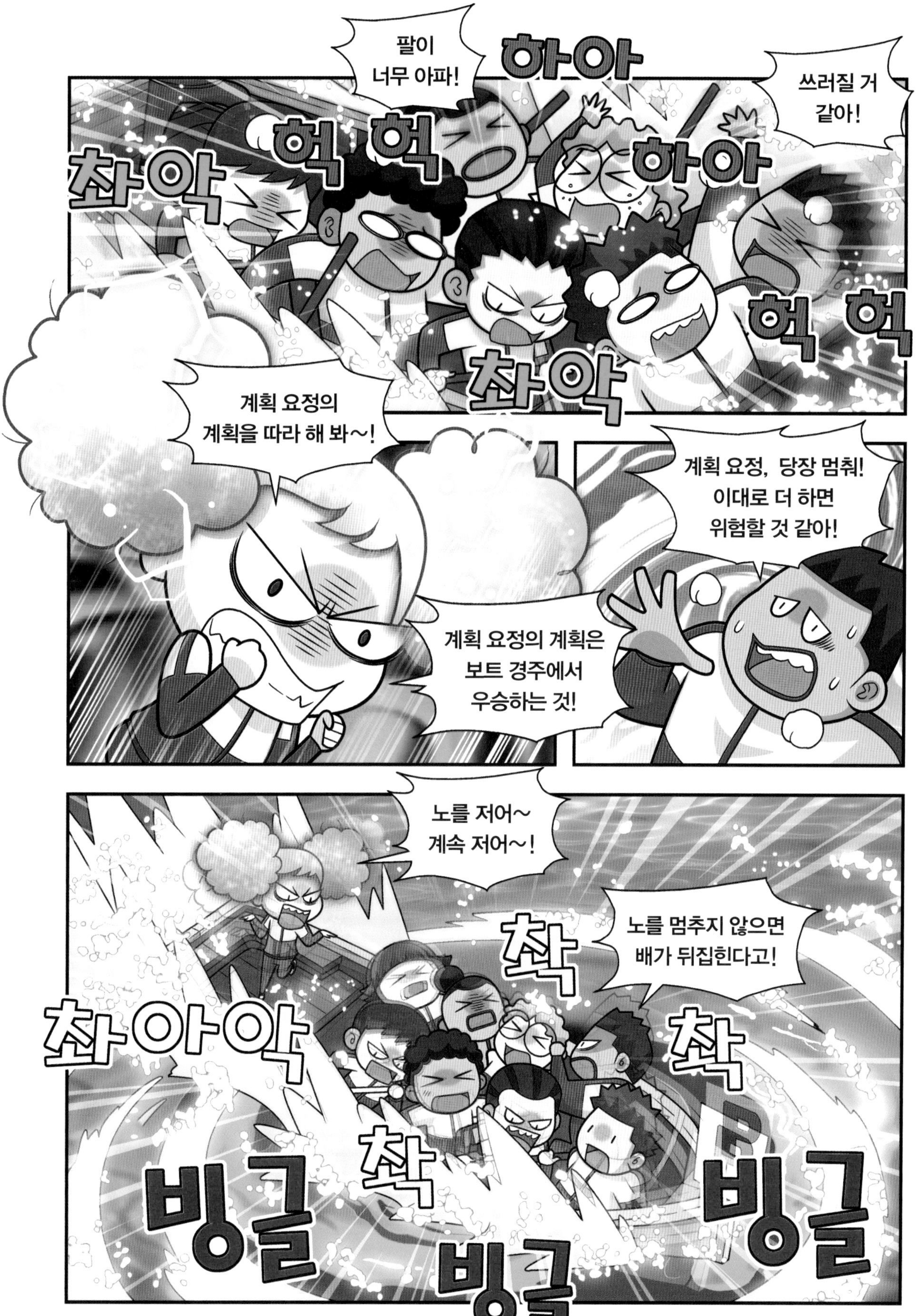

팔이 너무 아파!
하아
쓰러질 거 같아!
촤악
헉 헉
하아
헉 헉
촤악
계획 요정의 계획을 따라 해 봐~!
계획 요정, 당장 멈춰! 이대로 더 하면 위험할 것 같아!
계획 요정의 계획은 보트 경주에서 우승하는 것!
노를 저어~ 계속 저어~!
노를 멈추지 않으면 배가 뒤집힌다고!
착
촤아악
착
착
빙글
빙글
빙글

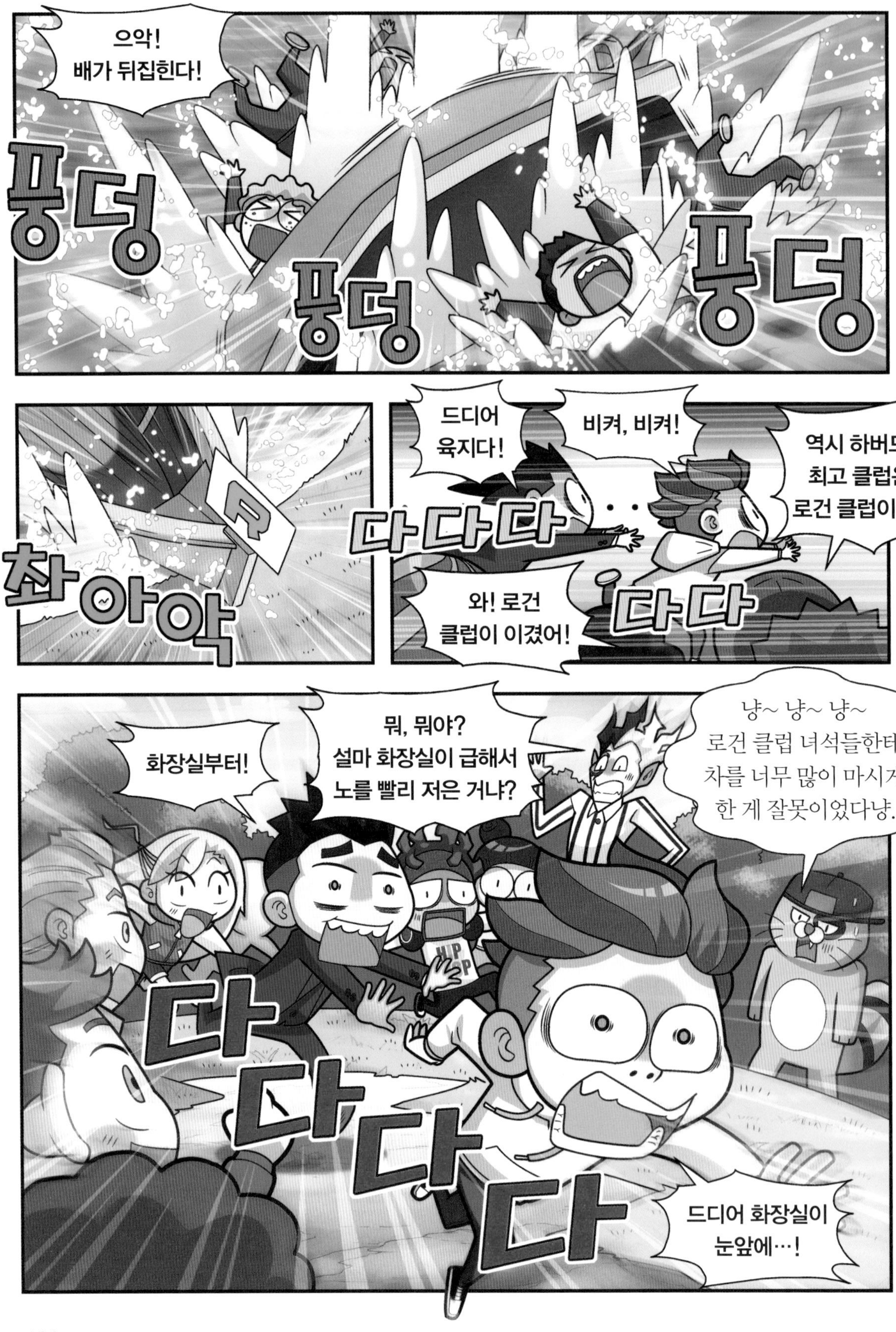
으악!
배가 뒤집힌다!
풍덩
풍덩
풍덩
촤아악
드디어
육지다!
비켜, 비켜!
역시 하버드
최고 클럽은
로건 클럽이야.
다다다
와! 로건
클럽이 이겼어!
다다
화장실부터!
뭐, 뭐야?
설마 화장실이 급해서
노를 빨리 저은 거냐?
냥~ 냥~ 냥~
로건 클럽 녀석들한테
차를 너무 많이 마시게
한 게 잘못이었다냥.
다다다다
드디어 화장실이
눈앞에…!

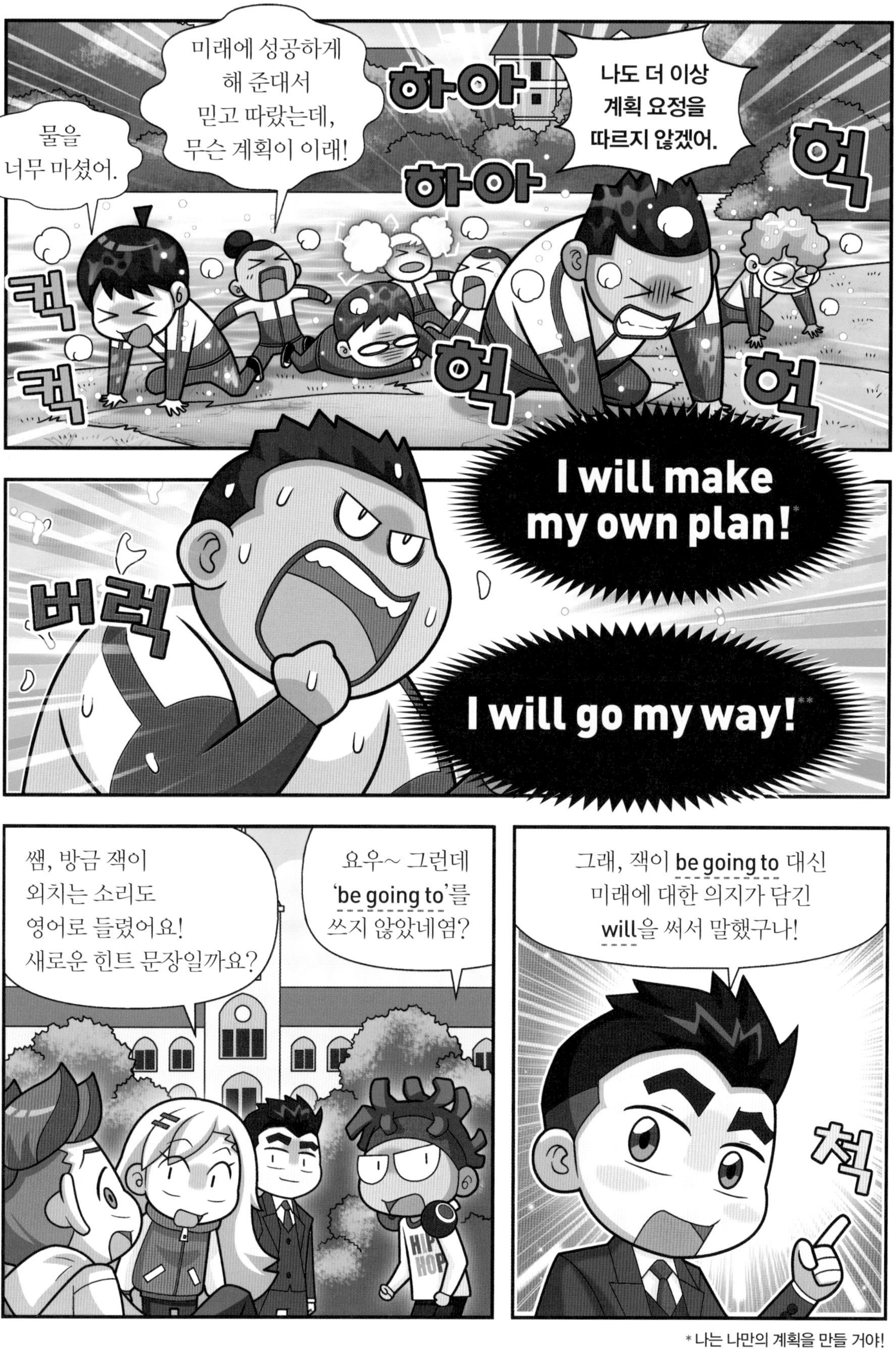
물을 너무 마셨어.
미래에 성공하게 해 준대서 믿고 따랐는데, 무슨 계획이 이래!
하아
하아
나도 더 이상 계획 요정을 따르지 않겠어.
헉
컥
컥
헉
헉
버럭
I will make my own plan!*
I will go my way!**
쌤, 방금 잭이 외치는 소리도 영어로 들렸어요! 새로운 힌트 문장일까요?
요우~ 그런데 'be going to'를 쓰지 않았네염?
그래, 잭이 be going to 대신 미래에 대한 의지가 담긴 will을 써서 말했구나!
척
HIP HOP

* 나는 나만의 계획을 만들 거야!

** 나는 나의 길을 갈 거야!

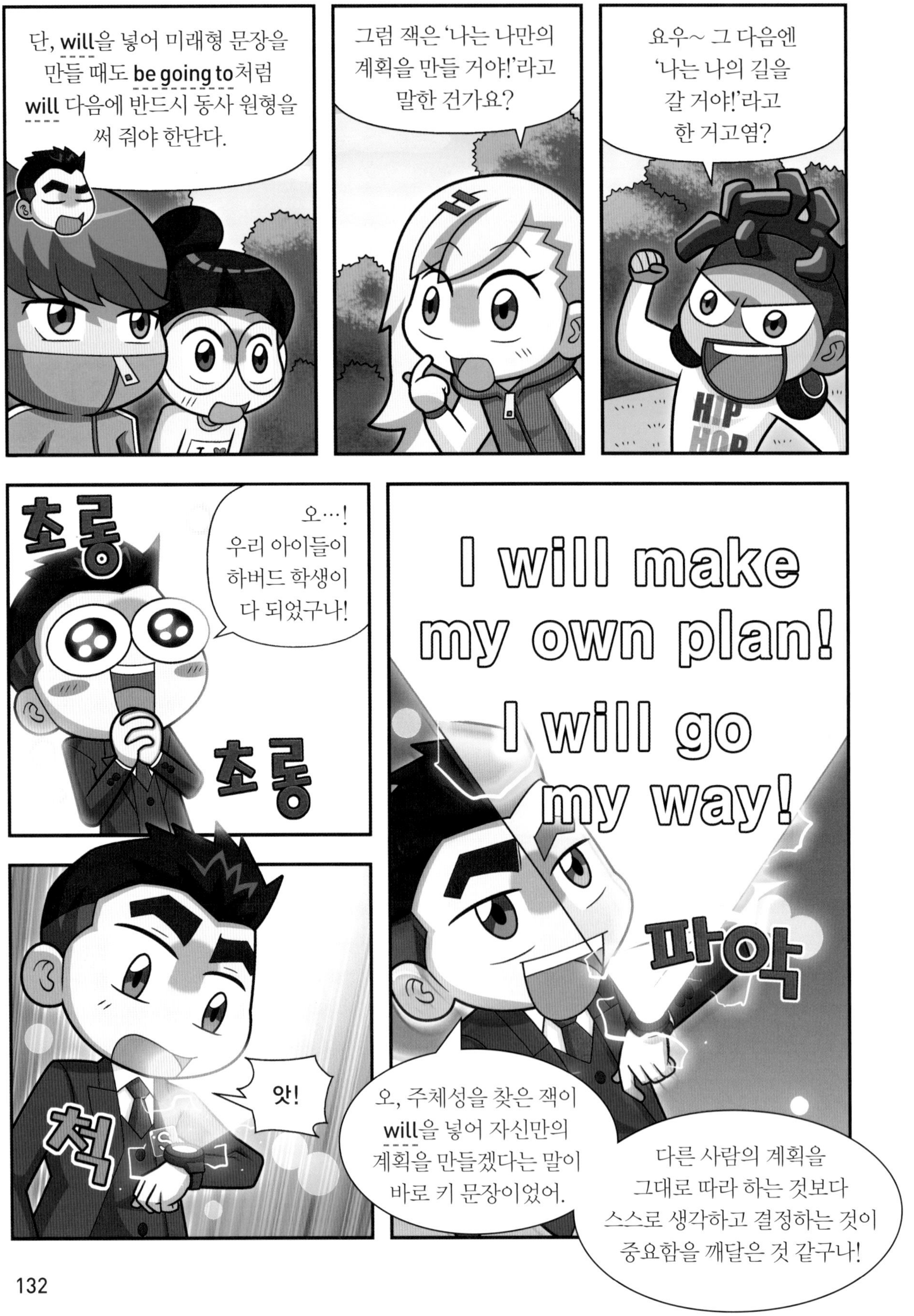

단, will을 넣어 미래형 문장을 만들 때도 be going to처럼 will 다음에 반드시 동사 원형을 써 줘야 한단다.
그럼 잭은 '나는 나만의 계획을 만들 거야!'라고 말한 건가요?
요우~ 그 다음엔 '나는 나의 길을 갈 거야!'라고 한 거고염?
HIP HOP
초롱
오…! 우리 아이들이 하버드 학생이 다 되었구나!
초롱
I will make my own plan!
I will go my way!
파악
척
앗!
오, 주체성을 찾은 잭이 will을 넣어 자신만의 계획을 만들겠다는 말이 바로 키 문장이었어.
다른 사람의 계획을 그대로 따라 하는 것보다 스스로 생각하고 결정하는 것이 중요함을 깨달은 것 같구나!

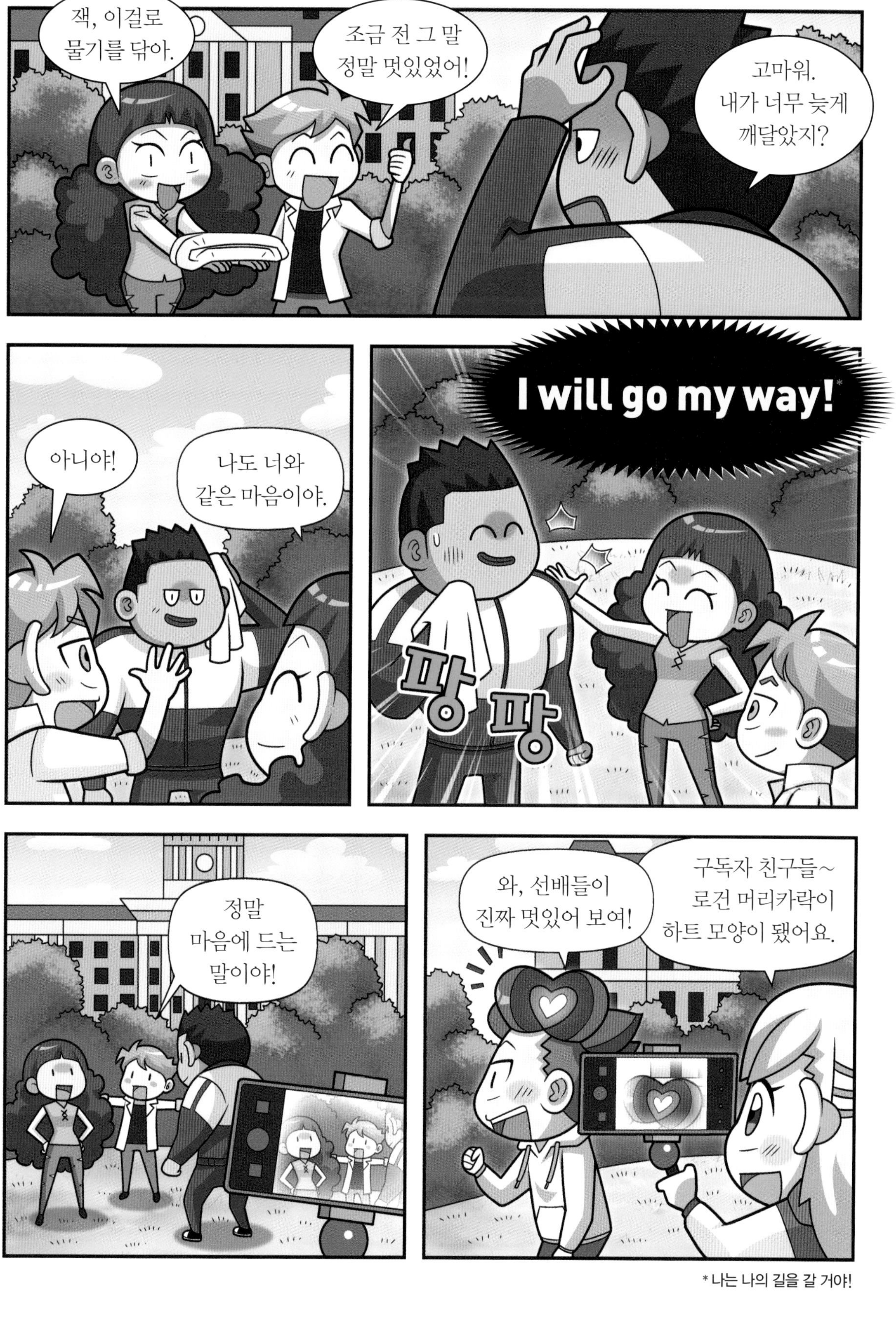

잭, 이걸로 물기를 닦아.
조금 전 그 말 정말 멋있었어!
고마워. 내가 너무 늦게 깨달았지?
아니야!
나도 너와 같은 마음이야.
I will go my way!*
팡 팡
정말 마음에 드는 말이야!
와, 선배들이 진짜 멋있어 보여!
구독자 친구들~ 로건 머리카락이 하트 모양이 됐어요.

* 나는 나의 길을 갈 거야!

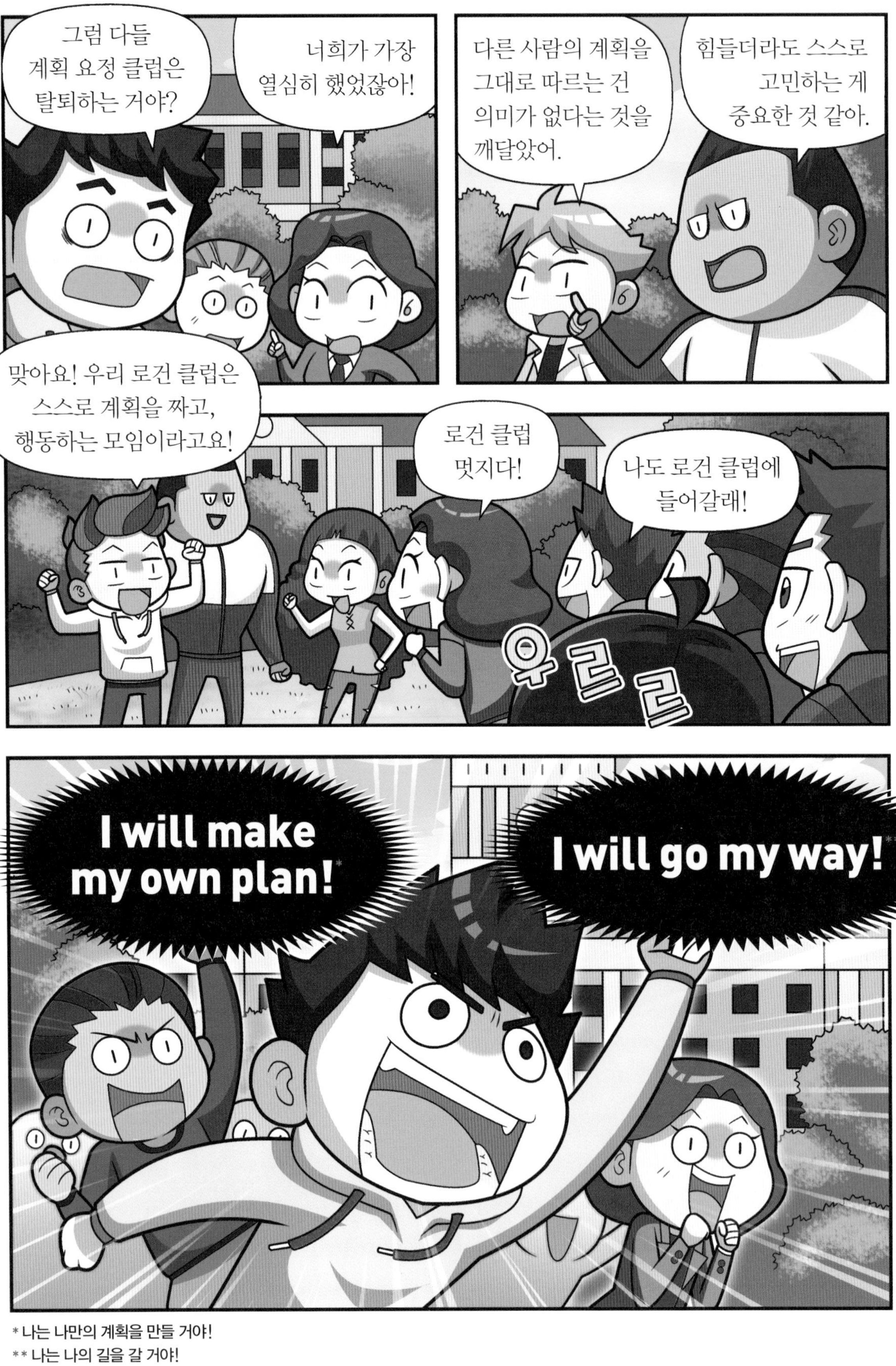
그럼 다들
계획 요정 클럽은
탈퇴하는 거야?
너희가 가장
열심히 했었잖아!
다른 사람의 계획을
그대로 따르는 건
의미가 없다는 것을
깨달았어.
힘들더라도 스스로
고민하는 게
중요한 것 같아.
맞아요! 우리 로건 클럽은
스스로 계획을 짜고,
행동하는 모임이라고요!
로건 클럽
멋지다!
나도 로건 클럽에
들어갈래!
우르르
I will make
my own plan!*
I will go my way!**

* 나는 나만의 계획을 만들 거야!

** 나는 나의 길을 갈 거야!

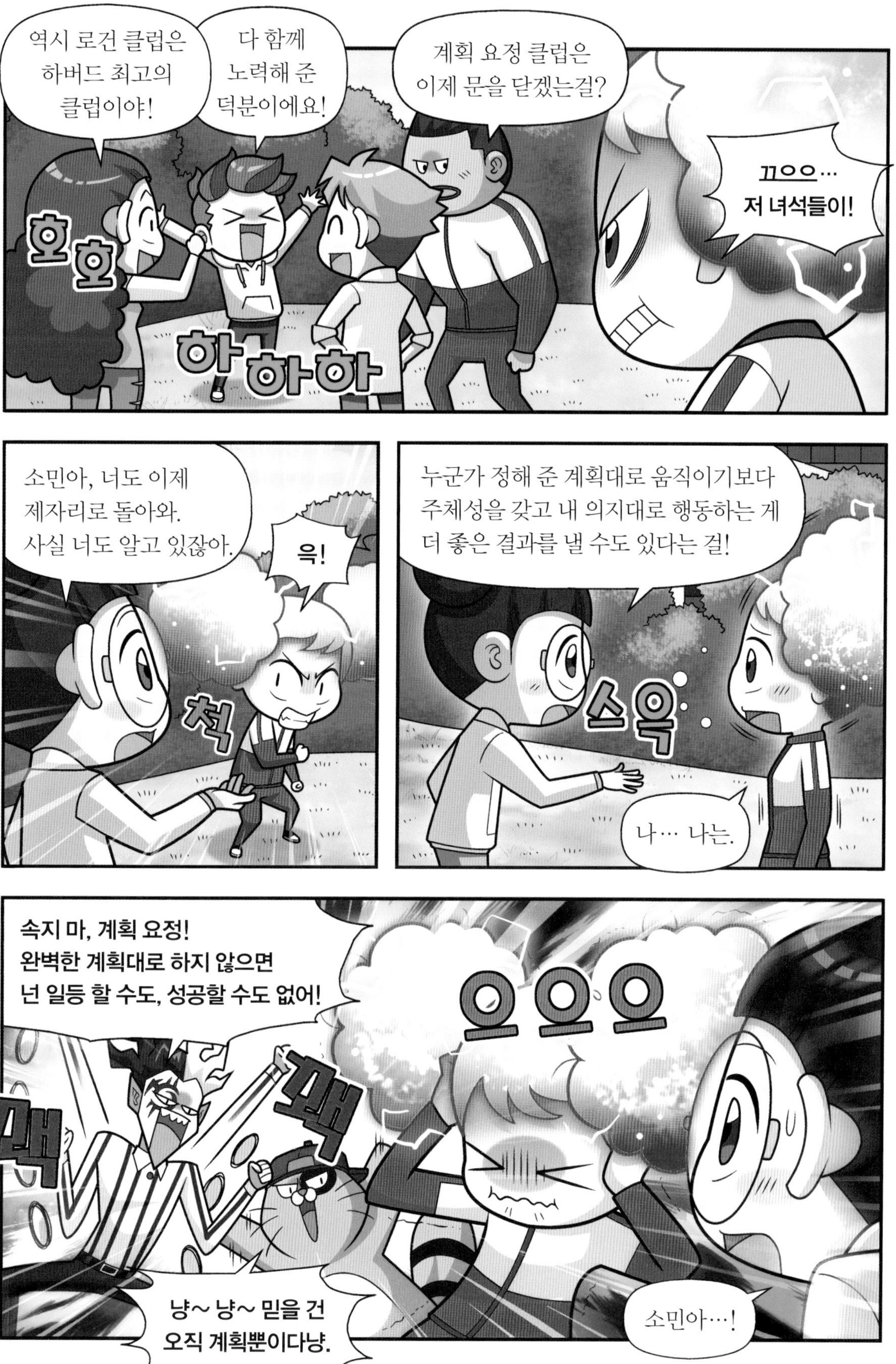
역시 로건 클럽은 하버드 최고의 클럽이야!
다 함께 노력해 준 덕분이에요!
계획 요정 클럽은 이제 문을 닫겠는걸?
끄으으… 저 녀석들이!
호호
하하하
소민아, 너도 이제 제자리로 돌아와. 사실 너도 알고 있잖아.
윽!
척
누군가 정해 준 계획대로 움직이기보다 주체성을 갖고 내 의지대로 행동하는 게 더 좋은 결과를 낼 수도 있다는 걸!
스윽
나… 나는.
속지 마, 계획 요정! 완벽한 계획대로 하지 않으면 넌 일등 할 수도, 성공할 수도 없어!
으으으
꽥
꽥
냥~ 냥~ 믿을 건 오직 계획뿐이다냥.
소민아…!

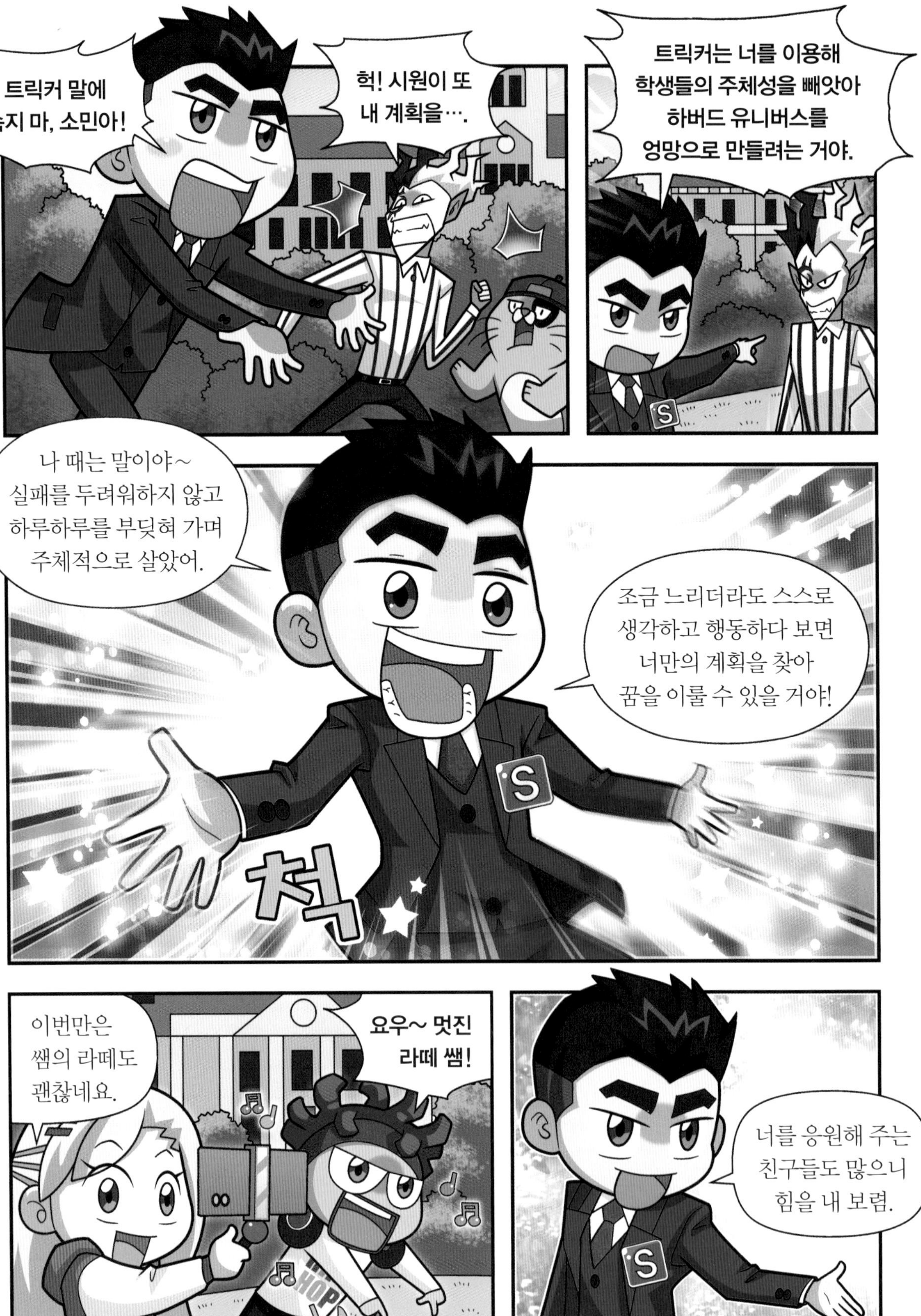
트릭커 말에
속지 마, 소민아!
헉! 시원이 또
내 계획을….
트릭커는 너를 이용해
학생들의 주체성을 빼앗아
하버드 유니버스를
엉망으로 만들려는 거야.
나 때는 말이야~
실패를 두려워하지 않고
하루하루를 부딪혀 가며
주체적으로 살았어.
조금 느리더라도 스스로
생각하고 행동하다 보면
너만의 계획을 찾아
꿈을 이룰 수 있을 거야!
척
이번만은
쌤의 라떼도
괜찮네요.
요우~ 멋진
라떼 쌤!
너를 응원해 주는
친구들도 많으니
힘을 내 보렴.

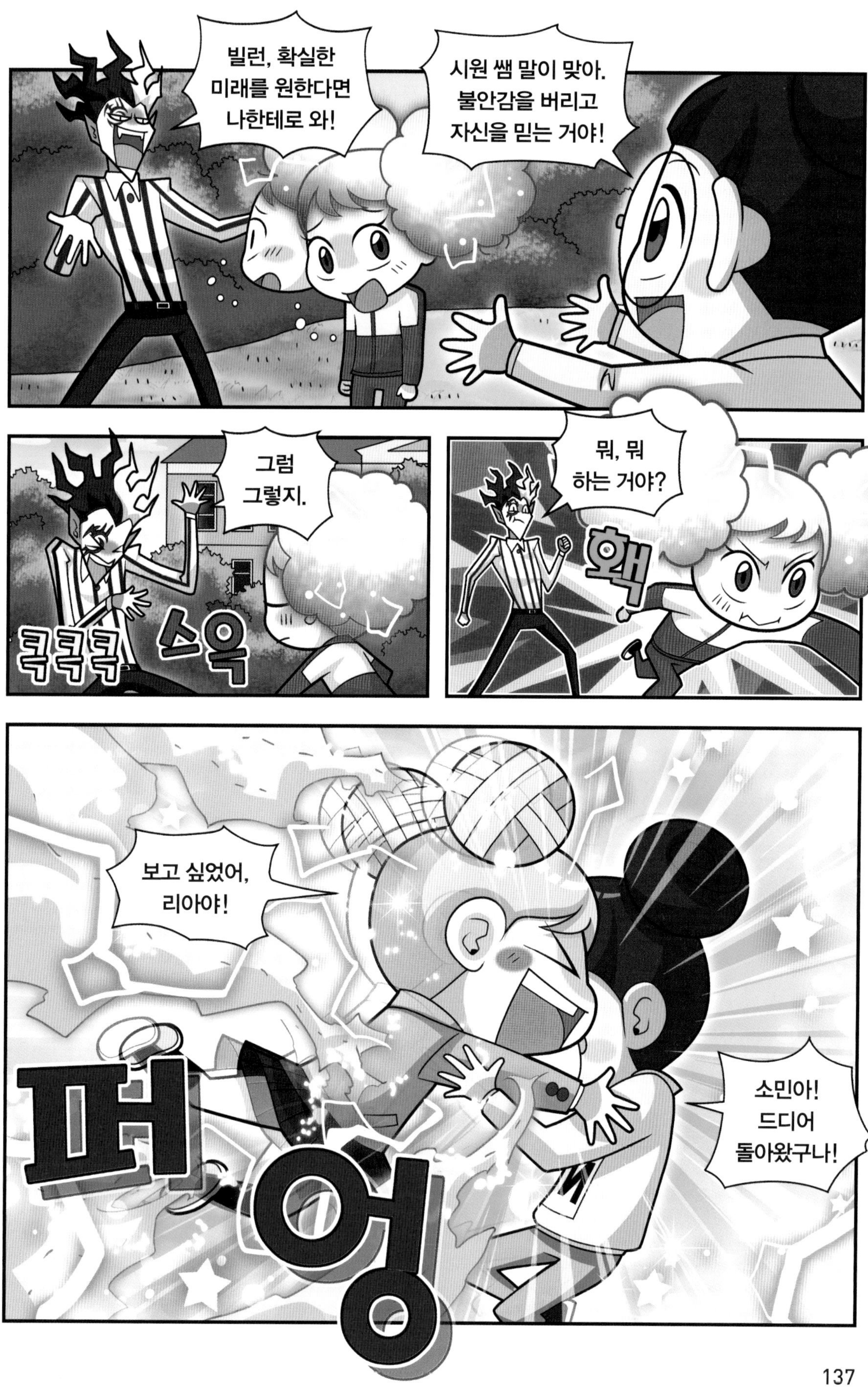
빌런, 확실한 미래를 원한다면 나한테로 와!
시원 쌤 말이 맞아. 불안감을 버리고 자신을 믿는 거야!
그럼 그렇지.
큭큭큭
스윽
뭐, 뭐 하는 거야?
홱
보고 싶었어, 리아야!
소민아! 드디어 돌아왔구나!
펑

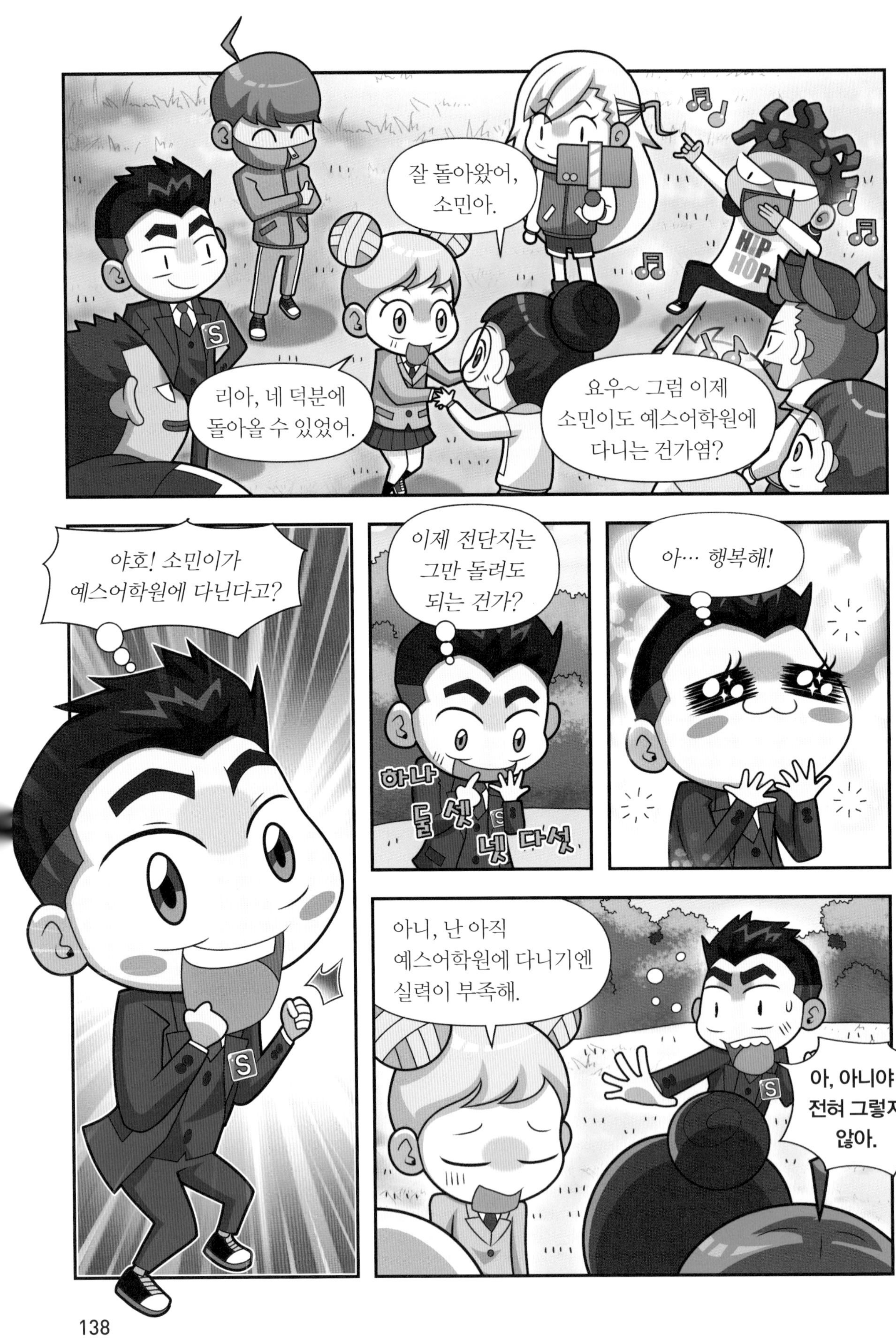

잘 돌아왔어, 소민아.
리아, 네 덕분에 돌아올 수 있었어.
요우~ 그럼 이제 소민이도 예스어학원에 다니는 건가염?
야호! 소민이가 예스어학원에 다닌다고?
이제 전단지는 그만 돌려도 되는 건가?
하나
둘 셋
넷 다섯
아… 행복해!
아니, 난 아직 예스어학원에 다니기엔 실력이 부족해.
아, 아니야! 전혀 그렇지 않아.

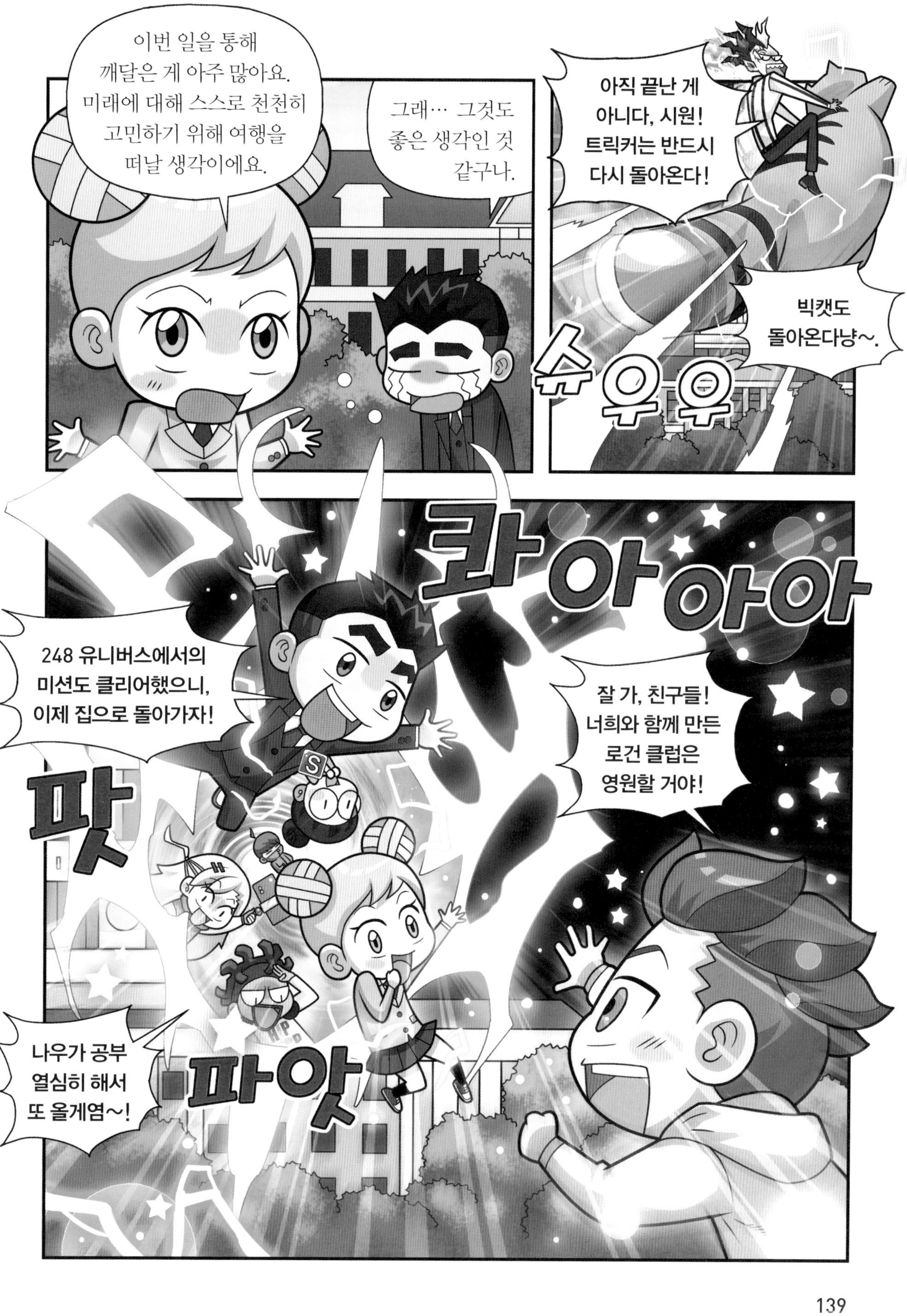

이번 일을 통해
깨달은 게 아주 많아요.
미래에 대해 스스로 천천히
고민하기 위해 여행을
떠날 생각이에요.
그래… 그것도
좋은 생각인 것
같구나.
아직 끝난 게
아니다, 시원!
트릭커는 반드시
다시 돌아온다!
빅캣도
돌아온다냥~.
슈우우
콰아아아
248 유니버스에서의
미션도 클리어했으니,
이제 집으로 돌아가자!
잘 가, 친구들!
너희와 함께 만든
로건 클럽은
영원할 거야!
팟
나우가 공부
열심히 해서
또 올게염~!
파앗

예스어학원
수업 시간

1교시 · **단어** Vocabulary 🔊

2교시 · **문법 1, 2, 3** Grammar 1,2,3 ▶

3교시 · **게임** Recess

4교시 · **읽고 쓰기** Reading & Writing

5교시 · **유니버스 이야기** Story

6교시 · **말하기** Speaking

7교시 · **쪽지 시험** Quiz

예스어학원의 수업 시간표야!
공부를 시작하기 전에
시간표 정도는 봐 둬야겠지?

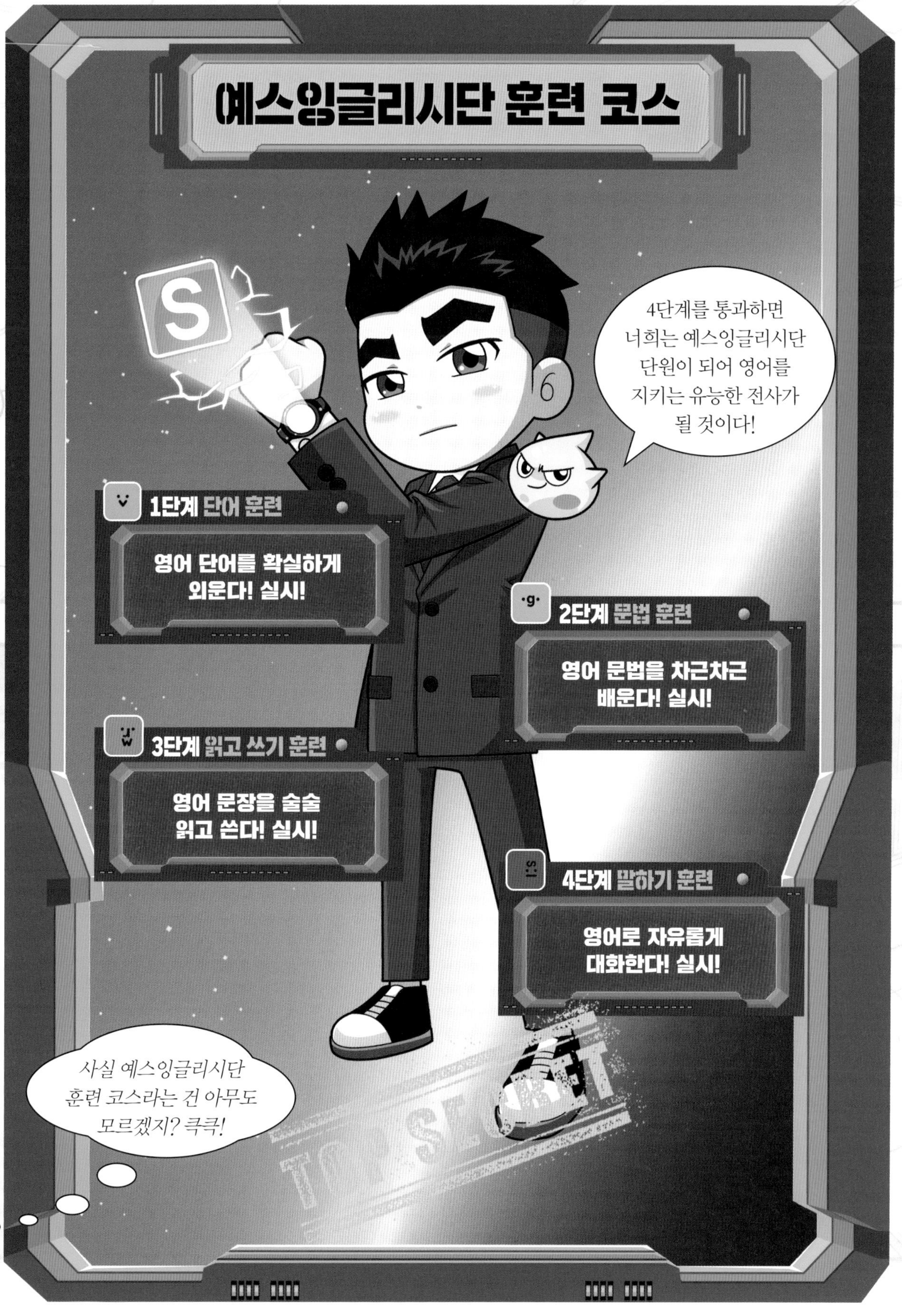

예스잉글리시단 훈련 코스
4단계를 통과하면 너희는 예스잉글리시단 단원이 되어 영어를 지키는 유능한 전사가 될 것이다!
1단계 단어 훈련
영어 단어를 확실하게 외운다! 실시!
2단계 문법 훈련
영어 문법을 차근차근 배운다! 실시!
3단계 읽고 쓰기 훈련
영어 문장을 술술 읽고 쓴다! 실시!
4단계 말하기 훈련
영어로 자유롭게 대화한다! 실시!
사실 예스잉글리시단 훈련 코스라는 건 아무도 모르겠지? 큭큭!

1교시 · 단어 • Vocabulary

step 1. 단어 강의

영어의 첫걸음은 단어를 외우는 것에서부터 시작된단다.
단어를 많이 알아야 영어를 잘할 수 있어. 그럼 12권의 필수 단어를 한번 외워 볼까?

No.	시간과 날	Time & Day	No.	시간과 날	Time & Day
1	~시	o'clock	11	주말	weekend
2	정오	noon	12	해, 연	year
3	오전	a.m.*	13	달, 월	month
4	오후	p.m.**	14	1시간, 시간	hour
5	밤	night	15	분	minute
6	아침	morning	16	초, 잠깐	second
7	오후	afternoon	17	어제	yesterday
8	저녁	evening	18	오늘	today
9	날짜	date	19	오늘 밤에	tonight
10	주, 일주일	week	20	내일	tomorrow

나는 morning에 기분이 제일 좋아!

그래서 afternoon에 괴팍해지는 건가?

얘들아, 그만 떠들고 homework 하자~.

* 라틴어 ante meridiem에서 유래한 말로, 줄여 쓰는 약어.
** 라틴어 post meridiem에서 유래한 말로, 줄여 쓰는 약어.

원어민 발음 듣기
QR코드를 찍어 봐!

No.	학교생활	School Life
21	숙제	homework
22	일기, 수첩	diary
23	수업	lesson
24	시험	exam (examination)
25	계획	plan

No.	학교생활	School Life
26	클럽, 동아리	club
27	과제, 임무	assignment
28	대회	contest
29	만들다	make
30	준비하다	prepare

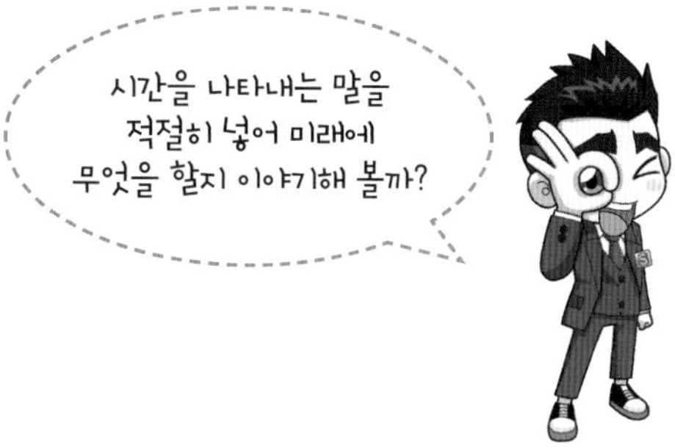
시간을 나타내는 말을
적절히 넣어 미래에
무엇을 할지 이야기해 볼까?

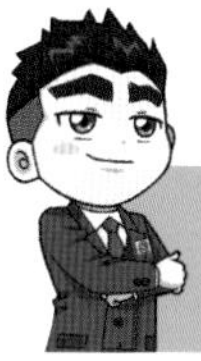

step 2. 단어 시험

단어를 확실하게 외웠는지 한번 볼까? 빈칸을 채워 봐.

- 정오 ______________
- 어제 ______________
- 밤 ______________
- 내일 ______________
- 저녁 ______________
- 수업 ______________
- 주말 ______________
- 계획 ______________
- 달, 월 ______________
- 준비하다 ______________

• 정답은 162~163쪽에 있습니다.

step 1. 문법 강의

앞으로 일어날 미래의 일을 말할 때는 미래형 문장을 쓰면 돼. 미래형 문장은 조동사 will이나 be going to를 사용해서 만들 수 있어. 하지만 will과 be going to의 쓰임이 다르니, 상황에 따라 알맞게 활용할 수 있도록 확실히 알아 두자!

조동사 will은 미래에 대한 의지나 그 자리에서 바로 결정한 일을 말할 때 사용하며, '~할 것이다'로 해석할 수 있어. 이때 will 다음에는 꼭 동사 원형이 와야 해.

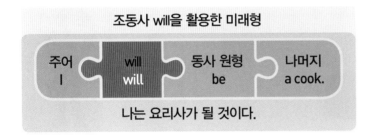

조동사 will을 활용한 미래형

주어	will	동사 원형	나머지
I	will	be	a cook.

나는 요리사가 될 것이다.

be going to는 좀 더 계획된 미래의 일을 말할 때 사용하며, '~할 예정이다'로 해석할 수 있지. 이때 be going to에서 'be'는 'Be 동사'를 말해. Be 동사는 주어에 따라 적절하게 골라 쓰는 거 알고 있지? be going to 다음에도 동사 원형이 온다는 것을 잊지 마!

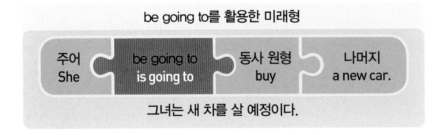

be going to를 활용한 미래형

주어	be going to	동사 원형	나머지
She	is going to	buy	a new car.

그녀는 새 차를 살 예정이다.

시원 쌤표 영어 구구단

will	미래에 대한 의지, 즉흥적인 결정
be going to	계획된 일, 미리 결심한 일

동영상 강의 보기
QR코드를 찍어 봐!

step 2. 문법 정리

현재형 문장을 미래형 문장으로 바꾸어 봐!

현재형	···›	미래형
나는 걷는다. **I walk.**	···›	나는 걸을 것이다. **I** will **walk.**
나는 우유를 산다. **I buy some milk.**	···›	나는 우유를 살 것이다. **I** will **buy some milk.**
우리는 버스를 탄다. **We take a bus.**	···›	우리는 버스를 탈 예정이다. **We** are going to **take a bus.**
그녀는 나에게 선물을 준다. **She gives me a gift.**	···›	그녀는 나에게 선물을 줄 예정이다. **She** is going to **give me a gift.**

step 3. 문법 대화

미래형이 쓰인 대화를 한번 들어 봐!

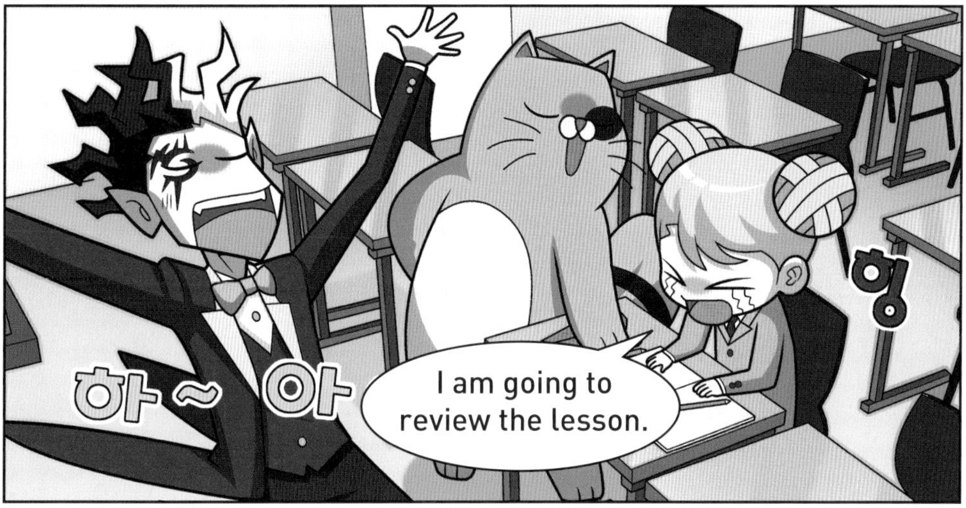

하 ~ 아
I am going to review the lesson.
헝

step 1. 문법 강의

미래형 부정문은 어떻게 만드는지 알아볼까?
미래형 부정문을 만들 때는 조동사 will과 Be 동사 뒤에 각각 not만 붙이면 돼.
정말 간단하지?

will not은 줄여서 won't로 쓰며, '~하지 않을 것이다'로 해석할 수 있어.

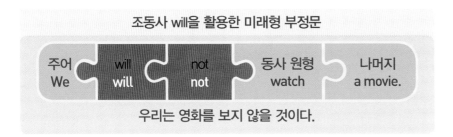

조동사 will을 활용한 미래형 부정문

주어	will	not	동사 원형	나머지
We	will	not	watch	a movie.

우리는 영화를 보지 않을 것이다.

Be 동사 + not은 주어에 따라 aren't와 isn't로 줄여 쓸 수 있으며,
Be 동사 + not + going to는 '~하지 않을 예정이다'로 해석할 수 있지.
보통 줄여 쓰는 경우도 많으니 다양하게 익혀 두자!

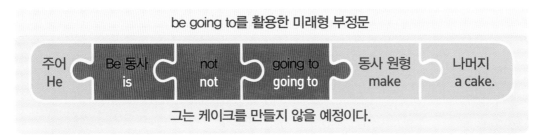

be going to를 활용한 미래형 부정문

주어	Be 동사	not	going to	동사 원형	나머지
He	is	not	going to	make	a cake.

그는 케이크를 만들지 않을 예정이다.

쌤! 그럼 I am not은 줄여 쓸 수 없나요?

좋은 질문이야! I am not은 주어와 Be 동사를 줄여서 I'm not으로 쓸 수 있어. 이와 마찬가지로 You're, She's, We're 등으로 줄여 쓸 수도 있지.

동영상 강의 보기
QR코드를 찍어 봐!

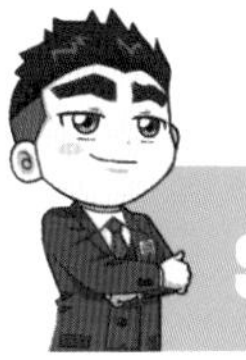

step 2. 문법 정리

미래형 긍정문을 미래형 부정문으로 바꾸어 봐!

미래형 긍정문	···›	미래형 부정문
나는 나의 장난감을 팔 것이다. **I will sell my toy.**	···›	나는 나의 장난감을 팔지 않을 것이다. **I won't sell my toy.**
그는 너와 같이 갈 것이다. **He will go with you.**	···›	그는 너와 같이 가지 않을 것이다. **He won't go with you.**
그들은 클럽을 만들 것이다. **They will make a club.**	···›	그들은 클럽을 만들지 않을 것이다. **They won't make a club.**
우리는 디저트를 먹을 예정이다. **We are going to eat a dessert.**	···›	우리는 디저트를 먹지 않을 예정이다. **We aren't going to eat a dessert.**
그녀는 노래를 부를 예정이다. **She is going to sing a song.**	···›	그녀는 노래를 부르지 않을 예정이다. **She isn't going to sing a song.**

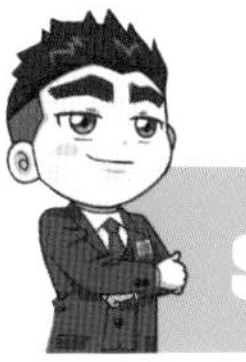

step 3. 문법 대화

미래형 부정문이 나온 대화를 한번 들어 봐!

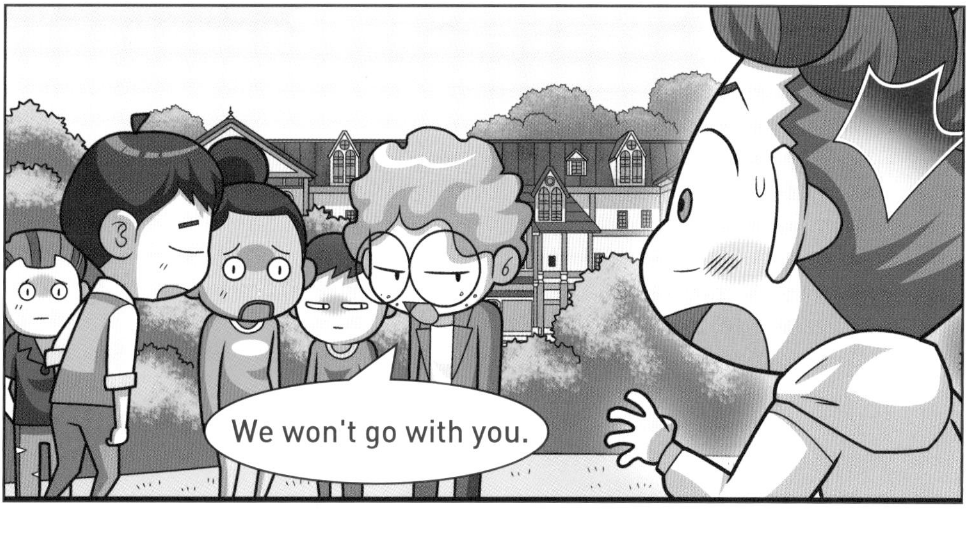
We won't go with you.

2교시 ·g· 문법 3 • Grammar 3

step 1. 문법 강의

마지막으로 미래형 의문문에 대해 알아 보자. 조동사 will을 사용할 경우에는 will만 주어 앞으로 옮겨 주면 되는데, 뜻은 '~할 거니?'가 돼.
또 be going to를 사용할 경우에는 Be 동사만 주어 앞으로 옮겨 주면 되는데, 뜻은 '~할 예정이니?'가 된단다.

조동사 will을 활용한 미래형 의문문

Will	주어	동사 원형	나머지?
Will	you	come	to my birthday party?

너는 내 생일 파티에 올 거니?

be going to를 활용한 미래형 의문문

Be 동사	주어	going to	동사 원형	나머지?
Are	you	going to	sing	a song?

너는 노래를 부를 예정이니?

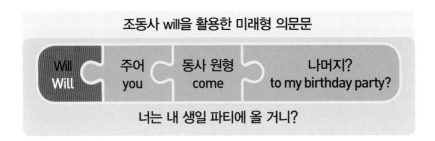

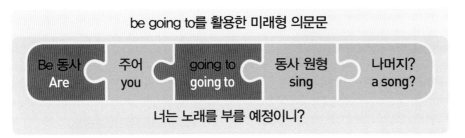

미래형 의문문에 대한 대답은 아래와 같이 해 주면 돼.

will		be going to	
긍정일 때	부정일 때	긍정일 때	부정일 때
Yes, 주어 + will.	No, 주어 + will not(won't).	Yes, 주어 + Be 동사.	No, 주어 + Be 동사 + not(am not/isn't/aren't).

동영상 강의 보기
QR코드를 찍어 봐!

step 2. 문법 정리

미래형 긍정문을 미래형 의문문으로 바꾸어 봐!

미래형 긍정문	···›	미래형 의문문
그는 그 책을 읽을 것이다. He will read the book.	···›	그는 그 책을 읽을 거니? Will he read the book?
그들은 부산으로 이사할 것이다. They will move to Busan.	···›	그들은 부산으로 이사할 거니? Will they move to Busan?
너는 축구를 할 예정이다. You are going to play soccer.	···›	너는 축구를 할 예정이니? Are you going to play soccer?
그녀는 케이크를 구울 예정이다. She is going to bake a cake.	···›	그녀는 케이크를 구울 예정이니? Is she going to bake a cake?
선생님은 수업을 준비할 예정이다. The teacher is going to prepare the lesson.	···›	선생님은 수업을 준비할 예정이니? Is the teacher going to prepare the lesson?

step 3. 문법 대화

미래형 의문문이 나온 대화를 한번 들어 봐!

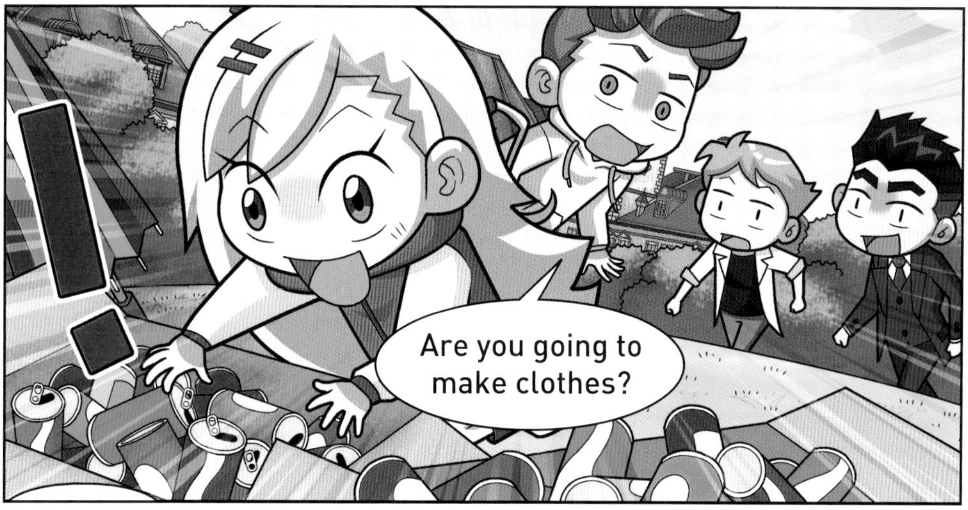
Are you going to make clothes?

3교시 게임 • Recess

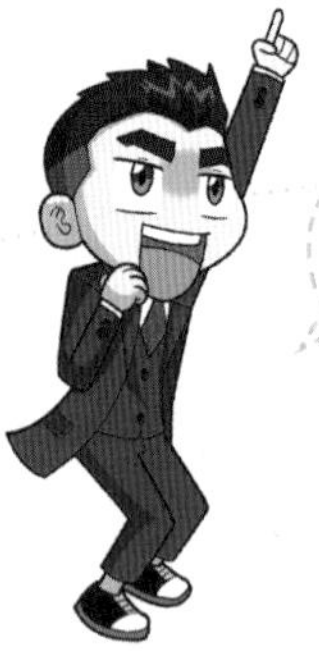

그림을 보고 빈칸에
가장 잘 어울리는 단어를
연결해 보렴!

우아~ 재미있겠다!
얘들아, 우리
함께 풀어 보자!

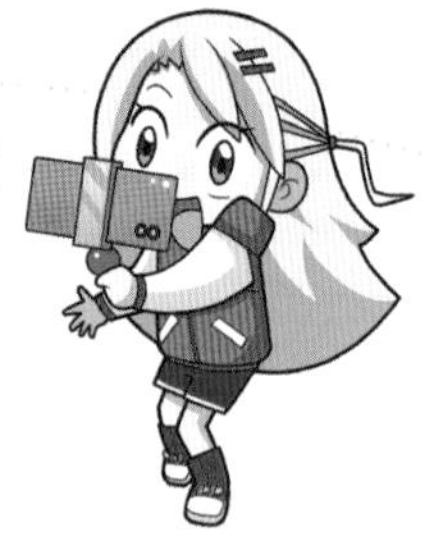

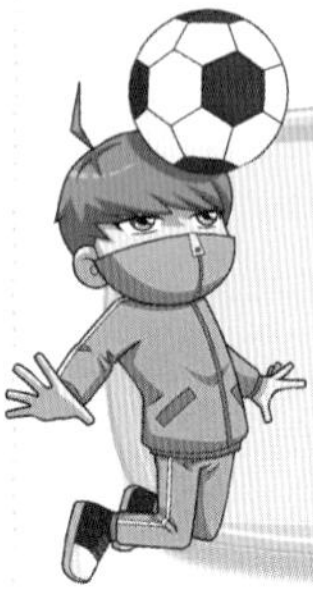

He is going to join a soccer _____. ○ ○ contest

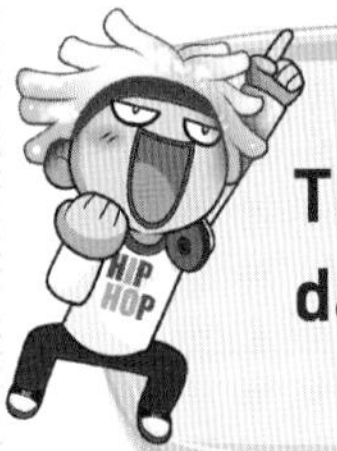

There will be a dance _____ soon. ○ ○ exam

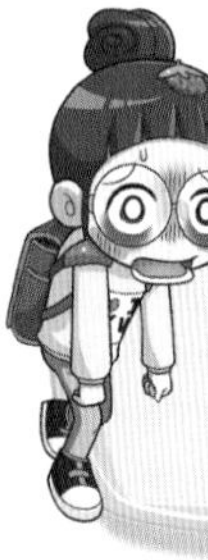

I am going to take a _____. ○ ○ make

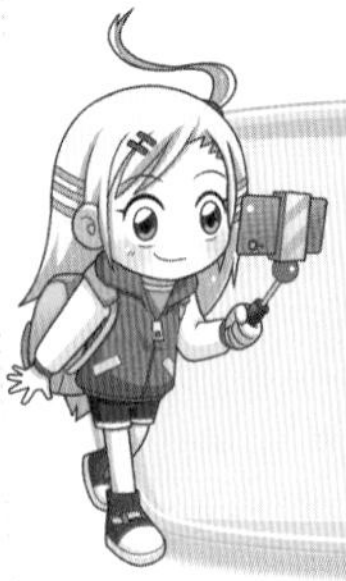

I will _____ a YouTube video. ○ ○ club

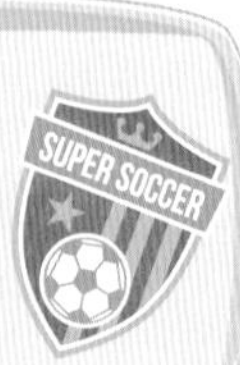
SUPER SOCCER

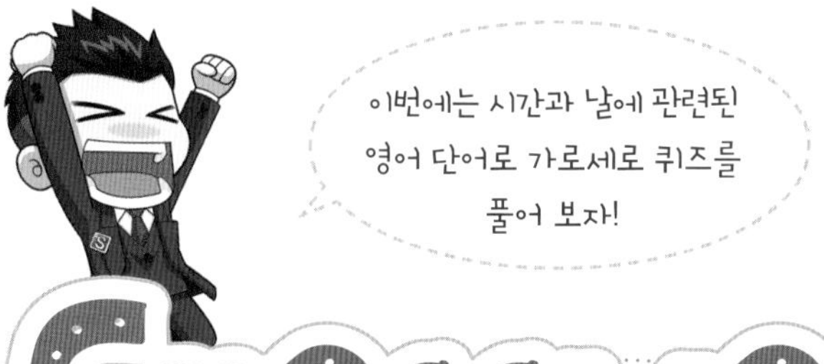

이번에는 시간과 날에 관련된 영어 단어로 가로세로 퀴즈를 풀어 보자!

Crossword

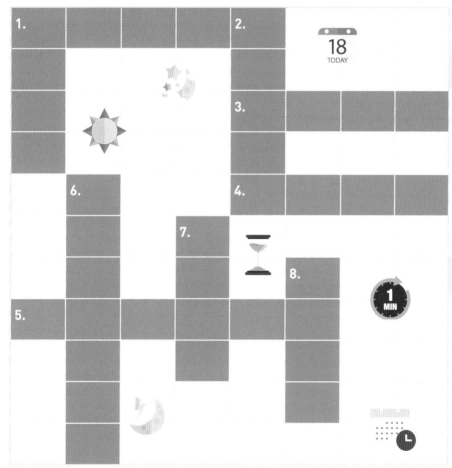

18
TODAY

가로 문제

1. 밤
3. 날짜
4. 해, 연
5. 분

세로 문제

1. 정오
2. 오늘
6. 오늘 밤에
7. 1시간, 시간
8. 주, 일주일

루시는 every minute 시끄럽지~ Yo!

도망갈 시간 3seconds 준다. 하나, 둘, 셋!

* 정답은 162~163쪽에 있습니다.

4교시 읽고 쓰기 • Reading & Writing

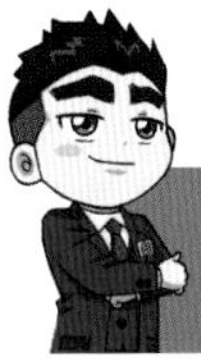

step 1. 읽기

자유자재로 영어를 읽고, 쓰고, 말하고 싶다면 문장 만들기 연습을 반복해야 하지.
먼저 다음 문장들이 익숙해질 때까지 읽어 볼까?

• 나는 걸을 것이다.	**I will walk.**
• 나는 우유를 살 것이다.	**I will buy some milk.**
• 나는 나의 장난감을 팔 것이다.	**I will sell my toy.**
• 그는 너와 같이 갈 것이다.	**He will go with you.**
• 그들은 클럽을 만들 것이다.	**They will make a club.**
• 그는 그 책을 읽을 것이다.	**He will read the book.**
• 그들은 부산으로 이사할 것이다.	**They will move to Busan.**
• 나는 요리사가 될 것이다.	**I will be a cook.**
• 우리는 돈을 모을 것이다.	**We will save money.**
• 그녀는 새 차를 살 예정이다.	**She is going to buy a new car.**
• 그는 피자를 주문할 예정이다.	**He is going to order some pizza.**
• 나는 걸을 예정이다.	**I am going to walk.**
• 우리는 버스를 탈 예정이다.	**We are going to take a bus.**
• 그녀는 나에게 선물을 줄 예정이다.	**She is going to give me a gift.**

문장 만들기 연습

1회 ☐ 2회 ☐ 3회 ☐

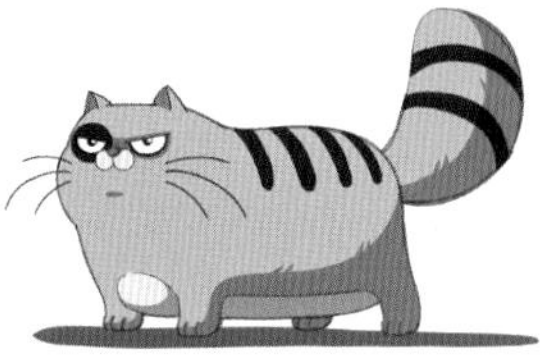

• 우리는 수업을 복습할 예정이다.	**We** are going to **review the lesson.**
• 그녀는 노래를 부를 예정이다.	**She** is going to **sing a song.**
• 그녀는 케이크를 구울 예정이다.	**She** is going to **bake a cake.**
• 나는 나의 장난감을 팔지 않을 것이다.	**I** won't **sell my toy.**
• 그는 너와 같이 가지 않을 것이다.	**He** won't **go with you.**
• 그녀는 편지를 받지 못할 것이다.	**She** won't **receive a letter.**
• 내일은 덥지 않을 것이다.	**It** won't **be hot tomorrow.**
• 그는 오늘 그녀의 일정을 따르지 않을 것이다.	**He** won't **follow her schedule today.**
• 그는 올해 여행하지 않을 예정이다.	**He** isn't going to **travel this year.**
• 우리는 디저트를 먹지 않을 예정이다.	**We** aren't going to **eat a dessert.**
• 그녀는 노래를 부르지 않을 예정이다.	**She** isn't going to **sing a song.**
• 그는 그 책을 읽을 거니?	Will **he read the book?**
• 너는 캠핑하러 갈 거니?	Will **you go camping?**
• 너는 축구를 할 예정이니?	Are **you** going to **play soccer?**
• 그는 친구에게 전화할 예정이니?	Is **he** going to **call his friend?**
• 선생님은 수업을 준비할 예정이니?	Is **the teacher** going to **prepare the lesson?**

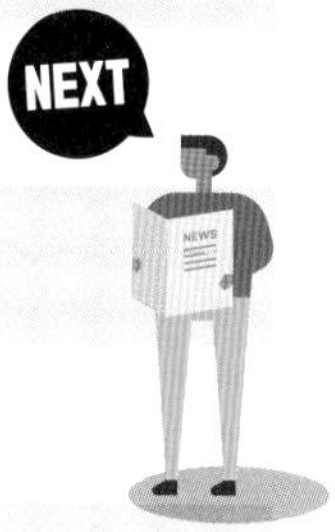
NEXT

step 2. 쓰기

익숙해진 문장들을 이제 한번 써 볼까? 괄호 안의 단어를 보고, 순서에 맞게 문장을 만들어 보자.

❶ 나는 걸을 것이다. (will, I, walk)

_____.

❷ 우리는 버스를 탈 예정이다. (We, take, are, a, going, to, bus)

_____.

❸ 그녀는 나에게 선물을 줄 예정이다. (me, She, give, to, is, going, a, gift)

_____.

❹ 그들은 클럽을 만들 것이다. (make, They, a, will, club)

_____.

❺ 나는 나의 장난감을 팔지 않을 것이다. (won't, I, sell, my, toy)

_____.

❻ 그녀는 편지를 받지 못할 것이다. (a, She, receive, won't, letter)

_____.

❼ 너는 축구를 할 예정이니? (going, Are, to, you, play, soccer)

_____?

❽ 그는 친구에게 전화할 예정이니? (to, call, his, Is, he, going, friend)

_____?

이제 미래형 문장을 영어로 써 볼까? 영작을 하다 보면 실력이 훨씬 늘 거야.
잘 모르겠으면, 아래에 있는 WORD BOX를 참고해!

❶ 그는 그 책을 읽을 것이다. _____ .

❷ 나는 걸을 예정이다. _____ .

❸ 그는 너와 같이 가지 않을 것이다. _____ .

❹ 선생님은 수업을 준비할 예정이니? _____ ?

❺ 내일은 덥지 않을 것이다. _____ .

❻ 그녀는 노래를 부르지 않을 예정이다. _____ .

❼ 너는 캠핑하러 갈 거니? _____ ?

❽ 나는 요리사가 될 것이다. _____ .

WORD BOX

• He	• will	• am	• going	• I	• the	• you
• read	• book	• walk	• sing	• go	• to	• won't
• with	• Is	• It	• teacher	• be	• She	• tomorrow
• hot	• isn't	• lesson	• camping	• a	• song	• prepare
• cook						

• 정답은 162~163쪽에 있습니다.

우리가 열두 번째로 다녀온 곳은 바로 248 유니버스란다. 아이비리그 중 하나인 미국 최고의 명문 대학, 하버드 대학교가 있는 곳이지. 어떤 곳인지 좀 더 자세히 알아볼까?

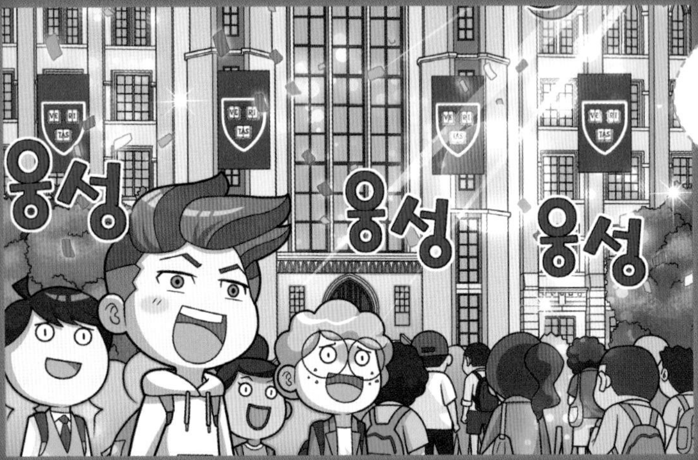
웅성
웅성
웅성

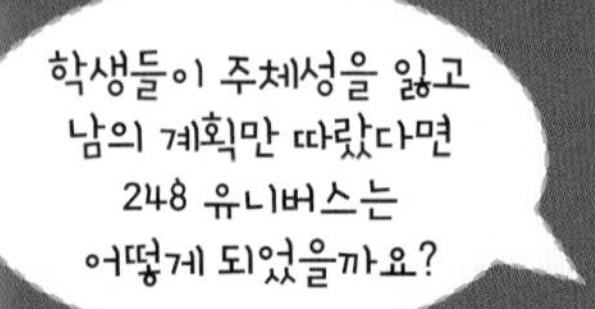
학생들이 주체성을 잃고 남의 계획만 따랐다면 248 유니버스는 어떻게 되었을까요?

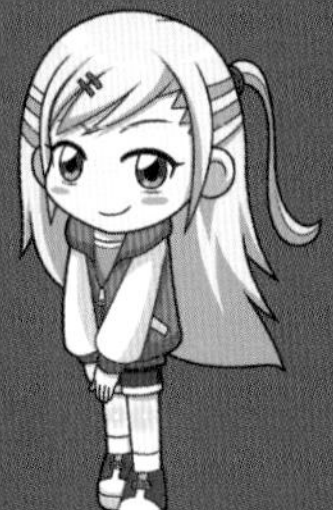

◀ 248 유니버스
위치 444 유니버스랑 가까운 곳
상황 미국 하버드 대학교에 계획 요정 빌런이 나타나 계획대로만 움직이게 학생들을 조종하고 있음.
키 문장 "I will make my own plan!" "I will go my way!"

248 유니버스 이야기: 미래형

248 유니버스는 미국 하버드 대학교가 있는 곳이에요. 시원 쌤과 친구들은 빌런으로 변한 소민이를 찾기 위해 이곳에 오게 되지요. 하버드 대학교에 도착한 시원 쌤과 친구들은 계획 요정으로 변한 소민이를 만나게 돼요. 계획 요정은 일분일초 단위로 짜여진 완벽한 계획만 따르면 성공할 수 있다며 학생들을 현혹하고, 수석 입학한 계획 요정처럼 일등과 성공을 꿈꾸던 학생들은 '계획 요정 클럽'에 가입하게 돼요. 그리고 계획 요정의 계획대로만 움직이며 주체성과 자신의 의지를 잃어버려요. 이에 이상함을 느낀 신입생 로건은 예스잉글리시단과 함께 '로건 클럽'을 만들어 계획 요정 클럽에 맞서게 돼요. 이후 두 클럽은 각종 학교 행사에서 라이벌로 만나게 돼요. 결국 계획 요정 클럽은 자유로운 분위기 속에서 스스로 미래를 만들어 가는 로건 클럽에게 지고 말아요. 남의 계획만 따라 하는 게 얼마나 의미 없는 일인지 깨달은 학생들은 하나둘 제자리로 돌아오지요. 돌아온 잭이 외친 "I will make my own plan!", "I will go my way!"는 248 유니버스의 키 문장이자, 스스로 미래를 결정하고자 하는 의지를 되찾아 준 멋진 명대사예요.

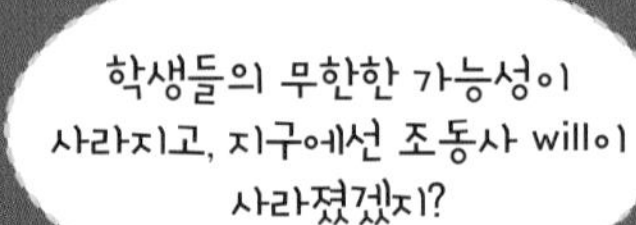
학생들의 무한한 가능성이 사라지고, 지구에선 조동사 will이 사라졌겠지?

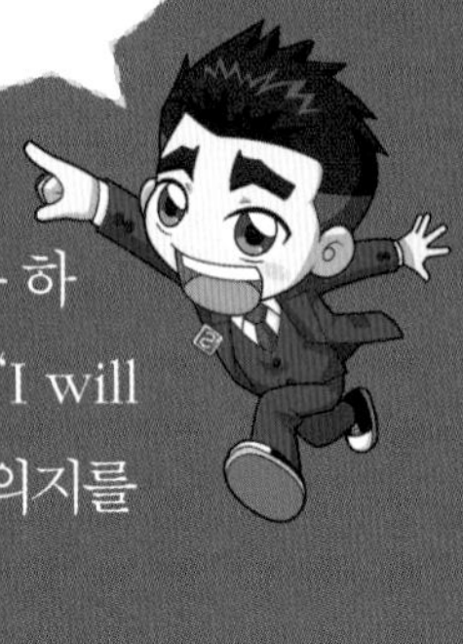

우리 지구의 실제 이야기: 아이비리그

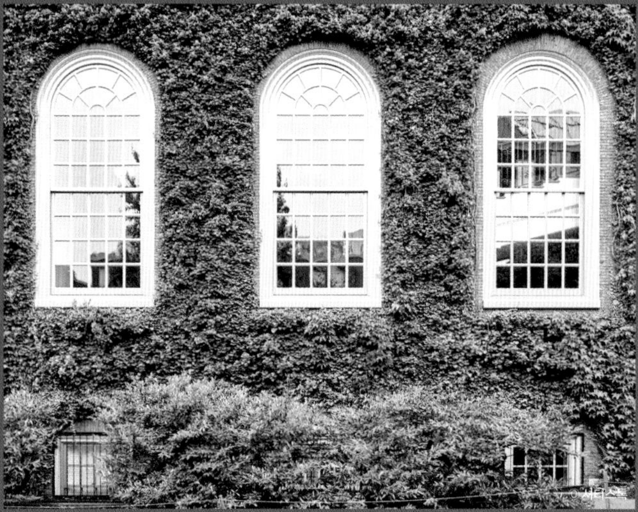

© 셔터스톡

▲ 아이비로 뒤덮여 있는 하버드 대학교 건물

미국 매사추세츠주에 위치한 하버드 대학교는 아이비리그의 대표 명문 학교예요. 아이비리그는 미국 북동부에 위치한 8개의 명문 대학을 이르는 말이에요. 다트머스(Dartmouth), 브라운(Brown), 예일(Yale), 컬럼비아(Columbia), 코넬(Cornell), 프린스턴(Princeton), 펜실베이니아(Pennsylvania), 하버드(Harvard) 대학교가 이에 속하지요. 1954년, 이 학교들은 스포츠 리그를 만들어 정기적으로 스포츠 시합을 하기로 약속하는데요. 리그에 속하는 8개의 대학 모두 담쟁이덩굴, 즉 '아이비(Ivy)'로 학교 건물이 뒤덮여 있어서 '아이비리그'라 부르게 됐다고 해요. 그중에서도 특히 예일 대학교는 하버드 대학교의 라이벌로 손꼽히는데, 두 학교는 매년 두 종목의 스포츠 경기를 펼치지요. 하나는 '더 레이스(The Race)'라 불리는 조정 경기, 다른 하나는 '더 게임(The Game)'이라 불리는 미식축구 경기예요. 두 학교는 라이벌 의식이 강해서 해당 경기가 있을 때면 양팀의 신경전이 대단하답니다.

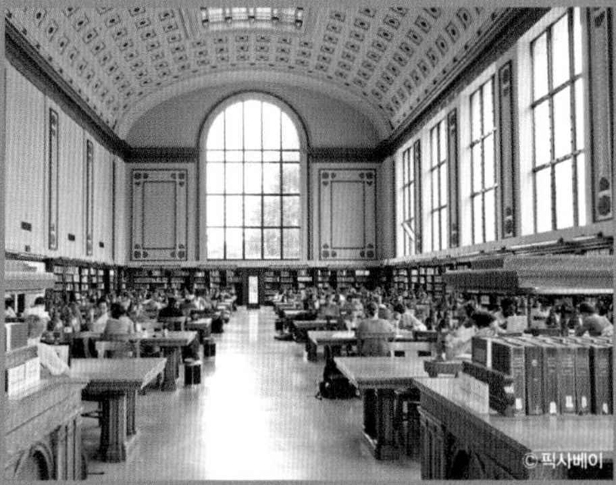

© 픽사베이

▲ 미국의 대학교

미국의 학년별 별칭

미국의 대학교와 고등학교에서는 학년별로 지칭하는 용어가 있어요. 1학년은 freshman, 2학년은 sophomore, 3학년은 junior, 4학년은 senior라고 해요. 특히 sophomore는 '지혜로운'이라는 뜻의 그리스어 sophos에 '우둔한'이라는 뜻의 그리스어 moros를 합성해서 만든 단어예요. 1학년보다는 지혜롭지만 3학년보다는 우둔하다는 뜻이지요. 이 단어는 영국 케임브리지 대학교에서 처음 사용되었는데, 이후 하버드 대학교로 전파되어 미국 대학교와 고등학교에서 사용되고 있답니다. 일종의 별칭이라고 할 수 있지요.

6교시 말하기 • Speaking

step 1. 대화 보기

만화에서 나오는 대사, '아이 해브 어 퀘스천(I have a question).'은 어떨 때 쓰는 걸까?

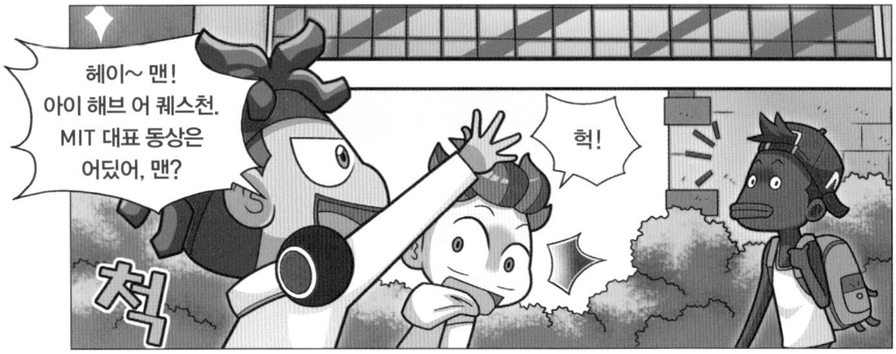
헤이~ 맨!
아이 해브 어 퀘스천.
MIT 대표 동상은
어딨어, 맨?
헉!
척

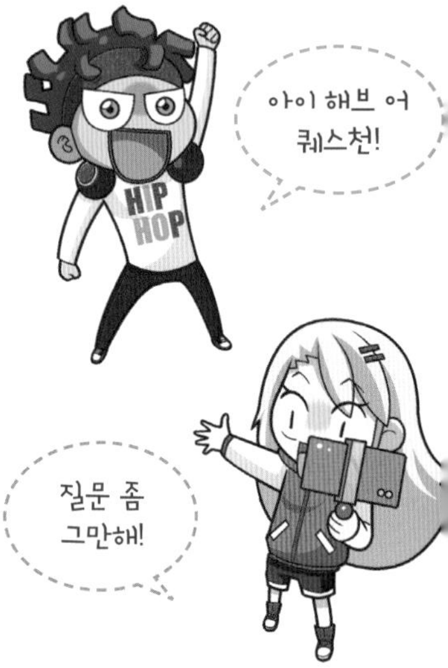
아이 해브 어
퀘스천!
질문 좀
그만해!

step 2. 대화 더하기

'아이 해브 어 퀘스천(I have a question).'은 '질문이 있다.'라는 뜻이야. 어떤 상황이나 사물에 대해 질문할 때 사용하는 말이지. 그렇다면 이와 비슷한 의미로 쓰이는 영어 표현들은 뭐가 있을까? 친구들이 하는 말을 듣고 따라 해 보렴.

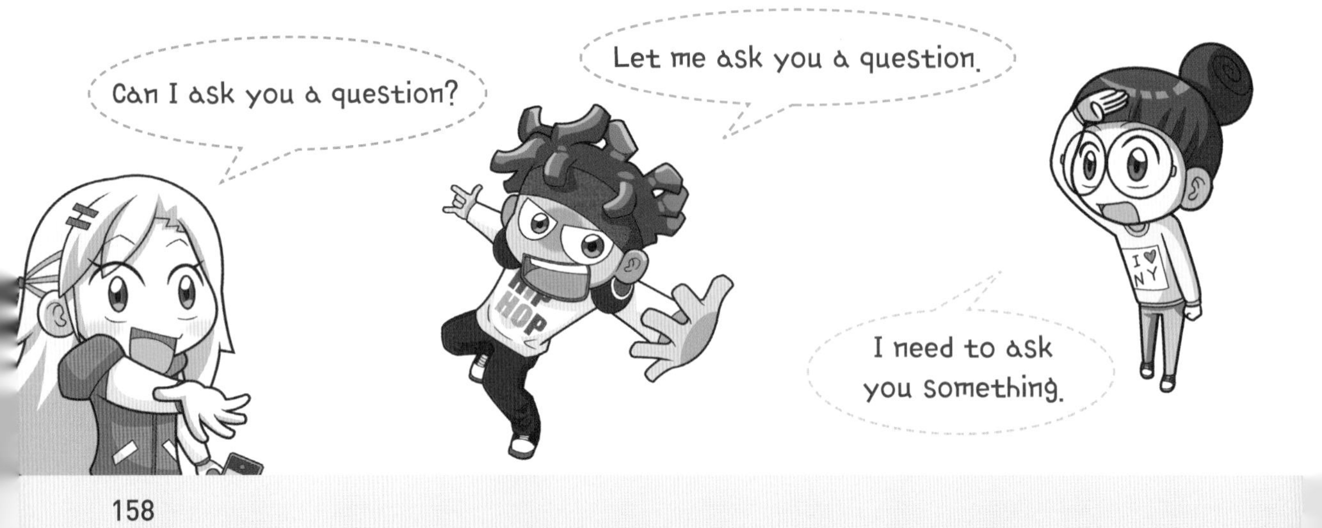
Can I ask you a question?
Let me ask you a question.
I need to ask
you something.

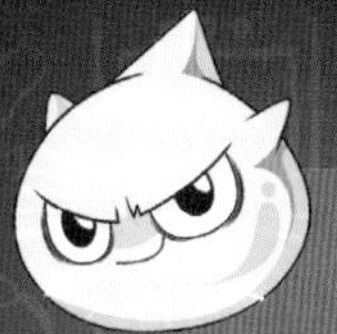

한눈에 보는 이번 수업 핵심 정리

여기까지 열심히 공부한 여러분 모두 굿 잡!
어떤 걸 배웠는지 떠올려 볼까?

1. 미래형을 배웠어.

앞으로 일어날 미래의 일을 말할 때는 미래형 문장을 쓰면 돼.
조동사 will과 be going to를 사용하면 만들 수 있어.
이때 will과 be going to 다음에는 꼭 동사 원형이 와야 해.

2. 미래형 부정문을 배웠어.

미래형 부정문을 만들 때는 조동사 will과 Be 동사 뒤에 not만 붙이면 돼.
그러면 '~하지 않을 것이다', '~하지 않을 예정이다'라는 뜻이 돼.

3. 미래형 의문문을 배웠어.

미래형 의문문을 만들 때는 조동사 will과 Be 동사를 주어 앞으로 옮겨 주면 돼.
그러면 '~할 거니?', '~할 예정이니?'라는 뜻이 돼.

어때, 쉽지? 다음 시간에 또 보자!

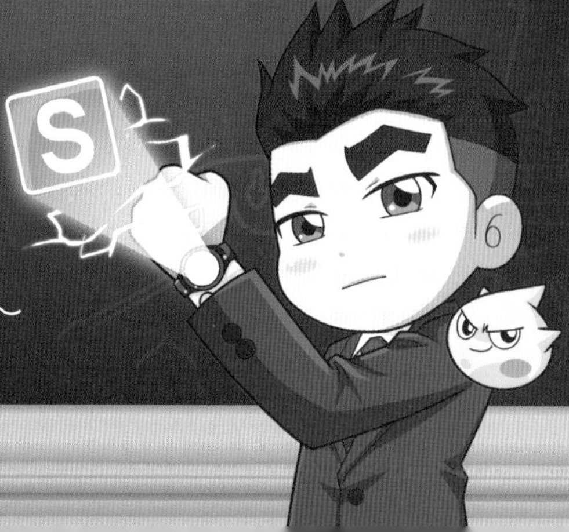

쪽지 시험 • Quiz

수업 시간에 잘 들었는지 쪽지 시험을 한번 볼까?

1. 학교생활과 가장 관련이 없는 단어는 무엇일까요?

 exam

 club

 evening

 assignment

2. 시간을 나타내는 단어가 아닌 것은 무엇일까요?

 hour

 minute

 second

 homework

3. 다음 중 가장 늦은 시간을 가리키는 단어는 무엇일까요?

 morning

 night

 noon

 afternoon

4. 다음 중 틀린 말은 어느 것일까요?

① 조동사 will과 be going to는 아무런 의미 차이가 없다.

② will not은 won't로 줄여서 쓸 수 있다.

③ 미래형을 나타낼 때 조동사 will 뒤에는 동사 원형이 온다.

④ 미래형을 나타낼 때 be going to 뒤에는 동사 원형이 온다.

5. 다음 중 올바른 문장은 무엇일까요?

① She will receives a letter.
② It won't is hot tomorrow.
③ I will going to buy some milk.
④ We will save money.

6. 다음 중 틀린 문장은 무엇일까요?

① He won't goes with you.
② They will make a club.
③ I will be a cook.
④ We are going to take a bus.

7. 문장의 빈칸을 완성해 보세요.

① 그녀는 새 차를 살 예정이다.   She (   ) (   ) (   ) buy a new car.
② 나는 우유를 살 것이다.   I (   ) buy some milk.
③ 그는 올해 여행하지 않을 예정이다. He (   ) going to travel this year.
④ 그는 그 책을 읽을 거니?   (   ) he read the book?

8. 다음 문장을 완성해 보세요.

I (   ) study English.

* 정답은 162~163쪽에 있습니다.

수업 끝!

정답 • Answer

P 143

• 정오	noon	• 어제	yesterday
• 밤	night	• 내일	tomorrow
• 저녁	evening	• 수업	lesson
• 주말	weekend	• 계획	plan
• 달, 월	month	• 준비하다	prepare

P 150~151

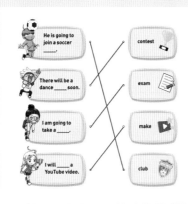

He is going to join a soccer ____.
There will be a dance ____ soon.
I am going to take a ____.
I will ____ a YouTube video.
contest
exam
make
club

1. night
2. today
3. date
4. year
5. minute
6. tonight
7. hour
8. week
18
TODAY

P 154

❶ I will walk

❷ We are going to take a bus

❸ She is going to give me a gift

❹ They will make a club

❺ I won't sell my toy

❻ She won't receive a letter

❼ Are you going to play soccer

❽ Is he going to call his friend

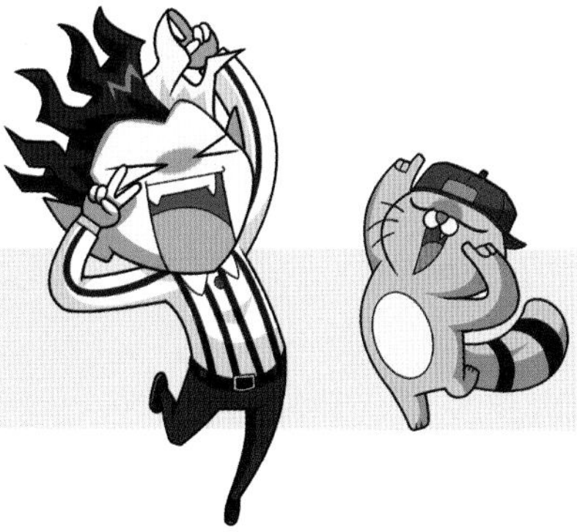

P 155

1. He will read the book
2. I am going to walk
3. He won't go with you
4. Is the teacher going to prepare the lesson
5. It won't be hot tomorrow
6. She isn't going to sing a song
7. Will you go camping
8. I will be a cook

P 160

1.

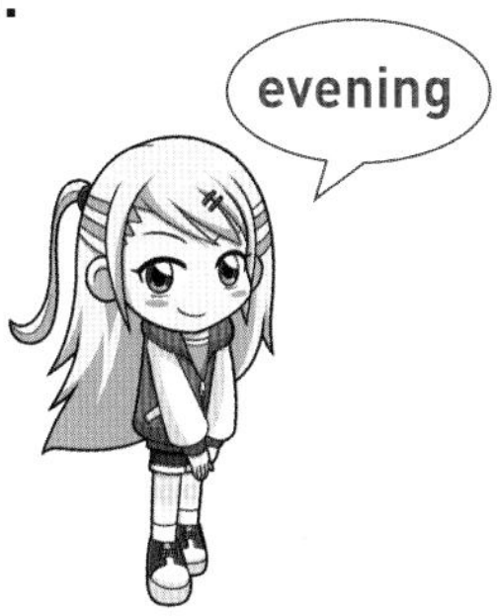
evening

2.

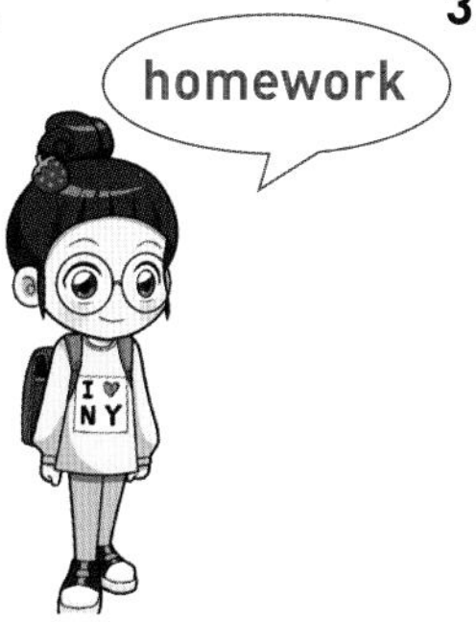
homework

3.

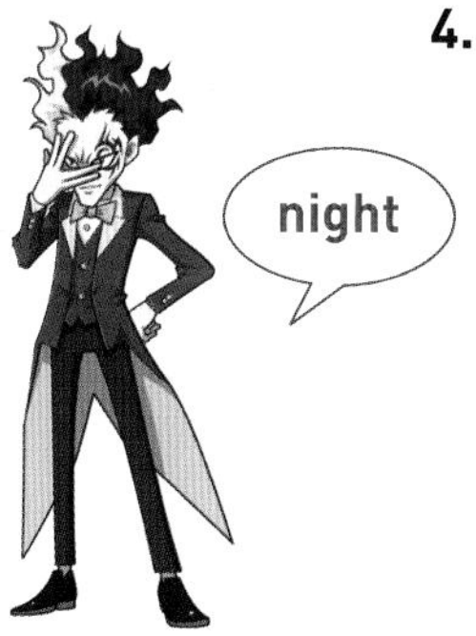
night

4. ①

P 161

5. ④

6. ①

7. ❶ (is) (going) (to)
❷ (will)
❸ (isn't)
❹ (Will)

8. (won't)

지령서

노잉글리시단의 수치로 전락한 트릭커!
한 번만 더 실패하면 중간 보스 자리도 끝이다!
다음 목적지는 339 유니버스다! 당장 떠나라!

목적지: 339 유니버스
위치: 지구에서 멀리 떨어진 곳
특징: 드레이크의 해적단이 여왕의 명을 받고
　　　세계 일주를 하고 있다.

보스가 주는 지령

339 유니버스는 아주아주 유명한 해적,
드레이크 선장이 모험을 하고 있는 곳이다.
드레이크 선장의 해적단이 성공적으로 세계 일주를
마치지 못하게 만들어라.
이 해적단은 서로 사이가 아주 좋다던데,
네 특기를 이용해 이간질을 해라!
성공하기만 하면, 영어의 명령문이 큰 타격을 받게 될 것이다!

추신: 이번에도 실패한다면 영어 심한반에서의
특별 교육을 매주 할 테니,
정신 바짝 차리는 게 좋을 것이다!

노잉글리시단
Mr. 보스

보물 지도 발견.jpg

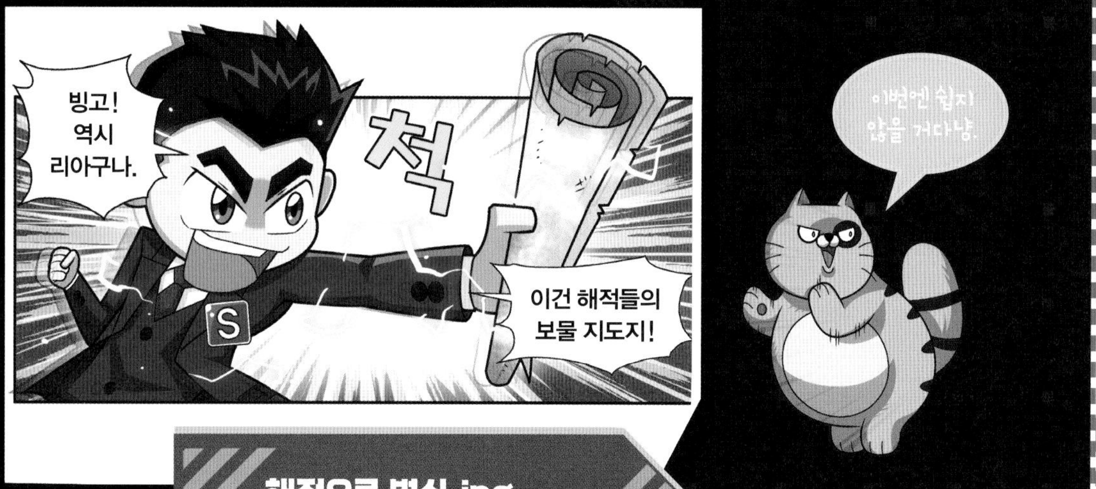
빙고! 역시 리아구나.
척
이건 해적들의 보물 지도지!
이번엔 쉽지 않을 거다냥.

해적으로 변신.jpg

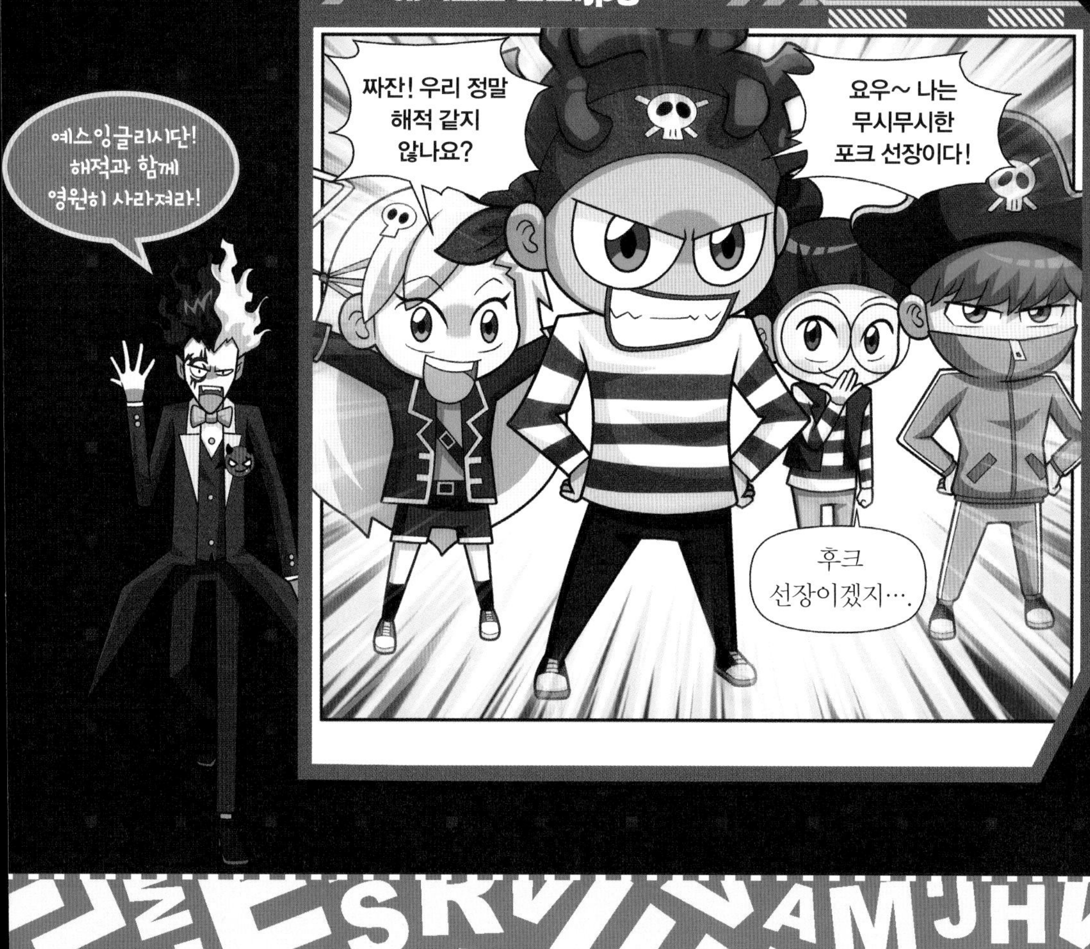
예스잉글리시단! 해적과 함께 영원히 사라져라!
짜잔! 우리 정말 해적 같지 않나요?
요우~ 나는 무시무시한 포크 선장이다!
후크 선장이겠지….

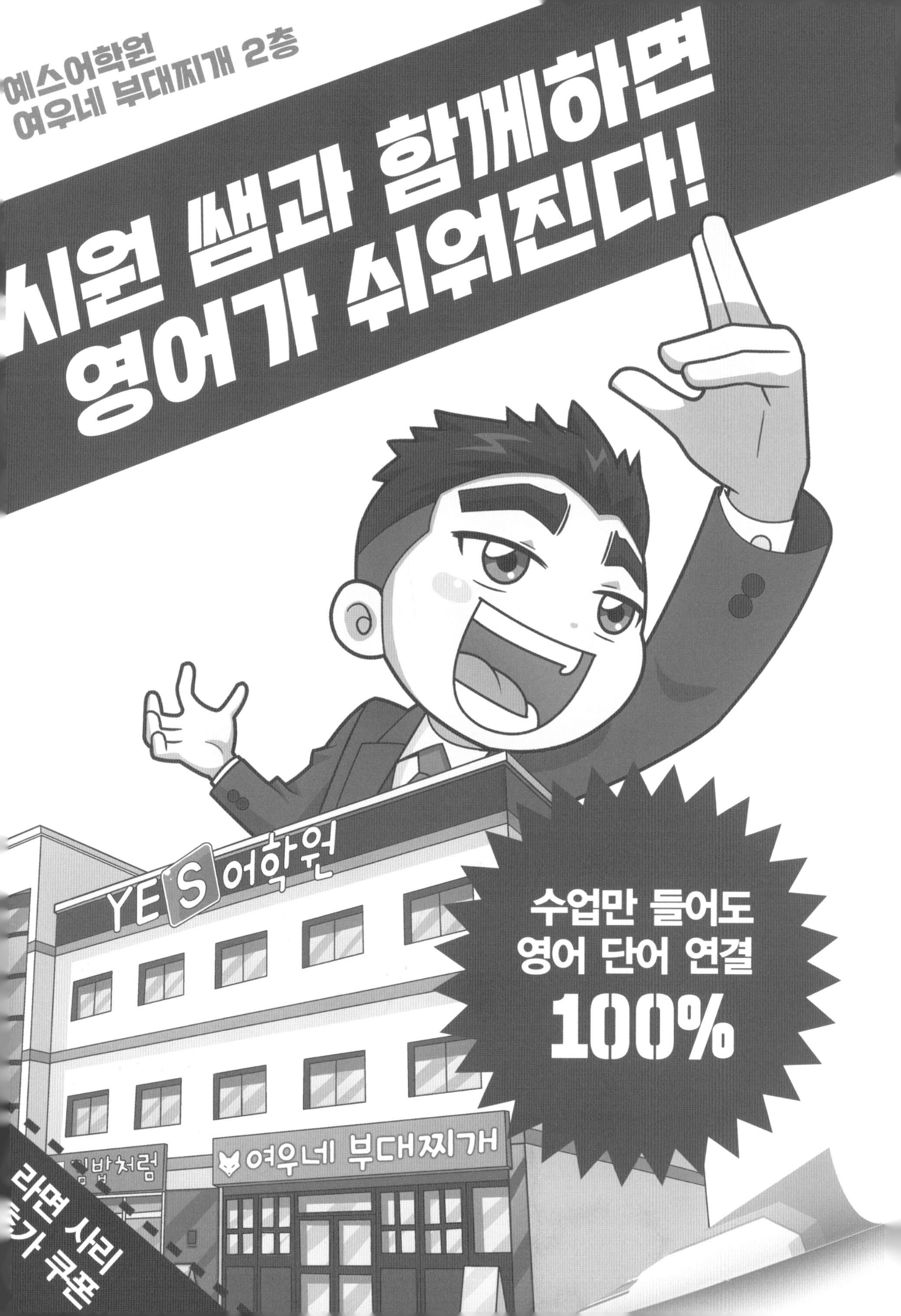

예스어학원
여우네 부대찌개 2층
시원 쌤과 함께하면
영어가 쉬워진다!
YES 어학원
수업만 들어도
영어 단어 연결
100%
밥처럼
여우네 부대찌개
라면 사리
가 쿠폰

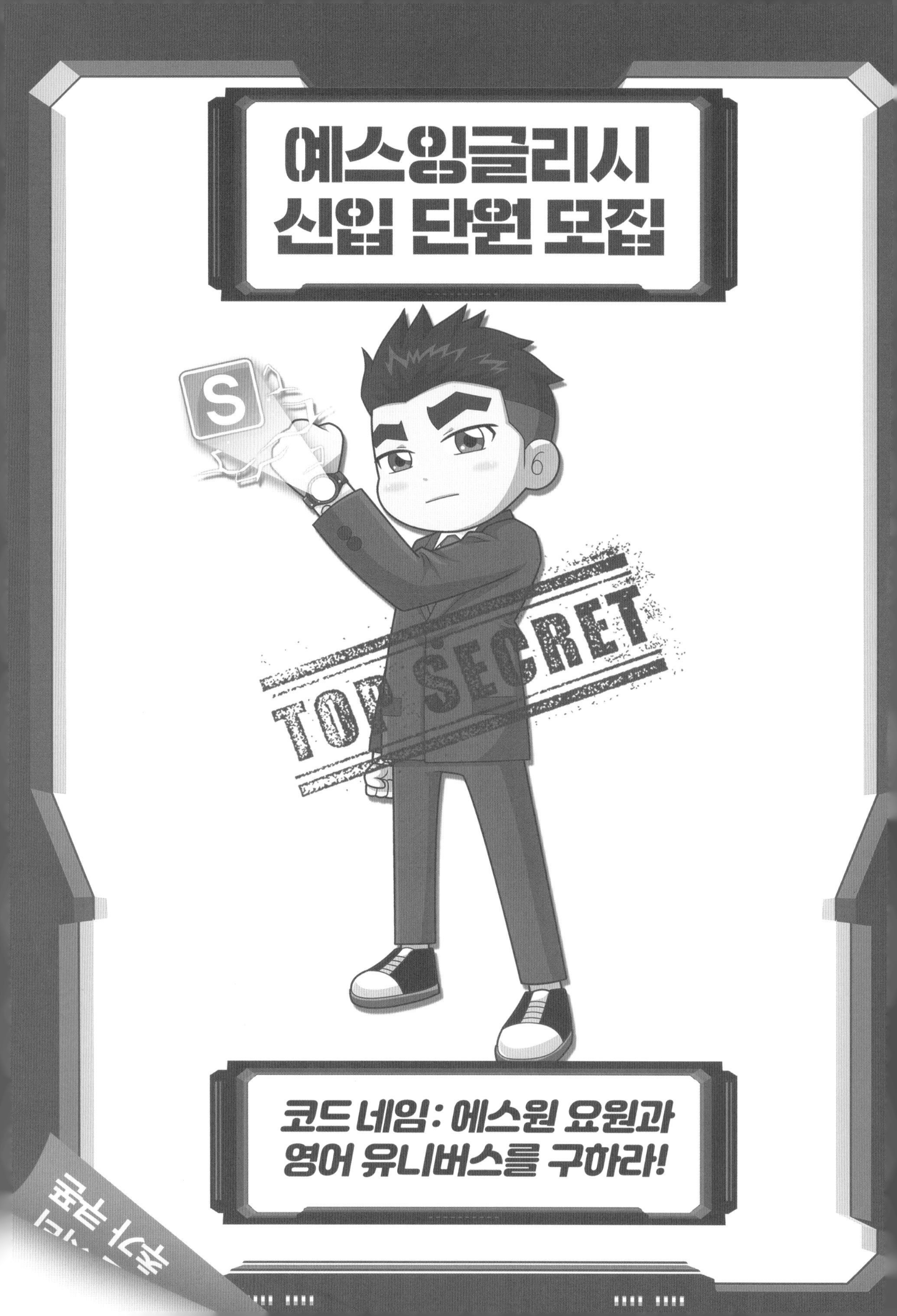
예스잉글리시
신입 단원 모집
S
TOP SECRET
코드 네임: 에스원 요원과
영어 유니버스를 구하라!